Hospitality SERVICE

BUSINESS Start-up

호스피탈리티 서비스창업

김성용

지식인

Profile

김성용

George Washington University 테크노경영학(석사)
홍익대학교 대학원 경영학과(경영학 박사)
한국관광대학교 호텔경영과 교수

호스피탈리티 서비스창업

2016년 2월 20일 초판 1쇄 인쇄
2016년 2월 25일 초판 1쇄 발행

지은이 | 김성용
펴낸이 | 김종욱
펴낸곳 | 지식인
등 록 | 제301-2013-134호
주 소 | 서울시 도봉구 도봉로 476, 415호(삼성쉐르빌퍼스티)
전 화 | 02)2266-8606 (대)
팩 스 | 02)2266-8607
이메일 | jisikin2013@naver.com
홈페이지 | www.jisikinbook.co.kr

ISBN 978-89-98591-67-0 (93320)

값 23,000원

호스피탈리티 서비스창업

Hospitality
SERVICE
Start-up

Preface

최근 정보화와 글로벌화의 영향으로 인해 소비자들의 욕구가 이전에 비해서 매우 다양화되어가고 있으며, 이러한 경향은 향후 더욱 가속화 될 것으로 예측된다. 또한 비즈니스 패러다임에도 많은 변화가 일어나고 있으며, 특히 평생직장이라는 개념이 점점 약해지고 있기 때문에, 많은 사람들은 창업에 관심을 나타내고 있다. 하지만 창업을 통해서 창업가가 희망하는 재무적인 성과Financial Performance나 전략적인 성과Strategic Performance를 나타낼 수도 있지만, 확률적으로는 창업을 통해서 성공을 거두는 창업가보다는 실패하는 창업가의 비율이 더 높은 것이 현실이라고 할 수 있다. 이러한 상황에서 성공하는 창업가가 되기 위해서는 몇 가지 조건이 뒷받침되어야 한다.

첫 번째, 창업의 개념을 이해하고 완벽한 사업계획서를 작성하는 것이 매우 중요한 부분이라고 할 수 있다. 완벽한 사업계획서의 작성을 통해서 사업개요, 제품 및 서비스의 유형, 시장분석, 개발계획, 마케팅계획, 재무계획, 인적자원 관리 등을 명확하게 제시하여 시장에 진출할수록 성공 확률이 더욱 높아진다. 사업계획서 작성 시에 실무적으로 몇 가지 고려해야 할 사항들을 살펴보면, 너무 상세한 사업계획서의 작성보다는 핵심적인 내용 중심으로 작성하는 것이 매우 중요한 부분이며, 사업 모델을 명쾌하게 제시하는 것 또한 중요한 부분이다. 또한 어떤 사업이나 문제점이 발생하기 때문에 예상되는 문제점을 제시하고 이를 극복할 수 있는 극복방안의 제시가 사업계획서 작성에 매우 중요한 부분이라고 할 수 있다.

두 번째, 창업가정신의 중요성이라고 할 수 있다. 창업에는 본인이 강력하게 창업을 희망하고 성공에 대한 욕구가 강하게 일어나서 하는 창업과, 창업가는 선택의 폭이 좁은 상태에서 생계형으로 부득이 하는 창업이 있는데, 후자의 경우는 더욱 창업에 대한 성공 확률이 낮아진다. 이러한 창업가정신의 중요성은 글로벌 창업과 관련된 부분에서도 볼 수 있는데, 최근에 정보화와 글로벌화의 일반화로 인해 창업가 본인의 강력한 창업 의지만 있으면 수많은 창업 아이템이 우리나라뿐만 아니라 전 세계시장을 대상으로 존재한다고 할 수 있다. 따라서 이러한 창업가정신은 창업의 성공과 실패를 가르는 가장 중요한 요소이며, 정보통신기술을 기반으로 세계적인 기업이 된 '페이스북'이나 '구글'과 같이 젊은 성공한 창업가들이 계속해서 배출되고 있는 것이다.

마지막으로, 성공적인 창업을 위해서 꼭 필요한 부분은 창업경영전략이다. 급변하는 경영환경 하에서 오랜 기간 동안 생존하기 위해서는 창업경영전략은 필수적인 부분이라고 할 수 있으며, 이러한 경영전략을 통해서 창업가가 운영하는 사업의 핵심역량을 파악하는 것이 성공하는 창업이 되기 위한 중요한 부분이다.

본서의 주요 구성은 창업가정신, 창업의 이해, 창업실무 등으로 되어 있다. 그리고 이 책이 나올 수 있도록 힘써 주신 모든 분들께 감사드린다.

저자 씀

Contents

CHAPTER 01

경영의 이해

글로벌화, 소득의 증대, 여가시간의 증대 등으로 인해 국제관광이 증가하게 되었는데, 이러한 국제관광의 증가로 인해 여행업, 외식사업, 호텔산업 등의 호스피탈리티 서비스 산업Service Industry은 향후 가장 전망이 밝은 산업이 되었다. 특히, 우리나라의 경우 글로벌화 및 정보화로 인해 많은 관광객들이 방문하고 있기 때문에 그 규모가 더욱 증대될 것으로 예측되고 있으며, 향후 중국관광객의 증가로 인해 우리나라의 관광수입의 증가 등 경제적인 효과가 기대되기 때문에 호스피탈리티 서비스 산업은 더욱 발전할 것으로 예측된다.

또한, 우리나라의 경제 규모가 빠르게 성장하던 이전과는 달리 인건비의 상승 등과 같은 원인으로 인해 제조업의 성장률이 이전에 비해 매우 낮은 편이라고 할 수 있기 때문에 호스피탈리티 서비스 산업은 향후 우리나라 경제의 새로운 성장 동력으로 자리 잡을 수 있는 매우 중요한 산업이라고 할 수 있으며, 우리나라의 지리적인 위치의 특성상 글로벌 호스피탈리티 서비스 산업의 허브Hub가 될 수 있기 때문에 이러한 점을 최대한 활용하는 것이 매우 중요한 부분이라고 할 수 있다. 이러한 경향과 더불어 최근에 많은 호텔들이 새로이 시장에 진입하였으며, 이러한 추세는 앞으로도 가속화될 것으로 예측된다.

하지만 이러한 규모가 큰 글로벌체인호텔 브랜드들은 시장에 진출하기 위해 초기 투자비용이 매우 높으므로 개인이 새로운 창업을 위한 관점으로는 현실성이 다소 떨어질 수 있지만, 전반적인 경영과 관련된 부분의 이해를 통해서 창업하는 조직의 운영을 할 수 있는 역량을 키울 수 있기 때문에 경영의 이해는 모든 창업가들에게는 필수적인 부분이라고 할 수 있다.

이러한 환경 하에서 호스피탈리티 서비스 산업체의 경영을 이해하기 위해서는 호스피탈리티 서비스 산업체의 실무적인 측면과 더불어 기업과 경영Management, 경영인Manager, 기업가정신 등에 대한 이해가 선행되어야 한다.

이렇게 기업, 경영, 경영인 등에 관한 기초적인 부분은 어떠한 사업을 경영하든지 간에 공통적으로 적용되기 때문에 본 장에서는 경영, 경영인, 기업 등에 관한 기초적인 부분을 살펴보고자 한다.

1 경영

어떠한 기업을 '운영한다, 관리한다, 경영한다'는 의미를 내포하고 있는 Management의 어원을 살펴보면 여러 가지 내용들이 있는데, 프랑스어 'lemain(손)', 이탈리아어 'mannegiaire(정돈하다)', 'man-age-ment' 등 다양하다.

아무튼 경영Management이란, 조직 내의 나누어진 일과 인적자원들, 그리고 그들이 사용하는 도구 및 원료 등 모든 자원들을 잘 배치하고 연결하여 조직의 공동 목표를 최대한 달성하게 하는 복잡한 활동이라고 할 수 있다.

기업을 예로 들면, 기업을 운영하기 위해서는 기술, 자본, 설비, 정보 등 수많은 자원들이 투입되고 서로 상호작용을 통해서 어떠한 제품이나 서비스가 생산되어 고객들에게 공급된다. 이때 경영이란, 이들 자원을 어떻게 연결시킬 것인가에 대한 계획을 세우고Planning, 계획한 대로 조직을 짜서Organizing, 그대로 실행되도록 진두지휘하고Directing, 서로 협조가 잘되도록 조정과 연결을 잘하며 Coordinating, 마지막에는 계획대로 잘되었는지 조사·감독Controlling하는 것이다. 이를 간략하게 줄여서 계획Plan - 행Do - 통제See의 과정이 바로 경영이라 할 수 있으며, 이러한 일을 하는 사람을 바로 '경영인Manager'이라고 한다.(임창희, 2002, p.10)

영리조직Profit Organization은 이윤을 극대화하기 위해, 또한 비영리조직Non Profit Organization은 공공고객에게 최대한의 편익을 제공하기 위해 조직의 활동이 원활하게 운영되어야 하는데, 이렇게 비즈니스를 효율적으로 운영하는 것이 경영에 있어서 중요한 점이라고 할 수 있다.

이렇게 조직을 효율적으로 운영하기 위해 경영인들은 경영마인드Business Mind를 갖는 것이 필요한데, 경영마인드란 경영인이 조직의 목표를 달성하기 위해서 자원을 가장 효율적으로 활용하고 최대의 효과를 얻으려고 생각하며 노력하는 자세라고 할 수 있다. 뿐만 아니라 창업을 통해서 조직을 운영하기 위해서는 경영마인드와 더불어 기업가정신의 함양이 필요하며, 호스피탈리티 서비스 산업체의 운영을 위해서는 반드시 필요한 부분이 고객들의 만족을 극대화 시키기 위한 진심어린 서비스마인드Service Mind가 필수적인 부분이라고 할 수 있다.

특히, 제조업체의 창업과 서비스업체의 창업에는 산업의 특성상 많은 차이가 발생할 수 있으며, 서비스 산업 중에서도 산업의 특성에 따라 차이가 발생할 수 있기 때문에 창업을 위해서는 각 산업별로 산업의 특성을 정확하게 파악하는 것이 매우 중요한 부분이라 할 수 있다.

1) 경영의 기능

20세기 초에 프랑스의 파욜H. Fayol은 모든 경영인들은 Plan(계획), Organize(조직구성), Command(지휘), Coordinate(조정), Control(감독) 등 다섯 가지 기능을 수행한다고 하였다. 그 이후에 일반적으로 여러 학자들이 Planning, Organizing, Staffing, Directing, Controlling 등을 경영의 기능으로 받아들이게 되었다. 본서에서는 경영의 기능Management Function을 Planning(계획), Organizing(조직구성), Leading(지휘), Controlling(감독) 등으로 나누어 보았다.

(1) 계획

경영에서 계획Planning의 기능은 조직의 목표를 설정Defining Goals하고, 목표를 달성하기 위해서 전체적인 전략을 수립Establishing Overall Strategy하고, 종합적으로 단계별 계획들을 조정하고 통합하는 활동 등을 발전시키는 것을 포함한다.

(2) 조직구성

모든 경영인들은 조직구조의 디자인에 대한 책임을 가지고 있는데, 이러한 기능을 우리는 조직구성Organizing이라고 한다. Organizing의 기능에는 '어떤 업무를 수행할 것인가What tasks are to be done', '누가 수행할 것인가Who is to do them',

'업무를 어떻게 분류할 것인가How the tasks are to be grouped', 조직구성원들 중 '누가 누구에게 보고할 것인가Who reports to whom', '누가 의사결정을 할 것인가Where decisions are to be made' 등을 결정하는 기능을 포함한다.

(3) 지휘

모든 조직들은 두 사람 이상의 인적자원들로 구성되어 있기 때문에, 모든 경영인들은 이러한 조직구성원들에게 업무를 지시하면서 조직구성원들의 업무를 조정해야 한다.

이러한 기능이 지휘Leading의 기능이라고 할 수 있다. 네 가지 세부적인 지휘의 기능들로는 경영인이 하급자들의 동기부여를 시키고, 다른 사람들의 활동을 지시하고, 조직구성원들끼리 가장 효과적인 커뮤니케이션 경로를 선택하고, 조직구성원들끼리의 갈등을 해소하는 기능 등이 지휘의 기능에 포함된다고 할 수 있다.

최근에는 리더십에 대한 중요성이 증대하면서 경영의 기능 중 지휘와 관련된 부분이 더욱 중요한 부분이 되었으며, 여행사를 경영하는데 있어서도 경영인의 리더십과 관련된 부분은 사업의 성과에 많은 영향을 미친다고 할 수 있다. 특히, 창업과 리더십도 많은 상관관계가 있다고 할 수 있기 때문에 창업과 관련하여 경영의 기능 중 지휘 부분은 매우 중요한 부분이라고 할 수 있다.

(4) 감독

경영의 마지막 기능으로 감독Controlling이 있는데, 감독은 위에서 언급된 대로 목표가 설정되고, 계획이 수립된 후 조직구성을 위해 인적자원들을 채용하여 훈련시키고 동기를 부여시킨 후 다른 기능들이 제대로 작동됐는지 조직의 성과를 점검하는 기능을 의미한다.

2) 경영의 구성요소

재화Goods와 서비스를 산출하기 위해서는 여러 가지 자원이 필요한데, 산업사회 초기에는 경영활동이 이루어지기 위해서 토지나 기계와 같은 물적자원, 인적자원, 자본 등이 필요한 요소들이었지만, 현대사회의 복잡한 경영환경 하에서는 인적자원, 물적자원, 자본과 더불어 여러 가지 정보와 전략이 필요하게 되었다.

(1) 인적자원

최근, 어떠한 조직을 경영하는데 있어서 인적자원Human Resources의 중요성은 과거에 비해 점점 더 커져가고 있다.

호스피탈리티 산업체의 운영을 위해서 인적자원과 관련된 한 산업의 예를 들면, 특히 대표적인 노동집약적 산업 중 하나인 여행업에 있어서는 인적자원에 대한 의존도가 높기 때문에 인적자원 요소가 더욱 중요하다고 할 수 있다. 즉 여행업은 산업의 특성상 여행사마다 소비자들에게 제공하는 기초상품의 종류가 거의 비슷하기 때문에, 각각의 여행사 경쟁력을 좌우하는 가장 중요한 요소 중 하나가 인적자원의 역량이라고 할 수 있다. 때문에 다른 산업에 비해서 상대적으로 인적자원에 대한 중요성이 더욱 강조된다고 할 수 있다.

호텔업의 경우는 호텔업의 특성상 24시간 인적자원이 교대 근무가 필수적인 산업이기 때문에, 어떤 관점에서 평가해보면 위에서 언급된 여행업보다 더욱 인적자원 관리와 관련된 부분이 중요하다고 할 수 있다.

창업과 관련하여 살펴보면, 호텔업과 같은 규모가 큰 산업이 아니더라도 소비자의 동일한 욕구를 충족시켜주어야 하는 관광숙박업의 경우도, 산업의 특성상 24시간 교대근무가 꼭 필요한 산업이기 때문에 창업을 희망하는 창업가들은 이러한 산업의 특성을 확실하게 파악하고 있는 것이 매우 중요한 부분이라 할 수 있다.

(2) 물적자원

물적자원Physical Resources이란, 기업이 제품이나 서비스를 생산하는데 직접적으로 사용되는 유형의 자원을 의미한다. 하루가 다르게 경영환경이 급변하고 있는 최근에는 예전에 비해 부동산, 원재료, 생산설비 등과 같은 물적자원의 비중이 상대적으로 감소하고 있는 상황이며, 특히 인터넷을 중심으로 한 디지털 경제에는 더욱 이러한 현상이 심화될 것으로 예측된다.

(3) 자본

자본Capital은 기업을 창업하고 운용하는데 필요한 재무적인 자원Financial Resources을 의미하는 것으로, 창업가가 자체적으로 조달할 수도 있으며 주식이나 채권을 발행하여 투자자들에게 제공받을 수도 있고, 금융기관 등을 통해서 마련할 수도 있다.

외식업은 다른 사업의 창업에 비해 상대적으로 초기 투자비용이 적게 들 수도 있기 때문에 시장진입 장벽이 비교적 낮은 산업이라고 할 수 있다. 이와 유사한 환경을 가진 사업으로는 여행업을 들 수 있다.

여행업을 창업하기 위한 자본과 관련해서, 여행업은 다른 호스피탈리티 서비스 사업에 비해 상대적으로 초기 투자비용이 적게 들기 때문에 시장진입 장벽이 비교적 낮은 편이라고 할 수 있다.

(4) 정보

요즘 기업의 경쟁력은 정보력이 좌우한다고 해도 과언이 아닐 정도로, 현대사회에 있어서 기업을 경영하는데 가장 중요한 요소 중 하나가 정보Information라고 할 수 있다.

특히, 여행업의 경우 온라인여행업에서의 경쟁이 치열하고 관련 정보도 빠르게 변화하기 때문에, 여행사를 운영하는데 있어서 정보는 가장 중요한 부분 중 하나라고 할 수 있다. 최근에는 인터넷의 일반화뿐만 아니라 시간과 공간을 초월한 스마트폰을 이용한 정보검색이 가능해졌기 때문에, 많은 여행사들이 오프라인 여행업뿐만 아니라 온라인 여행업에 대한 사업의 비중과 몰입도를 증가시키고 있는 추세이다.

여행업뿐만 아니라 호스피탈리티 서비스 산업의 관광숙박업과 관련된 부분도, 예를 들면 에어비앤비 등과 같이 새로운 서비스의 등장은 그 배경에 항상 정보의 중요성이 내포되어 있다고 할 수 있기 때문에, 정보는 향후 창업에 있어서도 가장 중요한 경쟁우위 요소로 자리 잡을 것으로 예측된다.

정보와 관련된 기본적인 개념을 살펴보면, 정보란 정보이용자에게 가치를 줄 수 있는 유형과 무형의 모든 내용이라고 할 수 있는데, 자료는 정보의 원천이며 정보는 이러한 여러 자료를 처리하여 얻어지게 된다.

자료와 정보는 자주 상호 교환적으로 사용되는데, 자료는 정보를 제공하는 원자재에 해당되며, 정보는 특정한 의사결정의 상황에서 가치를 갖는 점에 차이가 있다고 할 수 있다.

정보는 '공식적 정보Formal Information'와 '비공식적 정보Informal Information'로 분류할 수 있는데, 일반적으로 공식적인 정보가 비공식적인 정보보다 많지만 현실적으로 많은 경영인들은 비공식적인 정보들을 더 유용하게 사용하고 있는 것으로 여러 연구결과들에서 나타나고 있다.

(5) 경영전략

위에서 언급된 정보와 더불어 최근 여행사를 포함한 모든 기업들에 있어서 경영전략에 대한 중요성이 매우 커지고 있으며, 기업이 구사하는 전략에 따라서 기업의 성과가 달라질 뿐만 아니라 기업의 존립여부에 큰 영향을 미치기 때문에, 경영전략은 매우 중요한 부분이라고 할 수 있다.

경영전략Business Strategy이란, 희소한 경영자원을 배분하여 기업에게 경쟁우위를 창출하고 유지시켜 줄 수 있는 주요한 의사결정을 의미한다. 대부분의 기업들은 희소한 자금이나 인력 등을 배분해야 하는 의사결정이 필요한데, 일반적으로 다른 기업들과의 경쟁상황 하에서 어떻게 하면 자사에게 경쟁우위를 가져다 줄 수 있는가를 체계적으로 분석해 주는 구체적인 사고방법이라고 할 수 있다. 무한경쟁으로 치닫고 있는 현대의 경영환경 하에 경영전략에 대한 비중은 점점 더 커져가고 있다.

특히, 창업을 통한 개인사업자의 경우는 항상 의사결정을 직접 해야 할 상황에 직면하기 때문에, 적절한 의사결정을 통해서 올바른 경영전략을 구사해야만 급변하는 시장환경 하에서 생존할 수 있기 때문에, 경영전략은 창업에 있어서 매우 중요한 요소라고 할 수 있다.

(6) 기업가정신

위험을 감수하더라도 기업을 운영하려는 사람이 없다면 아마 새로운 기업이 만들어지는 것이 불가능할지도 모른다. 따라서 기업을 설립하고 더 많은 이익을 내겠다는 기업가정신Entrepreneurship을 경영인들이 가지고 기업의 다른 조직 구성원들에게도 이러한 기업가정신을 심어주는 것이 필요하다.

또한, 정보화 및 글로벌화 등으로 인해 경영환경이 급변하고 있는 상황에서 기업들의 사회적 책임과 관련된 부분도 매우 중요한 부분으로 정착되고 있기 때문에, 기업가정신에서 중요한 부분 중 하나가 기업의 사회적 책임과 관련된 부분이라고 할 수 있다.

3) 경영시스템

(1) 전통적 가치사슬 모델

성공적으로 기업을 운영하기 위해서는 기업의 모든 활동을 통합할 수 있는 능력이 있어야 하는데, 이를 '경쟁우위Competitive Advantage'라고 한다. 이러한 경쟁우위를 파악하기 위해서 마이클 포터Michael Porter는 기업 활동을 각 분야별로

세분화했는데, 이렇게 세분화된 기업 활동을 '가치사슬Value Chain'이라고 한다. 즉 가치사슬이란, 부가가치를 창출하는 기업 내 모든 가치 활동들Value Activities이 연결된 체계로서 기업의 가치사슬을 통해서 그 기업의 총 가치를 판단할 수 있다.

가치사슬은 '주활동 부분Primary Activities'과 '보조활동 부분Supportive Activities'으로 나누어 볼 수 있는데, 먼저 주활동 부분이란 제품의 물리적 변화에 직접 관련된 기능을 수행하는 활동으로서 내부물류Inbound Logistics, 생산활동Manufacturing, 외부물류Outbound Logistics, 마케팅 및 판매Marketing and Sales, 애프터서비스After Services 등 다섯 가지 활동으로 구분한다. 보조활동 부분이란 주활동을 지원하는 활동으로서 일반관리, 회계, 법률, 재무, 전략적 계획, 기타 기업의 전반적인 운영 등과 관련된 기업의 하부구조, 인적자원관리, 기술개발, 구매활동 등 네 가지 활동으로 나누어진다.

또한, 가치사슬은 아래쪽과 오른쪽으로 갈수록 소비자 또는 시장과 접촉이 중요시되는 가치활동이며, 위쪽과 왼쪽으로 갈수록 소비자들과의 거리는 상대적으로 멀어진다고 볼 수 있다. 이러한 가치사슬은 경쟁우위를 위한 도구와 경쟁우위의 창출과 유지를 위한 도구로 활용된다.

4) 기업의 외부환경 분석

산업구조와 경쟁방식, 산업의 수익률에 대한 관계는 경제학의 산업조직론에서 발전되었는데, 산업조직론에서는 산업의 구조를 완전경쟁과 독과점 간의 중간 형태로 나타낸다.

독점Monopoly이란, 어느 산업에서 단 하나의 기업만 있어서 그 기업이 소비자로부터 독점이윤을 얻고 있는 상황을 말한다. 한편, 완전경쟁이란 시장에 수많은 기업이 있어서 아무도 시장가격의 변화에 영향을 미치지 못하고 단지 시장에서 형성된 가격을 주어진 것으로 받아들이는 경우이다. 따라서 완전경쟁의 경우는 어느 기업도 초과이윤을 얻을 수 없고 정상이윤만 얻게 된다. 그러나 실제의 산업들은 완전경쟁이거나 완전독점이 아닌 그 중간에 위치하고 있어서, 과점적인 구조나 경쟁에 가까운 산업구조이기가 쉽다.

호스피탈리티 서비스 산업과 관련된 경쟁구조의 예를 들어보면, 위에서도 언급된 바와 같이 개인이 비교적 가장 현실적으로 창업할 수 있는 분야가 외식업과 여행업이라고 할 수 있다.

먼저 외식업의 경쟁구조를 살펴보면, 초기 투자비용이 많이 투입되는 아주 고급스러운 외식사업이나 프랜차이즈의 본사 관련 외식사업의 경우에는 비교적 경쟁구조가 과점 형태라고 할 수 있다. 하지만 일반적인 외식업의 창업은 경쟁구조가 완전경쟁 형태를 갖는다고 할 수 있다.

한편, 여행업은 산업의 경쟁구조상 완전경쟁 구조를 가지고 있다고 할 수 있다. 온라인과 오프라인을 합한 여행업체의 숫자가 약 1만개 정도로 추산되고 있는데, 그 중에는 하나투어, 모두투어, 자유투어, 롯데관광 등과 같은 대규모 여행사에서부터 직원이 불과 몇 명인 소규모 여행사까지 그 규모가 매우 다양하다. 여기서 평가할 수 있는 공통적인 요소는, 외식사업과 여행업은 대규모 사업을 운영하는 사업자와 영세한 사업을 운영하는 사업자 간의 인적요소, 물적요소 등의 차이가 매우 크다는 사실을 인지할 수 있다.

따라서 외식사업과 여행업은 산업의 유형으로 분석하면, 완전경쟁적인 산업에 속해 있다고 볼 수 있다.(장세진, 경영전략, 2002, pp.103-116 참조)

(1) 포터의 산업구조 분석기법과 외식사업 및 여행업의 창업

산업구조를 분석하는 기법을 처음으로 경영전략에 도입한 사람은 Michael Porter인데, 포터는 1980년 저서 『Competitive Strategy』에서 경제학의 산업구조 분석을 기업에 적용하기 쉽도록 변형시킨 분석틀을 제시하였다.

Porter는 이러한 다섯 가지 경쟁요인에 의해서 산업의 수익률이 결정된다고 하였다. 그 다섯 가지를 살펴보면, 기존기업과의 경쟁, 잠재적 진입자와의 경쟁, 대체재와의 경쟁, 공급자 교섭력, 구매자 교섭력 등이 있다.

① 기존기업과의 경쟁

대부분의 산업에서 경쟁의 양상과 산업 전체의 수익률을 결정하는 가장 중요한 요인은, 이미 그 산업 내에서 경쟁하고 있는 기업들 간의 경쟁관계이다. 어떤 산업에서는 기업들끼리 과다경쟁으로 인해 가격이 생산원가 이하로 내려가서 산업의 전체적 손해를 보며, 또 다른 경우에는 기업들이 가격경쟁을 피하기 위해 담합하기도 한다. 산업 내의 기존기업들 간의 경쟁양상과 강도를 결정하는 요인들로는 산업의 집중도, 경쟁기업의 동질성과 이질성, 제품차별화, 비용구조 등이 있다.

먼저 산업의 집중도Concentration란, 산업에 속하는 기업의 수와 그 개별 기업의 규모를 의미한다. 산업이 집중되어 있을수록, 즉 그 산업에 참여하고 있는 기업의 수가 적을수록 산업의 전반적인 수익률은 상대적으로 높아지게 되며, 그 산업이 경쟁적이고 많은 기업들이 경쟁에 참여할수록 산업의 수익률은 낮아지게 된다.

경쟁기업의 동질성과 이질성 측면을 살펴보면, 동일산업 내에서 기업들 간의 경쟁을 피하기 위해 담합을 할 수 있는 가능성은 단순히 참여하는 기업의 수뿐만 아니라 그 기업들의 전략, 목적에 따라서 상당히 다양하다.

일반적으로 기업들의 전략, 목적 등이 유사할 경우에 훨씬 명시적이거나 암묵적인 담합을 하기가 쉬워지게 된다. 또한 산업 내에서 기업의 규모가 어떻게 분포되어 있는가 하는 점 역시 산업 내의 경쟁구도에 영향을 미치게 되는데, 대체적으로 기업들의 규모가 비슷할수록 훨씬 경쟁의 강도가 심하게 된다.

그러나 우리나라 여행업의 '하나투어'와 같이 어떤 산업의 지배적인 기업이 존재할 경우, 작은 기업들은 큰 기업에 대항하여 가격경쟁을 하기보다는 큰 기업이 정한 가격을 그대로 따르는 경우가 많다. 즉 지배적인 기업의 선도에 따라서 가격이 결정되는 것이다.

산업 내에서 경쟁하는 기업들의 제품 품질이 동일할수록 소비자들은 특정기업의 제품을 선호할 이유가 없어지게 된다. 하지만 여행업 등과 같이 소비자들의 제품 브랜드에 대한 선호도가 높은 산업은 가격으로 경쟁하는 것을 피하고 광고 등 차별화기법으로 경쟁하게 된다.

비용구조란, '고정비용'과 '가변비용'의 비중을 의미하는데, 각각의 산업에서 기업들이 어느 정도 가격경쟁을 하는가는 산업의 비용구조에 따라 다르다. 예를 들어, 항공운수업의 경우에서 국제선의 경우는 비행기의 좌석이 얼마만큼 남아있느냐에 따라서 가격이 수시로 달라진다. 왜냐하면, 여객기 운행비용은 좌석이 얼마만큼 채워졌는가에 상관없이 일정하게 소요되기 때문이다. 즉 손님을 한 명 더 태우는데 추가되는 가변비용은 거의 없으며, 일단 출발하면 비행기는 새로운 손님을 태울 수 없기 때문이다.

외식사업의 경우를 예로 들면, 특히 경쟁자 분석이 매우 중요한 부분이라고 할 수 있는데, 설렁탕을 주메뉴로 하고 있는 외식업의 경우는 다른 설렁탕집만이 경쟁자가 아니라 모든 한식, 중식, 일식, 양식 등 다른 모든 외식업을 판매하는 비슷한 규모의 외식업체를 경쟁자로 분석하는 것이 매우 중요한 부분이다.

외식업의 창업에서는 이러한 분석을 정확하고 신속하게 하여 경쟁자 분석을 통해 경쟁력이 있는지의 여부를 판단하는 것이 사업의 성공을 이룰 수 있는 중요한 부분이라고 할 수 있다.

이렇게 기존기업과의 경쟁에서 고려해야 할 사항 중 하나는 '블루오션'과 '레드오션'의 선택과 관련된 부분이라고 할 수 있는데, 블루오션의 경쟁은 레드오션에 비해서 상대적으로 덜 치열할지 몰라도 상대적으로 검증이 덜 되었다고도 분석할 수 있기 때문에, 꼭 블루오션의 선택이 레드오션의 선택보다 우월한 선택이라고는 보기가 어렵다.

② 잠재적 진입자와의 경쟁

창업에 있어서 가장 고려해야 할 사항 중 하나가 경쟁자 분석이라고 할 수 있는데, 그 중에서도 잠재적 경쟁자Potential Competitors의 분석은 창업의 성패를 가름할 가장 중요한 부분 중 하나라고 할 수 있다.

만일, 어느 산업의 수익률이 상당히 높거나 그 산업이 정말 유망한 산업이라고 할 때, 모든 기업들은 그 산업에 진입하려 할 것이다. 그리고 모든 산업에서 진입이 자유롭게 허용된다면, 당장은 그 산업의 수익률이 높더라도 차후 그 수익률은 점점 낮아질 것이다.

또한 간과해서는 안 될 부분은 실제적으로 진입이 일어나지 않는다고 하더라도 다른 기업들이 언제든지 그 산업에 진입할 준비가 되어 있다면, 그 산업에 있는 기존 기업들은 잠재적 경쟁자가 진입할 수 있다는 위협 때문에 가격을 높게 책정하지 못하고 경쟁적인 수준을 낮추어 이러한 진입을 막을 필요가 있는 것이다. 이와 같이 진입장벽Entry Barrier 또는 철수장벽Exit Barrier이 없는 경우를 준경쟁적 시장Contestable Market이라고 한다.

따라서 진입장벽이 없는 산업에서는 가격이 경쟁적인 수준으로 낮아지고, 이윤 역시 시장 내 기업의 수와 상관없이 정상이윤 밖에 얻지 못하는 경우가 있다. 준경쟁적 시장의 정도는 산업에 매몰비용Sunk Cost의 존재 유·무에 따라서 결정이 되는 것이다. 그러므로 대부분의 산업에서 신규 진입자는 기존기업들에 비해 상당히 불리한 입장에 있게 된다. 이와 같이 기존기업들이 신규진입기업에 비해 가지는 우위를 진입장벽이라고 한다.

어떠한 산업에 뛰어 들려고 하는 기업들은 기존의 경쟁자들을 분석하는 것도 중요한지만, 잠재적인 경쟁을 고려하는 것도 중요한 요소 중 하나라고 할 수 있다. 특히, 여행업은 다른 산업에 비해 상대적으로 진입장벽이 낮은 산업이라고 할 수 있는데, 이와 같이 시장진입 장벽이 낮은 산업의 창업일수록 잠재적 경쟁자와의 경쟁이 중요한 요소라고 할 수 있다.

시장진입 장벽이 높은 산업의 경우에는 잠재적 경쟁자가 시장에 진입하는데 있어서 소요되는 시간이 어느 정도 있기 때문에 그에 따른 경영전략을 수립해서 대응할 수도 있지만, 여행업과 외식사업과 같이 시장진입 장벽이 낮은 산업의 잠재적 경쟁자는 짧은 시간 안에 시장에 진출하여 기존의 사업자를 위협할 확률이 더 높다고 할 수 있다.

③ 대체재와의 경쟁

산업의 수익률은 소비자들이 그 제품이나 서비스에 대해 지불하는 가격에 따라 결정되므로, 대체재Substitute의 유·무에 따라 크게 달라진다. 예를 들어, 버스와 지하철은 서로 긴밀한 대체재 관계에 있다고 할 수 있는데, 버스요금이 많이 인상되면 분명히 소비자들은 버스보다는 지하철을 선호할 것이기 때문이다.

여행업을 창업하기 위해서는 사전에 치밀한 계획과 예비 창업가들의 경우 여행업을 대체할 수 있는 산업이나 구체적인 서비스가 무엇이 존재하는지를 함께 고민해야 한다. 모든 산업에서도 마찬가지겠지만, 특히 오프라인 여행사를 대체할 수 있는 부분은 분명히 온라인 여행사이기 때문에, 지금 당장은 아니지만 향후 여러 가지 안전한 전자거래의 기반시설이 더 확충되게 되면 오프라인 여행업의 비중은 점차 줄어들 것이 분명하다.

대체재와의 경쟁과 관련해서는 위에서 언급된 여행업과 더불어서 가장 두드러진 특성을 보일 수 있는 산업이 외식사업이라고 할 수 있다. 최근, 스마트폰을 기반으로 한 다양한 애플리케이션의 보급으로 인해 모든 창업에 있어서 대체재와의 경쟁은 더욱 치열해지고 있으며, 이러한 경향은 향후 더욱 가속화 될 것으로 예측된다.

④ 구매자의 교섭력

구매자의 교섭력을 결정하는 데에는 구매자들이 얼마나 가격에 민감한가의 정도와, 공급자에 대한 구매자들의 상대적인 교섭능력이 중요한 요인으로 작용한다.

그러나 구매자의 교섭능력에 더 많은 영향을 미치는 것은 판매자와 구매자의 교섭력 차이인데, 그 요인들로는 구매자의 공급자에 대한 상대적 크기, 구매자들이 공급자의 제품 · 가격 · 비용 구조에 대해 보다 자세한 정보를 보유했는지 여부, 구매자들의 전환비용Switching Cost 여부 등에 따라서 영향을 받게 된다. 특히, 호스피탈리티 서비스 산업에서 구매자의 교섭력이 많은 영향을 미치는 이유는, 일반적으로 구매자들의 전환비용이 다른 산업에 비해서 그다지 크지 않다고 할 수 있기 때문이다.

따라서 소비자들은 서비스 품질이 다른 경쟁기업에 비해서 떨어진다고 생각하면 기존의 브랜드에 대한 충성도가 떨어져 언제든지 다른 브랜드로 전환할 수 있기 때문에, 이러한 점을 호스피탈리티 서비스 산업 창업가들은 항상 생각해야 한다.

⑤ 공급자의 교섭력

구매자가 교섭력을 행사하여 가격을 낮춤으로써 공급자들의 이윤을 감소시킬 수 있는 것과 같이, 공급자들도 자신들의 교섭력이 강할 때 가격을 높임으로써 자신의 이윤폭을 넓힐 수 있다.

위에서 언급된 기업의 외부환경을 분석하여 여행업을 운영하는데 있어서 활용하는 것이 중요한데, 그러기 위해서는 호스피탈리티 산업을 잘 분석하는 일이 선행되어야 한다.

2 경영인

일반적으로 경영인Manager이라는 말은 넓은 의미로는 기업 내에서 종업원들을 감독하는 관리자로부터 가장 중요한 의사결정을 담당하는 최고경영인에 이르는 집단을 총칭하지만, 좁은 의미로는 최고경영인CEO : Chief Executive Officer을 의미한다고 할 수 있다.

창업을 하는 창업가의 경우는 기업의 형태에 따라서 차이가 있을 수 있지만, 일반적으로 개인기업의 경우는 창업가가 경영인이 되며, 경영인의 유형 중에서는 소유경영인이 된다고 할 수 있다. 아무리 작은 규모의 창업이나 1인 창조기업이라도 경영인은 경영인의 역할을 파악하고 그에 적합한 운영이 중요한 부분이라고 말할 수 있다.

1) 경영인은 누구인가?

경영인을 이해하기 위해서는 먼저 조직Organization에 대한 이해가 필요하다. 조직이란, 두 사람 이상이 서로 연결되어 상호작용을 하면서 공동의 목표를 달성해 나가는 모임을 말한다. 조직 내에서는 분업Division of Labor, 통합Coordination, 권한체계Hierarchy of Authority, 공동목표Common Goal 등과 같은 요소들이 존재한다.

간단하게 정의하면, "경영인이란, 이러한 조직 안에서 다른 조직구성원들의 행동을 지시하는 사람Managers are individuals in an organization who direct the activities of others."이라고 할 수 있다.

2) 경영인의 유형

(1) 소유경영인

산업화 초기에는 기업의 규모가 그리 크지 않고 전문적인 경영 능력도 별로 요구되지 않아, 출자자인 소유주가 직접 경영권을 가지고 경영기능을 수행할 수 있었다. 이와 같은 경우 소유주가 경영인을 겸하는 것이 가능하므로 출자자와 경영인이 분리될 필요가 없는데, 이러한 경영인을 '소유경영인Owner Manager'이라고 한다.

일반적으로 시장진입 장벽이 낮은 편인 호스피탈리티 산업의 여행업, 외식사업 등의 창업가들은 소유경영인의 유형이라고 할 수 있다.

(2) 고용경영인

고용경영인이란, “소유경영인에게 고용되어 일부의 기능 혹은 대부분의 기능을 위탁받아 소유경영인에게 도움을 주는 형태의 경영인”을 의미한다. 실질적으로는 소유경영인과 고용경영인의 차이가 별로 없다고 할 수 있다. ‘고용경영인Salaried Manager’의 경우는 어느 정도 법인의 규모가 형성되고 시스템화 되어 있는 경우가 많다.

(3) 전문경영인

전문경영인이란, “전문적인 경영능력과 지식을 겸비하고 의사결정 권한을 소유하여 실질적으로 조직을 운영해 나가는 경영인”을 의미한다. 이렇게 ‘전문경영인Expert Manager’이 출현한 배경으로는 경영규모의 대규모화와 함께 급변하는 경영환경에 대한 대처, 복잡화된 관리체계, 다양화된 생산요소의 효율적 결합 등을 들 수 있다.

3) 경영인의 역할

경영인의 역할What do managers do과 관련해서는 많은 연구가 진행되었으며 지금도 진행되고 있다. 특히, 인터넷의 일반화로 경영환경이 급변해서는 경영인의 역할과 관련된 부분에 있어서도 많은 변화가 일어나고 있으며, 경영인의 역할은 기업의 상황이나 외부 경영환경, 산업의 특성 등에 따라서 다소 차이가 있다고 할 수 있다.

창업가들이 창업을 통해 생각할 수 있는 중요한 부분들은, 창업 전에는 상황 상 경영인마인드를 보유한 경험이 없었으나 창업을 통해 이러한 것을 갖추어야 하며, 특정한 상황에서 본인이 직접 의사결정을 해야 한다는 점이라고 할 수 있다.

이러한 점과 관련하여 이 부분의 고전적인 학자인 Mintzberg는 경영인들이 어떻게 시간을 사용하며, 어떠한 업무를 하느냐를 실증적인 관찰 자료에 근거하여 설명하였다. Mintzberg는 경영인의 역할을 크게 '대인적 역할', '정보적 역할', '의사결정적 역할'의 세 가지로 분류하였다.

(1) 대인적 역할

대인적 역할이란, "경영인이 기업을 지속적으로 원만하게 운영하기 위해 도움을 주는 역할"을 말한다. 대인적 역할은 다시 세 가지로 분류할 수 있는데, 첫째, 기업의 외형적 대표인으로서의 역할, 둘째, 종업원을 채용 · 훈련 · 동기를 유발시키는 리더로서의 역할, 셋째, 연락자로서의 역할 등이 있다. 연락자로서의 역할이란 기업 내의 조직구성원들은 물론 기업 밖의 공급자나 고객 등과 같은 여러 이해집단들과의 접촉을 함에 있어 연락자로서의 역할을 의미한다.

(2) 정보적 역할

정보적 역할이란, "경영인이 정보를 수집하고 전달하는 역할"을 의미하는 것으로, 정보적 역할은 세 가지로 분류할 수 있는데, 첫째, 모니터로서의 역할로 이는 경영인이 정보를 꾸준하게 탐색함을 의미한다. 둘째, 전파자로서의 역할로 이는 부하들이 필요한 중요한 정보를 전달해 주는 역할을 의미한다. 마지막으로 대변인으로서의 역할이 있는데, 이는 경영인이 수집한 정보의 일부를 기업 내부나 외부인들에게 전달해 주는 역할을 의미한다.

(3) 의사결정적 역할

의사결정적 역할이란, "수집된 정보를 바탕으로 여러 가지 경영과 관련된 문제들을 해결하는 역할"을 의미한다. 의사결정적 역할은 기업가로서의 역할, 분쟁해결자로서의 역할, 자원배분자로서의 역할, 협상가로서의 역할 등으로 분류할 수 있다.

첫째, 기업가로서의 역할은 경영인이 기업의 성장과 발전을 위해 노력하는 것을 의미한다. 둘째, 분쟁해결자로서의 역할이란, 노사문제와 같은 기업 내부적인 상황이나 기업과 고객 간의 법률적인 갈등, 기업 외부적인 분쟁상황이 발생되었을 때 적극적으로 해결방안을 모색하는 역할을 의미한다. 셋째, 자원배분자로서의 역할이란, 기업의 성과를 극대화시키기 위해 기업의 경영자원을 어떻게 배분할 것인가를 결정하는 역할을 말한다. 마지막으로, 협상가로서의 역할이란, 기업이 공급업자와 계약을 체결할 때 등과 같이 거래에 있어서 협상을 하는 역할을 말한다.

4) 경영층

일반적으로 우리가 접근하는 창업은 대규모의 기업화된 시스템을 의미하는 것이 아니기 때문에 경영층이 많지는 않지만, 대규모의 시스템을 구축한 자본력을 가진 호스피탈리티 서비스 기업에 있어서는 경영층이 매우 중요한 부분이라고 할 수 있다.

최근에는 일반적으로 경영층이 단순해지는 경향을 보이고 있는데, 이러한 경향은 호스피탈리티 서비스 산업에서도 마찬가지로 나타나고 있으며, 빠른 의사결정을 통해서 고객들에게 더 높은 품질의 서비스를 제공하기 위한 현상이라고 할 수 있다.

경영활동의 내용이 많아지고 복잡해지면, 한 사람의 경영인으로서는 기업을 효율적으로 운영해 나가는 것이 어려워지게 된다. 따라서 여러 사람의 경영인이 서로 다른 경영기능을 나누어서 맡을 수밖에 없게 되는데, 이러한 집단을 '경영층Management Class'이라고 한다. 일반적으로 경영층은 최고경영층, 중간경영층, 일선경영층 등으로 나누어 볼 수 있다.

(1) 최고경영층

조직의 전반적 경영을 책임지는 위치에서 조직의 외부 환경과 상호작용하는 업무를 주로 맡으며, 회장을 비롯하여 사장이나 대표이사, 전무, 상무, 이사 등의 중역이 최고경영층에 해당한다.

일반적인 소규모 창업에서는 찾아보기가 힘들며, 대기업들이 보유하고 있는 특급호텔에서나 찾아볼 수 있는 유형이라고 할 수 있다. 또한 일반적으로 대기업들이 보유한 특급호텔들은 대부분 글로벌체인 브랜드이기 때문에, 조직구조가 더욱 일반적인 창업에 비해서는 복잡하다.

(2) 중간경영층

최고경영층에서 결정한 방침과 계획을 일선 경영층에게 전달하고 지휘하며, 중간에서 상 · 하 경영층의 요구사항을 조율해 주는 역할을 한다. 팀장, 부장, 과장 등의 직급으로서 경영자율화에 따라 점차 중요성이 더해가고 있다.

(3) 일선경영층

자기가 맡은 실무 담당자의 과업을 감독하고 조언 · 조정해 준다. 감독인, 반장, 대리 등의 직급으로서 다른 경영인의 활동은 감독하지 않는다.

3 기업

1) 기업의 유형

기업의 유형은 창업에 있어서 매우 중요한 부분이라고 할 수 있으며, 어떠한 기업의 유형을 갖느냐에 따라서 기업의 조직구조가 달라지고, 어떠한 조직구조를 가졌느냐에 따라서 기업이 구사하는 모든 경영전략에 영향을 미치기 때문에 창업과 기업의 유형은 매우 밀접한 상관관계를 가지고 있다.

(1) 개인기업

개인기업Sole Proprietorship이란, "한 사람이 단독으로 출자하고 지배하여 경영상의 모든 위험과 손실을 부담하는 대신 이윤도 한 사람이 모두 챙기는 형태의 기업"을 말한다.

대부분의 창업은 개인기업의 형태를 많이 띠며, 다른 복합적인 이유도 있지만 가장 결정적인 이유는 일반적으로 창업을 하는 개인의 자본력과 관련된 부분이라고 할 수 있다.

(2) 공동기업

공동기업Partnership이란, "두 사람 이상이 공동적으로 영리를 목적으로 만든 기업"을 의미하는데, 소수 공동기업과 다수 공동기업으로 분류할 수 있다.

먼저, 소수 공동기업을 살펴보면, 기업의 유형은 여러 가지 관점에 따라 다양하게 나눌 수 있는데, 법적으로 분류해 보면, '합명회사'란 출자와 경영을 2인 이상이 공동으로 하고 회사 부채에 대해서 무한책임을 지는 형태이며, '합자회사'는 일부만 책임을 지는 유한책임자와 무한책임자가 공동으로 설립한 회사이다. '유한회사'란 모두가 유한책임 사원으로 출자만 하고, 경영은 제3자가 하되 지분의 증권화나 타인에의 양도가 자유롭지 못한 것이 주식회사와의 차이점이라고 할 수 있다.

① 합명회사

'합명회사Unlimited Partnership'는 2인 이상의 사원이 공동으로 출자하여 각 사원이 회사의 채무에 대하여 연대하여 무한책임을 지는 회사를 말한다. 따라서 각 사원은 출자와 동시에 원칙적으로 사원 전부가 경영을 담당하게 된다. 출자는 현금이나 현물 등의 재산뿐만 아니라 노무도 출자할 수 있으나, 각 사원의 지분은 다른 사원의 승인을 얻지 않고서는 그것의 전부 또는 일부를 자유로이 다른 사람에게 양도할 수 없다.

② 합자회사

'합자회사Limited Partnership'란 무한책임 사원과 유한책임 사원의 두 종류로 구성되는 이원적인 회사로서, 무한책임 사원은 출자를 함과 동시에 경영을 담당하며, 유한책임 사원은 출자만 하고 경영의 관리에는 참여하지 않는다. 출자에 있어서 무한책임 사원은 합명회사의 사원과 마찬가지로 금전, 기타의 재산뿐만 아니라 노무도 출자할 수 있으나, 유한책임 사원은 금전과 현물에 한하여 출자할 수 있다.

③ 유한회사

'유한회사Private Company'는 사원 전원이 그들의 출자액을 한도로 하여 기업채무를 변제한다는 유한책임을 부담하는 사원으로 조직되는 회사이다. 유한회사의 전 사원이 유한책임을 진다는 점은 주식회사의 경우와 같고, 전술한 합명회사 또는 합자회사와는 사원 구성에 있어서 상이하다. 유한회사는 비교적 소수의 사원과 소수의 자본으로 운영되므로 중·소 규모의 기업경영에 주로 이용된다.

다수공동기업의 유형으로는 '주식회사'가 있다.

(3) 주식회사

기업 활동이 점점 확대되면서 더 많은 자본이 필요하게 되어 한두 명이 가진 자본으로는 충당하기가 어렵게 되었다. 이때 기업의 신용을 담보로 하고 기업이 책임을 지는 기업 명의의 증서(증권 혹은 주식)를 발행하여 수많은 사람들에게 나누어주고 자본을 모아서 설립된 기업이 '주식회사Corporation'이다. 특히 산업혁명 이후 대량생산체제로 진입하면서 초대형 기업의 필요성 때문에 거의 대부분의 기업들이 주식회사 형태를 취하게 되었다.

주식회사는 다음과 같은 특징을 가진다.(임창희, 2002, pp.71-72)

① 유한책임제도

주식을 산 출자자(사실상의 소유자)들은 자신이 출자한 지분에 대해서만 유한책임을 지기 때문에, 많은 사람들이 안심하고 자본을 투자할 수 있게 된다. 무한책임이라면 어느 누구도 선뜻 자본을 출자하려 하지 않을 것이기 때문이다.

② 주식제도

출자의 단위가 되는 주신의 단위당 금액을 소액(5천 원, 1만 원 등)으로 균등화되어 적은 자금밖에 없는 소위 소액주주들도 참여할 수 있으며, 주식의 매매나 양도가 자유롭다. 그러므로 더 많은 사람들에게 출자를 유도할 수 있어서, 주식회사로 자본이 집중되어 거대자본으로 회사를 운영할 수 있는 장점이 있다.

③ 소유와 경영의 분리

주주들은 출자분만큼 회사에 대해 권한을 가지지만, 참여 자본가의 수가 매우 커서 일부 주주들이 경영에 대한 결정권을 가지기는 어렵다. 따라서 경영은 전문경영인에게 위탁한 셈이 되고, 출자자는 배당을 받으면 되기 때문에 경영능력이 없는 자본가들도 안심하고 투자할 수 있다. 그들은 또한 자신들보다 훨씬 경영능력이 뛰어난 전문경영자에게 회사운영을 맡길 수 있다는 장점도 있다.

2) 공기업

공기업Public Company은 영리를 목적으로 운영되는 사기업과는 여러 가지 측면에서 차이가 있는데, 공기업의 특성을 정리하면 다음과 같다.

- 공기업은 국가 또는 지방자치단체가 출자해서 설립한 기업이므로, 공공성이 있다.
- 공기업은 공익성이 있다.

- 공기업은 설립 시 출자액을 기초로 하여 운영에 필요한 비용은 예산회계 제도에 따라 지출되고, 회계감사를 받을 의무가 있으므로 통제성이 있다.

3) 대기업과 중소기업

대기업과 중소기업을 분류할 때 기준이 될 수 있는 요소들로는 자본금, 종업원 수, 매출액 등이 있다. 하지만 이러한 기준에서 어떤 것을 기준으로 삼을 것이냐의 문제가 발생할 수 있으며, 기준이 정해졌다하더라도 한 예로 종업원 수가 과연 몇 명을 대기업, 중기업, 소기업으로 분류할 것인가의 문제가 발생하게 된다.

이렇게 대기업과 중소기업으로 분류하는 것은 각 국가별로 정치 · 경제 · 사회적인 여건에 따라 정의가 달라질 수 있지만, 일반적으로 중소기업이라 하면 상대적으로 대기업에 비해 그 규모가 작은 기업을 말한다. 우리나라의 경우는 주로 외형적인 기준으로 분류하는데, 제조업의 경우 상시 종업원 수가 50인 이하이면 소기업, 300인 이하까지는 중기업이라 부르며, 서비스업인 경우는 10인에서 20인까지가 중기업이 된다.

4) 호스피탈리티 서비스 기업의 이해

호스피탈리티 산업은 고객들에게 최고의 서비스를 제공하여 고객만족을 최우선으로 해야 하는 서비스 산업을 의미하는데, 예를 들면, 호텔관광서비스 산업이 대표적인 호스피탈리티 서비스 산업의 유형이라고 할 수 있다. 따라서 호스피탈리티 서비스 산업을 이해하기 위해서는 호텔, 여행사, 리조트, 국제회의업 등과 같은 관광관련 기업에 대한 이해가 먼저 필요한 부분이라고 할 수 있다.

관광기업을 이해하기 위해서는 관광사업에 대한 이해가 먼저 필요하다. 여러 학자들이 관광사업에 대해서 다양한 정의를 내렸지만, 일반적으로 관광사업이란 관광시설을 갖추고, 관광객의 이동을 가능하게 하고, 관광정보를 제공하고 관광지를 알리는 것 등과 같이 관광과 관련된 모든 활동이라고 할 수 있다.

관광사업과 관광산업이라는 용어는 서로 유사한 용어로 동시에 사용되고 있으며, 우리나라의 「관광진흥법」상에서는 관광사업이라는 용어를 사용하고 있다. 우리나라의 「관광진흥법」상에서는 관광사업을 "관광객을 위해 운송 · 숙박 · 음식 · 운동 · 오락 · 휴양 또는 용역을 제공하거나 기타 관광에 부수되는 시설을 갖추어 이를 이용하는 업"이라고 정의하고 있다.

위에서 언급된 바와 같이 관광기업이란, "관광사업을 운영하는 기업"이라고 간략하게 정의할 수 있다. 우리가 일반적으로 알고 있는 관광기업들로서 대표적인 것들은 호텔, 여행사, 카지노, 항공사 등이 있다. 하지만, 일정 규모 이상의 호텔, 카지노, 항공사 등의 기업은 개인기업의 유형이 거의 없기 때문에, 창업과 관련해서는 모든 경영의 기능을 규모에 따라서 분류할 필요가 있다. 최근에는 우리나라의 관광기업들이 해외로 사업의 범위를 활발하게 넓혀나가고 있는 경향을 보이고 있다.

이렇게 일종의 글로벌 창업을 하는 기업들은 그 규모가 대부분 대규모인 기업들이라고 할 수 있지만, 상황에 따라서는 브랜드 파워를 이용한 프랜차이즈 시스템을 통하여 글로벌 창업도 이전에 비해서는 많이 활발해졌다고 할 수 있다.

4 관리이론의 발전단계

1) 고전적 관리이론

(1) 과학적 관리법

'과학적 관리법Scientific Management'이란, 종업원의 능률을 향상시키기 위해 작업과 작업장의 합리적이고 과학적인 연구에 초점을 맞추는 관리 관점을 말한다. 특히, Taylor는 생산능률을 향상시키기 위한 명확한 지침을 정의하였으며, 이러한 지침은 노동자와 사용자 모두에게 도움이 된다고 주장하였다.

테일러의 네 가지 과학적 관리의 원칙 내용은 다음과 같다.

- 개별 작업의 각 요소에 과학적인 방법을 사용함으로써 이전의 주먹구구식 방식Rule-of Thumb을 대신한다.
- 근로자를 과학적으로 선발한 다음, 교육훈련 및 개발을 한다.(이전에 근로자들은 자신의 일을 선택한 뒤 최상의 수준을 발휘하도록 스스로 교육받았다.)
- 모든 작업이 개발되어온 과학의 원칙과 일치하여 이루어지도록 확신시키기 위해 근로자들과 마음으로부터 협력한다.
- 노사 사이에 작업과 책임을 거의 동일하게 나눈다.(이전에는 거의 모든 작업과 책임의 대부분이 근로자에게 치중되어 있었다.)

(2) 관리일반이론

Fayol은 관리를 여러 가지 과업을 수행하는 과정으로 정의하였으며, 이러한 과정은 모든 형태의 조직에 적용되는 보편적 원칙이라고 주장하였다. 이러한 보편주의는 조직적 · 관리적 · 업무적 수준에서 관찰되는데, 조직적 수준에서 하나의 기업은 기술적 활동, 영업적 활동, 재무적 활동, 보전적 활동, 회계적 활동, 관리적 활동을 수행하게 된다.

Fayol은 관리자가 관리적 수준에서 다음과 같은 다섯 가지 기능을 수행해야 한다고 하였다.

① 계획

기업경영의 미래에 대한 검토와 조직목표 달성을 위한 행동계획을 수립하고 작성한다.

② 조직

수립된 계획을 실행하기 위해 물적 · 인적 자원을 동원하기 위한 조직구조를 편성하고 운영한다.

③ 명령

종업원들이 필요로 하는 업무를 수행하도록 하기 위해 그들에게 지시하고 명령을 내린다.

④ 조정

종업원의 모든 활동을 오로지 조직의 전반적인 목표달성 쪽으로 통일하고 조정시킨다.

⑤ 통제

목표가 계획대로 달성되었는지를 검토하고 평가하여 잘못된 경우를 시정하도록 한다. 또한 Fayol은 관리자는 업무적 수준에서 열 네가지 관리원칙을 적용해야 한다고 하였다.

(3) 관료제

관료제Bureaucracy란, 규율 · 계층 · 분업 및 확고한 절차에 의존하는 하나의 시스템을 가리키는 말로서, Max Weber는 관료제의 속성을 다음과 같이 구체적으로 설명하였다.

- 관료들의 비개인적인 공식적인 의무
- 명확하게 정의된 서열체계

- 명확하게 정의된 능력
- 자유로운 계약관계
- 선거가 아닌 임명제
- 관료에게 주는 고정급여
- 관료의 유일하고 원초적인 직업
- 경력체계
- 행정의 수단으로부터의 분리
- 엄격하고 체계적인 규율

① 관료제의 순기능(Perrow의 관료제의 순기능 설명)

- 표준화된 행동과 능률 증대
- 고용의 안정성
- 공정성과 통일성 확보
- 계층을 통한 용이한 책임 수행

② 관료제의 비판(Bennis의 관료주의 비판 내용)

- 관료주의는 개인적 성장과 성숙한 인격의 발달을 적절히 허용하지 않고 있다.
- 순종과 집단사고를 발전시킨다.
- 비공식 조직과 긴급하고 돌발적인 문제를 고려하지 않고 있다.
- 적절한 사법상의 과정을 담고 있지 않다.
- 직위 간, 특히 기능적 집단 간의 차이와 갈등을 해소하는 적절한 수단을 마련하고 있지 않다.
- 의사소통, 특히 혁신적 생각이 계층적 불화 때문에 왜곡된다.
- 불신임과 보복의 공포 때문에 인력이 충분히 활용되지 못한다.
- 조직에 들어오는 새로운 기술이나 과학자의 유입을 쉽게 동화시킬 수 없다.

- 성격구조를 변화시켜 인간을 우둔하고 조건화된 조직인으로 만든다.

2) 행동과학이론

1930년대부터 인간적 측면을 강조하는 새로운 경영이론이 등장하였는데, 이러한 이론을 '행동이론Behavioral Theory'이라 한다. 고전적 관리이론은 주로 근로자들을 더욱 능률적으로 이용하는 방법에 관심을 두었던데 비해, 행동이론은 조직에서 인간의 행위에 영향을 미치는 다양한 요인들의 중요성을 강조하고 있다.

(1) 인간관계론

생산능률에 있어 인간적 요인이 크게 작용하고 있음은 이미 여러 가지의 실증적 연구에 의해서 증명이 되었으며, 인간관계 관리를 위한 여러 가지 구체적인 기술도 크게 발전되어 인간관계론Human Relations은 현대산업에 있어서 가장 중요한 경영관리의 방식으로 인정받고 있다. 이러한 인간관계론의 구체적인 관리기술로는 리더십, 인사상담, 동기부여, 커뮤니케이션 등을 들 수 있다. 또한 이러한 인간관계론이 형성되는데 많은 기여를 했던 것이 '호손실험Hawthorne Experiments'이라고 할 수 있다.

(2) 호손실험

호손실험이란, 미국 시카고 근교에 있는 웨스턴 전기회사Western Electric Company의 호손공장을 중심으로, 산업의 능률과 인간의 관계를 규명하기 위해 이 공장의 부공장장인 Pennock이 하버드대학교의 Mayo 등과 협력하여 1924년부터 1932년까지 약 8년간에 걸쳐서 실시한 일련의 실험이다.

① 호손실험의 개요

호손실험의 연구 목적 중 하나는 조명의 강도가 종업원의 생산성에 미치는 영향을 관찰하는 것이었다. 여성 종업원들을 집단으로 나누어서 한 집단은 일정한 조명의 강도 밑에서 작업을 수행하였고, 다른 집단은 조명의 강도를 체계적으로 변화시키면서 작업을 수행하였다. 하지만 실험결과는 예상과는 달리 두 집단 모두 생산성이 증가하였다.

그 후 웨스턴Western 전기회사는 Mayo를 책임자로 하는 전문가집단을 구성하여 계전기 조립실험실 실험The Relay-assembly Test Room Experiment을 실행하였는데, 그 내용은 휴식시간의 길이, 1일 작업시간 및 1주당 작업일수, 임금지불 방법, 작업 장소, 오전의 중간 간식 등과 같은 열 세가지의 요인이 생산성에 미치는 영향을 조사하는 것이었다. 그 결과 예상과 달리 작업환경에 어떠한 변화를 주어도 생산성은 증가하였으며, 최초의 표준적 작업환경 하에서도 생산성은 증가하였다.

배선작업실연구Bank Wiring Room Study라고 불리는 세 번째 연구에서는 여성 대신 남성들이 연구에 참여하였는데, 각 작업자의 성과가 보상과 직결될 때 생산성이 극대화될 것이라는 가정을 검증하기 위한 것이었지만, 생산성은 지속적으로 증가하지 않았다. 오히려 근로자들이 생산량을 교묘하게 제한한다는 사실이 밝혀졌는데, 이러한 사실은 작업 행위의 관찰과 면접에서 확인되었다.

Mayo와 연구자들은 작업상황은 복잡한 사회시스템이며 집단 내의 행위를 이해하기 위해서는 근로자의 태도, 근로자 간의 커뮤니케이션 등 다른 여러 요인들을 이해할 필요가 있다는 결론을 내리게 되었다. 또한, 이러한 실험들을 통해서 다음과 같은 결론을 도출해냈는데, 첫째, 계전실험에 있어서는 피실험자들이 그들이 연구대상이 되어있다는 것을 알고 있었으며, 그러한 관심을 받는 것을 즐기고 있었기 때문에 성과가 상승하였다. 둘째, 배선작업실 연구결과는 피실험자들이 높은 성과를 올리게 되면 그들의 일일기준 작업량을 증가시키게 되고, 이것은 그들 중 일부가 직장을 잃을 수도 있다는 것을 의미하기 때문에 실험 참여자들은 생산량을 조절하며 일정하게 유지하였다.

② 호손실험의 의의

호손실험의 현대적인 관점에서 보면, 실험 참여자들이 공장 근로자들을 대표할 수 있는지의 문제, 성과의 변화가 작업환경의 변화보다는 실험에 사용된 방으로부터 기인하지는 않았는지 등 여러 가지 문제점을 가지고 있다. 하지만 호손실험을 통해서 과학적 관리방법에서는 고려되지 않았던, 여러 가지 다양한 인간 행위의 복잡성과 관련된 요인들에 대한 연구가 필요하다는 점에 기여하였다.

(3) XY이론

호손의 연구 외에 인간관계운동과 관련된 이론으로는 Mcgregor의 XY이론이 있다. Mcgregor는 작업자들의 태도와 행위가 경영인의 행위에 어떻게 영향을 미치는가에 따라 서로 다른 두 가지의 가정을 제안하였다. 작업자들의 행위에 대해 비판적이고 부정적으로 보는 가정은 X이론Theory X이라고 하였고, 긍정적으로 보는 가정은 Y이론Theory Y이라고 하였다.

X이론과 Y이론의 가정은 아래와 같다.

① X이론

- 작업자는 일을 싫어하고 일을 피하려고 한다.
- 경영인들은 작업자들이 열심히 일을 하도록 감시하고, 통제하고 강요하며 위협해야 한다.
- 작업자들은 지시받기를 좋아하고 책임을 회피하며 야망을 갖지 않고, 다만 직업안정을 원한다.

② Y이론

- 작업자들은 일을 싫어하지 않고 오히려 생활의 일부라고 생각한다.
- 작업자들은 목적을 달성하기 위해 자극을 받는 것을 허용한다.

- 작업자들은 목표를 달성하였을 때 받게 되는 보상수준에 맞는 목표를 달성하려 한다.
- 작업자들은 좋은 조건 하에서는 책임을 맡으려 한다.
- 작업자들은 조직의 문제를 창조적으로 해결할 능력을 갖는다.
- 작업자들은 유능하지만, 그들의 잠재력은 충분히 발휘하지 않는다.

3) 현대경영이론

위에서 언급된 고전적 관리이론과 행동과학이론 및 계량적 접근법 등은 서로 다른 가정과 예측을 전제로 하지만, 서로 보완적인 측면도 가지고 있다. 이러한 이론들을 통합하는 새로운 이론으로서 등장한 것이 시스템이론System Theory과 상황적합이론Contingency Theory이다.(유필화 외, pp.112-118 참조)

(1) 시스템이론

과학적 관리법은 효과적인 직무설계를 통하여 조직의 생산성을 극대화하는 데 초점을 맞추었으며, 인간관계론은 연구의 초점을 직무의 설계로부터 사회적 요소로 바뀌게 만들었다. 그러나 이들 이론은 인간의 행동에 영향을 미치는 요소들이 서로 상호 관계하여 작용한다는 사실을 간과하였다.

시스템이론은 인간행동의 영향요소들 간의 복잡한 상호작용의 중요성을 강조하였는데, 즉 모든 것이 다른 모든 것과 관련되어 있다는 것이다. 시스템이론은 조직을 상호 관련된 부분으로 구성되어 있고, 그의 특정한 목적을 가진 통합된 시스템으로 보고 있다. 시스템이론은 조직의 여러 하위시스템을 분리해서 취급하려는 것이 아니고 조직을 하나의 전체로서 보려는 것이다.

(2) 상황적합이론

위에서 언급된 고전적 · 행동적 · 계량적 접근법은 다양한 상황에서 기업을 경영함에 있어서 하나의 가장 좋은 방법을 적용하려 했기 때문에 보편적 관점이라고 한다. 하지만 상황이론Contingency Theory은 각각의 조직은 유일하기 때문에 모든 조직에 일률적인 보편이론을 적용할 수는 없다고 주장한다. 즉 어떤 상황에 가장 알맞은 경영 행위는 그 상황에 유일한 요소들에 의존한다는 것인데, 어떤 상황에서는 가장 효과적인 행위일지라도 모든 다른 상황에 이를 일반화할 수는 없다는 것이다. 모든 상황이 다르기 때문에 결과가 다르고, 어떤 상황에서는 가장 효과적인 방법이 다른 상황에서는 전혀 다른 결과를 가져오는 것이다.

상황이론에 따르면, 경영인의 임무란 특별한 상황에서, 특별한 경우에, 특정 시점에 기업의 목적을 가장 잘 달성할 수 있는 기법이 무엇인가를 찾아내는 것이다.

CHAPTER 02

서비스의 이해

1 서비스의 이해

1) 서비스의 개념 및 특성

최근 정보통신서비스의 확산 및 일반화와 더불어 서비스 및 서비스 산업의 중요성이 더욱 커지고 있다. 따라서 기업 차원에서 뿐만 아니라 우리의 일상생활에서도 서비스는 그 중요성이 계속해서 증대되고 있을 뿐만 아니라 새로운 서비스들로 인해 우리의 일상생활도 많은 변화를 가져오고 있다. 이러한 경향은 향후 가속화될 것으로 예측된다.

이러한 환경 하에서 기업들은 서비스가 기업의 경쟁력을 좌우하는 매우 중요한 요인으로 자리잡아가고 있기 때문에, 서비스에 대한 중요성을 인식하여 서비스기업 뿐만 아니라 제조 기업들도 제품을 생산하는 데만 그치지 않고 새로운 서비스들을 창출하려고 노력하고 있다. 따라서 소비자들은 이전에는 한 번도 접하지 못했던 새로운 서비스에 노출되고 있기 때문에, 이러한 서비스의 품질을 평가하는 데에 많은 어려움을 겪고 있다.

먼저, 서비스Service에 대한 정의를 살펴보면, 우리가 일상생활에서 사용하는 서비스에 관한 정의는 매우 다양하다고 말할 수 있다. 예를 들어, "이 물건을 하나 서비스로 드립니다."의 의미는 어떠한 제품을 구입할 때 무료로 하나 준다는 의미이고, "직원들 서비스가 좋다."는 의미는 직원들이 고객을 대하는 자세와 태도가 좋다는 의미이다. 하지만 이러한 서비스에 대한 해석은 매우 좁은 의미의 해석이라고 할 수 있다. 간단히 말해서, 서비스는 행위Deeds, 과정Process 및 그 결과인 성과Performance라고 할 수 있는데, 호텔 · 병원 · 은행 등의 서비스도 고객을 위해 종업원이 수행하는 행위이다.

이와 같이 넓은 의미로 서비스를 정의할 때, 서비스는 서비스업에서 제공될 뿐만 아니라 여러 제조업에서 제품과 결합되어 제공되고 있음을 알 수 있다.

예를 들어, 자동차회사는 판매차량에 대해 보증 및 수리서비스를 제공하는데, 이러한 예도 행위 · 과정 · 성과의 예라고 할 수 있다.

위에서 정의한 대로, 간단하면서도 넓은 의미의 서비스 의미와 더불어 서비스의 정의가 다양함을 인지하고 있으면, 서비스를 정의할 때 생길 수 있는 혼돈이나 의견의 불일치를 이해할 수 있다. 위에서 언급된 넓은 의미의 정의와 부합할 수 있는 정의는 "서비스는 산출물이 물적인 제품이나 구조물이 아니며, 일반적으로 생산되는 시점에 소멸되고 구매자에게 무형적인 형태의 가치를 제공하는 모든 경제적인 활동을 포함한다."라고 할 수 있다.

서비스의 다양한 의미와 관련된 정의는 아래와 같다.

(1) 서비스의 정의

위에서 언급한대로 서비스에 대한 정의는 매우 다양한데, 학문적으로 접근해 보면, 경영학에서 서비스에 관한 연구는 1960년대 초반부터 시작되었다. 서비스에 대한 연구 초기에는 제품과 서비스의 특성 및 서비스마케팅의 적용에 관한 연구가 활발하게 이루어졌으며, 1990년대부터는 보다 체계적으로 서비스에 관한 이론과 전략적인 측면에서의 서비스 중요성에 관한 연구가 이루어지고 있다.

서비스의 활동론적 정의를 살펴보면, 미국마케팅학회(1960)는 서비스를 "판매 목적으로 제공되거나 상품 판매와 연계해 제공되는 모든 활동, 편익, 만족"이라고 정의하였다.

한편, 상호관계론적인 관점에서 대부분의 경우, 서비스는 고객이 서비스 제공자와 상호작용을 하게 된다. 따라서 서비스란, "무형의 성격을 띠는 일련의 활동으로서 고객과 종업원의 상호관계에서부터 발생하여 고객의 문제를 해결해 주는 것"이라고 할 수 있다.

2) 서비스의 특성

서비스는 제품과는 다르게 서비스만의 여러 가지 특성을 가지고 있는데, 무형성, 이질성, 소멸성, 비분리성 등의 특성을 가지고 있으며, 각각의 특성에 관한 설명은 다음과 같다.

(1) 무형성

무형성Intangibility은 서비스의 특성 중 가장 대표적인 특성으로, 일반제품들은 구매 이전에 소비자들이 제품을 시험해 보거나 만져볼 수 있지만, 서비스는 무형적인 특성을 가지고 있기 때문에 미리 시험해 보거나 만져 볼 수 없는 특성을 가지고 있다. 예를 들면, 여행사의 관광상품의 경우 소비자들은 브로슈어나 관광가이드의 경험효과 등을 통해서만 제한적으로 정보를 접할 수 있으며, 호텔의 객실이나 항공사의 좌석과 같은 경우도 소비자들은 서비스를 구매하기 전에는 미리 서비스를 접할 수 없다.

이와 같이 서비스의 특성 중 무형성은 두 가지 의미를 내포하고 있다. 첫째는 실체를 보거나 만질 수 없다는 객관적인 의미이고, 둘째는 이렇게 서비스는 보거나 만질 수 없기 때문에 그 서비스에 대해서 상상하기가 어렵다는 점이다.

이러한 서비스의 특성 중 무형성이 우리에게 주는 시사점을 몇 가지 살펴보면, 호텔의 경우 서비스를 받기 전에는 고객들이 그 호텔의 서비스 수준을 모르기 때문에 호텔의 유형적인 측면을 보고 그 호텔의 서비스 수준에 대한 기대수준을 갖게 된다. 무형성과 관련하여 또 하나 중요한 점은, 완전히 유형적이거나 완전히 무형적인 서비스나 제품은 존재하지 않는다는 점이다.

(2) 이질성

서비스의 이질성Heterogeneity이란, 서비스의 생산 및 인도 과정에는 여러 가지 가변적인 요소가 많기 때문에, 한 고객에 대한 서비스가 다른 고객에게 제공되는 서비스 품질과 다를 수 있다는 것을 의미한다.

예를 들면, 같은 서비스기업의 종업원일지라도 각각 제공되는 서비스의 품질은 달라질 수 있다. 기업들은 이러한 서비스의 이질성을 통해서 위기와 기회를 함께 맞을 수 있는데, 서비스 품질의 균일화가 어렵기 때문에 기업으로서는 어떻게 하면 서비스의 품질을 일정수준 이상으로 유지시킬 것인가와 표준화시키는가에 대해서 많은 고민을 하게 된다.

(3) 소멸성

소멸성Perishability이란, 서비스는 일반 재화와는 다르게 재고에 대한 저장이 불가능하다는 의미이다. 일반 재화의 경우는 재고에 대한 저장이 가능하기 때문에 오늘 판매하지 않으면 내일 판매가 가능하지만, 항공사의 좌석이나 호텔의 객실 같은 경우에는 저장했다가 수요가 있을 때 다시 판매하는 것이 불가능하다는 의미이다.

호텔의 경우, 호텔이 일년 내내 보유하는 객실의 수는 일정하지만, 성수기에는 객실이 가득차거나 혹은 객실이 모자랄 수도 있고, 비수기에는 고객이 없어 객실이 많이 비어 있을 수도 있다. 그렇다고 이렇게 비어 있는 객실을 저장했다가 성수기에 사용할 수는 없는 것이다.

(4) 비분리성

비분리성Inseperability이란, 서비스의 생산과정에서 소비가 동시에 이루어지는 것을 의미하는데, 제품의 경우는 생산이 먼저 되고 나중에 판매될 수 있지만, 서비스는 서비스의 제공과정에서 서비스를 제공받는 고객이 존재해야 한다.

3) 서비스의 분류

서비스는 다양한 관점에 의해서 여러 가지로 분류될 수 있지만, 주요한 분류

기준을 살펴보면 다음과 같다.(이정학, 2014, p.25)

(1) 한국표준산업에 의한 분류

통계청의 한국표준산업분류KSIC : Korea Standard Industrial Classification는 산업관련 통계자료의 정확성, 비교성을 확보하기 위해 작성되는 것으로, 분류체계는 산업별로 A부터 U까지 대분류 21개를 설정하고 세세분류에서 업종별로 고유의 코드 숫자를 부여하고 있는데, 서비스분야와 관련된 부분만 정리하면 다음과 같다.

표 2.1 한국표준산업분류(서비스분야)

대 분 류
• 도 · 소매업 • 운수업 • 숙박, 음식 • 출판, 영상, 방송통신 및 정보서비스업 • 금융 및 보험업 • 부동산업 및 임대업 • 전문, 과학 및 기술서비스업 • 사업시설관리 및 사업지원서비스업 • 공공행정, 국방 및 사회보장행정 • 교육서비스업 • 보건업 및 사회복지 서비스업 • 예술, 스포츠 및 여가 관련 서비스업 • 협회단체, 수리 및 기타 개인서비스업 • 국제 및 외국기관

자료 : 이정학, 2014, p.26에서 재인용

(2) 경제 주체에 의한 분류

경제 주체에 의한 분류는 공공서비스, 개인서비스, 기업서비스 등으로 구분할 수 있다.

(3) 서비스행위의 본질에 의한 분류

인간의 신체에 제공하는 가시적 행위, 인간의 마음에 제공하는 비가시적 행위, 사물에 대한 가시적 행위, 사물에 대한 비가시적 행위 등으로 구분할 수 있다.

(4) 서비스 프로세스 매트릭스에 의한 분류

서비스공장, 서비스숍, 대량서비스, 전문서비스 등으로 분류할 수 있다.

(5) 상품체계에 의한 분류

순수제품, 제품위주, 순수서비스, 서비스위주 등으로 구분할 수 있다.

4) 서비스 산업의 동향

경영환경의 변화와 정보화, 글로벌화 등으로 인해 산업구조는 많은 변화를 겪고 있다. 이러한 상황 하에서 인터넷을 기반으로 한 정보통신기술의 발전과 다양한 소비자욕구 등으로 인해 서비스 산업은 빠르게 성장하고 있으며, 특히 전통적인 산업경제에서 디지털경제로 전환하는 과정에서 이전에는 없었던 새로운 서비스들이 생겨나면서 서비스의 중요성은 더욱 커져가고 있다.

우리의 일상생활에서도 인터넷과 휴대폰을 기반으로 하는 정보통신서비스, 의료서비스, 금융서비스, 교육서비스, 법률서비스 등 서비스 없이는 일상생활이 어려운 현실이 되었다. 또한 우리나라의 경제적인 구조에서도 제조업만으로 성장하는 데는 한계점에 부딪힐 수 있으므로, 서비스 산업의 증가와 발전이 매우 필요한 부분이다.

우리나라의 서비스 산업의 현황을 살펴보면, 2002년 이후 일시적으로 하락세를 보이다가 다시 증가하고 있다. 제조업의 비중은 1988년 30.7%를 최고점으로 있다가 하락세를 보여 지금은 정체상태를 보이고 있다.

우리나라의 서비스 산업 비중은 지속적으로 증가하고 있지만, OECD에 가입되어 있는 다른 국가에 비하면 낮은 수준이라고 할 수 있는데, 최근 우리나라의 서비스 산업 비중은 노르웨이, 터키, 체코 등과 함께 가장 낮은 수준이다. 우리나라와는 달리 같은 시점에 미국, 영국, 프랑스 등 주요 선진국의 서비스업 비중은 70%를 초과하였다. 제조업이 발달한 일본, 독일, 핀란드에 비해서도 우리나라의 서비스 산업 비중은 상당히 낮은 편이라고 할 수 있다.

서비스 산업이 중요한 이유는 서비스 산업은 제조업을 보완하여 성장 동력이 될 수 있기 때문에, 위에서 언급한대로 OECD 주요국가의 서비스 산업의 GDP 비중 및 고용 비중은 70% 이상을 상회하고 있으며, 아웃소싱의 확산, 서비스 교역 확대, 소비의 고급화 등으로 서비스 수요는 증가하고 있는 추세이다. 이러한 서비스 산업의 성장 배경에는 위에서 언급한대로 인터넷, 휴대폰과 연결된 정보통신기술의 발전, 소비자 욕구의 다양화 등의 원인이 있다고 할 수 있다. 또한 서비스 산업은 노동집약적 서비스에서부터 지식기반서비스에 이르기까지 범위가 매우 넓으며, 각 업종별로 산업의 특성, 성장잠재력, 경제기여도 등에서 차이가 크다고 할 수 있다.

특히, 서비스 산업 중에서도 관광산업이 중심이 된 호스피탈리티 산업의 중요성은 점점 증대되고 있는데, 복합적인 요인이 있지만 글로벌화와 정보화의 영향으로 국제관광 수요가 계속해서 증가하고 있는 점이 매우 중요한 점이다.

우리나라의 경우에도 중국관광객이 차지하는 비중이 경제에 많은 영향을 미칠 정도로 호스피탈리티 산업의 비중은 증가하고 있으며, 이러한 경향은 향후 더욱 가속화될 것으로 예측된다.

2 서비스 창업과 서비스기업의 과제

서비스 창업을 위해 먼저 꼭 선행되어야 하는 점은 창업가가 서비스 산업의 특성을 확실하게 파악하고 있는 것이 매우 중요한 부분이다.

최근에는 모든 경영환경이 급변하고 있으며, 특히 서비스 산업은 이러한 영향으로 서비스의 제품수명주기Product Life Cycle가 매우 짧아지고 있는 경향이다. 또한 서비스의 중요성 및 매출 증대로 인해 제조기업들도 자사의 제품을 서비스화 하는 경향을 나타내고 있다.

최근의 서비스 산업 경향은 아래와 같으며, 서비스 창업과 관련하여 이러한 영향을 고려하는 것이 매우 중요한 부분이라 할 수 있다.

1) 보조서비스의 중요성 증가

최근 많은 서비스기업들은 다른 기업들과의 치열한 경쟁으로 인해 고객에게 제공하는 기술적인 수단만으로는 경쟁우위를 창출하고 유지하는 데에 어려움을 겪을 수밖에 없다. 따라서 서비스기업들은 다른 경쟁기업에 비해 경쟁우위를 확보하기 위해서 주서비스와 더불어 보조서비스에 대한 비중을 늘려 서비스를 추가하거나 기존의 서비스에 보조서비스를 확장하는 차별화 전략을 많이 구사하고 있다.

예를 들어, 호텔산업의 경우에 호텔의 주된 서비스 중 하나가 객실서비스라고 할 수 있는데, 이러한 객실서비스만으로는 다른 호텔들과 비교해서 경쟁우위를 창출하는데 있어서 어려움을 겪기 때문에 식음료서비스, 수영장 등 다른 부분에서 서비스에 차별화를 두어 경쟁우위를 확보하기 위해 노력하고 있다. 항공사의 경우도 고객들을 운송하는 주된 서비스 이외에도 마일리지 서비스와 티켓팅과 관련된 서비스, 고객들이 대기하는데 불편이 덜하도록 하는 서비스 등 여러 가지 다양한 서비스를 통해서 경쟁우위를 확보하려고 치열하게 경쟁하고 있다.

서비스 창업가들은 이러한 경향을 인지하여 다른 경쟁자들이 제공하는 보조서비스를 고객들에게 제공하지 못하면 경쟁우위의 확보에 어려움이 발생하게 되며, 이로 인해 경쟁력이 떨어져 기업의 생존에 위협을 받을 수 있다. 이러한 경우에 생각해 볼 수 있는 서비스기업의 경영전략 유형이 전략적 제휴Strategic Alliances라고 할 수 있는데, 호스피탈리티 산업의 예를 들어보면, 호텔업에서 리퍼럴 유형의 호텔을 들 수 있다.

서비스기업에 있어서 보조서비스의 중요성이 증대되는 상황에서 큰 대규모 호텔들과 경쟁하기 위해 소규모 호텔들이 모여 경쟁한 예라고 할 수 있는데, 이렇게 어려운 상황에서도 경쟁우위를 확보하기 위해서는 고객들에게 보조서비스는 필수적으로 제공해야만 기업의 경쟁우위를 확보할 수가 있다.

2) 정보화를 기반으로 한 빠른 환경의 변화

스마트폰의 일반화를 기반으로 한 정보화로 인해, 급속하게 변화하는 환경에 호텔을 포함한 서비스기업들이 적응하고, 무한경쟁하고 있는 경쟁기업들과의 경쟁에서 경쟁우위를 확보하기 위해 이러한 변화에 적합한 경영전략을 구사하는 것이 매우 중요하다.

빠르고 정확한 의사결정을 통한 서비스기업의 경영전략과 더불어 가장 중요한 부분은 고객에게 최고의 서비스를 제공하기 위한 진심어린 서비스마인드이기 때문에, 이를 실현하기 위한 기업 내부적인 인적자원들의 교육 · 훈련 및 관리가 필요한 것이다.

3 서비스와 고객만족

고객만족Customer Satisfaction이란, "고객의 필요와 기대에 부응하여 그 결과로써 제품이나 서비스의 재구입이 이루어지고 아울러 고객의 신뢰감이 연속되는 상태"를 의미한다. 고객만족경영Customer Satisfaction Management이란, "기존 매상고나 이익 증대와 같은 목표와 달리 고객에게 최대의 만족을 주는 것에서 기업의 존재 의의를 찾으려는 경영방식"을 의미한다.(이정학, 2014, p.45)

최근 들어, 개인이나 조직의 리더십Leadership 중요성이 부각되고 있는데, 서비스에 있어서도 서비스리더십은 매우 중요한 부분이라고 할 수 있다. 리더십의 원천이 명령과 지시, 통제라는 물리적인 힘에서 사람들과 잘 어울리고 그들의 욕구와 문제를 해결해 주는 서비스로 전환되고 있으며, 서비스를 통하여 내부고객의 욕구를 충족시킴으로써 그들의 만족을 이끌어내고 그 만족을 토대로 외부고객의 욕구를 충족시켜 만족을 창출해 나가는 것이 서비스리더십의 전개 방향인 것이다.

기존의 리더십은 피라미드형의 수직적 구조에서 전통적인 힘을 발휘해 왔는데, 네트워크화 된 수평조직에 적합한 리더십은 고객의 욕구충족을 위해 신뢰를 바탕으로 협력하고 지원하는 서비스리더십이라고 할 수 있다. 고객만족을 만들어내기 위해서 가장 적합한 조직인 수평적 조직을 움직여 나가기 위한 리더십의 실체는 서비스현장 상황에서 무엇을 어떻게 해야 하는지에 대한 답을 줄 수 있는 서비스리더십이라고 할 수 있으며, 또한 서비스리더십을 구성하는 세 가지 요소는 '고객만족, 서비스능력, 커뮤니케이션'이라고 할 수 있다.(박소연 외, 2005, p.42)

위에서 언급된 바와 같이 서비스리더십을 구성하는 가장 중요한 구성요소 중 하나가 고객만족Customer Satisfaction인데, 고객만족의 사고는 1980년대에 서비스경제의 중요성이 증대되면서 미국과 유럽에서 새로운 경영이념으로 자리잡게 되었는데, 미국의 GE사가 도입한 소비자 대응창구와 서비스 품질의 향상으로 높은 경영성과를 올린 스칸디나비아항공사의 사례가 많은 영향을 미쳤다고 할 수 있다.

고객만족의 창출과 유지를 위해서는 기업이 제공하는 제품 혹은 서비스의 높은 품질과 기능이 제공되어져야 하며 고객서비스 기능이 차별화의 중요한 요인이 될 수 있다. 한편, 고객만족경영이란, 기업이 경영을 함에 있어서 고객의 입장에서 객관적인 관점에서 고객이 완벽한 만족을 추구하며, 고객만족을 최종 목표로 삼고 전사적으로 그 성과를 향상시키는 데에 모든 경영활동을 집중하는 것을 의미한다.

1) 고객기대 모델

고객기대Customer Expectation란, 서비스 성과 판단에 이용되는 표준 및 준거로써 어떤 고객이 서비스를 제공받기 전에 그 성과에 대해서 가지고 있는 신념이라고 정의할 수 있다.(이명식, 2004, p.77) 또한 고객의 기대는 최고서비스, 희망서비스, 최저서비스, 허용구간, 예상서비스 등의 다섯 가지 수준으로 구성되어 있다.

(1) 최고서비스 수준

최고서비스 수준Ideal Service Level이란, 서비스를 제공받고자 하는 고객이 기대할 수 있는 가장 최상의 서비스 수준을 의미한다. 서비스가 이루어지기 전에 고객이 나름대로 원하고 있었던 부분은, 물론 미처 깨닫지 못한 부분까지도 제공되어져 고객의 효익을 제고시켜 주는 서비스 수준을 의미한다.

(2) 희망서비스 수준

희망서비스 수준Desired Service Level이란, 고객이 서비스를 제공받기 전 서비스 제공자로부터 받기를 희망하는 서비스의 성과 수준을 의미한다. 일반적으로 고객들은 최고서비스 수준의 서비스는 제공받기가 쉽지 않기 때문에, 희망서비스 수준의 서비스를 제공받기를 기대하게 된다. 한편, 고객에 따라서는 최고서비스 수준과 희망서비스 수준이 일치하는 경우도 있다.

(3) 최저서비스 수준

최저서비스 수준Adequate Service Level이란, 고객이 불만족스럽게 생각하지 않고 받아들일 수 있는 최소한의 서비스 수준을 의미한다. 이러한 경우, 고객들은 제공되고 있는 서비스에 대해 최소허용기대치만을 가지게 된다.

(4) 허용구간

허용구간Tolerance Zone이란, 고객이 서비스에 대한 가변성을 인정하고 수용하고자 하는 정도로서 희망서비스 수준과 최저서비스 수준 사이에 위치하는 구간을 의미한다. 고객들은 허용구간 내에서 서비스를 제공받게 되면 받아들이지만, 제공되는 서비스가 최저서비스 수준보다 낮아서 허용구간 밖에서 서비스가 수행되면 불만족스럽게 생각한다. 또한 제공되는 서비스가 희망서비스 수준을 넘어 허용구간 밖에서 제공되면 고객들의 만족도는 높아지게 된다. 허용구간은 서비스가 제공되는 상황 및 고객의 특성에 따라서 가변적이라고 할 수 있다.

(5) 예상서비스 수준

예상서비스 수준Predicted Service Leve이란, 고객들이 서비스를 제공받을 때 기대하는 서비스 수준으로, 최고서비스 수준부터 최저서비스 수준까지의 범위에 걸쳐 있다.

예를 들어, 어떤 고객이 음식점에서 주문을 하고 음식이 준비되어 나오는 시간이 5분 걸린다는 말을 들었을 때, 최고서비스 수준은 5분 이내에 주문된 음식이 준비되는 것이지만, 과거의 경험상 10분이나 15분이 소요될 수도 있다. 이러한 경우, 고객의 예상서비스 수준은 5분 이내에 주문한 음식이 준비되면 최고의 서비스 수준을 제공받는 것이지만, 10분이나 15분 후에 음식이 준비될 수도 있기 때문에 서비스 수준은 고객 자신의 기대에 맞추어 변경될 수도 있다.

2) 고객기대의 선행요인

Kurtz and Clow(1998)에 따르면, 고객의 기대는 내부요인, 외부요인, 상황요인, 서비스 기업요인 등에 의해서 영향을 받는다.

(1) 내부요인

① 개인적 니즈

개인적 니즈는 Maslow의 욕구단계설Hierarchy of Needs에 근거하고 있는데, 그 내용은 인간의 행동에 높은 차원의 욕구가 영향을 미치기 이전에 그보다 낮은 차원의 욕구가 완전하거나 부분적으로 충족되어져야 한다는 내용이다. 이러한 인간의 욕구는 생리적 욕구Physiological Needs, 안전 욕구Safety Needs, 사회적 욕구Social Needs, 자기존중 욕구Self-esteem Needs, 자아실현 욕구Self-actualization Needs 등으로 나누어진다.

먼저, 가장 낮은 차원의 욕구는 생리적 욕구인데, 생리적 욕구는 의 · 식 · 주와 같이 인간이 생활해 나가는데 있어서 가장 기본적인 욕구를 의미한다. 이렇게 생리적 욕구가 충족되면 인간은 안전 욕구를 가지게 되는데, 안전 욕구는 안전 및 위험 회피, 물리적인 손상으로부터의 보호와 관련된 욕구를 의미하며, 그 다음 단계의 욕구는 어떤 집단에 소속하고자 하거나 가족을 이루고자 하는 등의 사회적 욕구이다.

그 다음 단계로 높은 차원의 욕구인 자기존중 욕구와 자아실현 욕구 등이 있는데, 자기존중 욕구는 소속된 사회에서 지위를 가지고 자신을 존중하며 남으로부터 존경받고 싶어 하는 욕구를 말하며, 자아실현 욕구는 인간이 자신이 이룰 수 있는 모든 것을 얻고자 하는 욕구를 의미한다.

② 관여수준

관여Involvement는 인간이 어떠한 상황에서 특정행위를 할 때 가지게 되는 중요성이나 관심의 정도를 의미하는데, 관여는 고객의 기대에 두 가지 효과를 가지고 있다. 첫째, 관여 수준이 높아질수록 최고서비스와 희망서비스 수준의 차이가 줄어들게 된다. 둘째, 관여 수준이 높아질수록 허용구간의 폭은 줄어들게 되며, 이러한 경우 고객들은 서비스 제공사항에 변동이 생기면 예민해지게 되어 덜 관용적이게 된다.

③ 과거경험

서비스에 대한 고객의 기대에 영향을 미치는 가장 중요한 요인은 고객의 과거경험이라고 할 수 있다. 과거경험에는 특정서비스 제공자와의 경험, 같은 산업 내의 다른 서비스 제공자와의 경험 및 유사한 서비스에 대한 경험 등이 포함된다고 할 수 있다.

(2) 외부요인

고객기대의 선행요인 중 외부요인들로는 경쟁자 상황, 사회적 상황, 구전 커뮤니케이션 등이 있다.

① 경쟁자 상황

고객들의 서비스 기대수준은 같은 산업 내 경쟁자의 상황에 의해서 영향을 받게 되는데, 예를 들어, 같은 산업 내 다른 경쟁기업이 서비스의 가격을 인하한다면 다른 경쟁기업들도 가격을 인하하거나 다른 촉진수단을 사용하게 된다. 또한 경쟁은 같은 산업 내 다른 경쟁자들하고만 하는 것이 아니라, 다른 산업의 대체 가능한 경쟁자들과도 일어나게 된다.

② 사회적 상황

고객들이 처한 사회적 상황도 서비스에 대한 기대수준에 영향을 미치게 되는데, 고객들은 자신들이 조금 더 신경 쓰는 사람들과 함께 있을 때 서비스 기대수준이 증가하게 되며, 허용구간은 상대적으로 줄어들게 된다.

③ 구전 커뮤니케이션

구전 커뮤니케이션Word-of-mouth Communication은 고객들의 기대 형성에 큰 영향을 끼치게 되는데, 특히 서비스는 경험 품질 혹은 신용 품질의 특성을 가지고 있기 때문에, 다른 사람의 의견을 요청하는 경우가 많이 발생한다. 특히, 구전 커뮤니케이션은 서비스에 대한 최고수준과 희망수준을 형성하는데 많은 영향을 미치게 된다.

(3) 상황요인

상황요인은 정상적인 상황에서의 일시적인 변화로 구매이유, 고객의 기분, 날씨, 시간의 제약 등이 있다.

① 구매이유

구매이유는 서비스에 대한 고객의 기대에 많은 영향을 미치는데, 예를 들어 호텔을 선택할 때 그 선택이유가 무엇인가에 따라 고객들의 기대는 크게 달라진다.

② 고객의 기분

고객의 서비스 제공 당시 기분은 서비스에 대한 기대에 많은 영향을 미치게 되는데, 고객의 기분이 좋을 때는 서비스 제공자에 대해서 보다 관용적이기 때문에 허용구간의 범위가 보다 커지게 되고 최고서비스 수준도 보다 낮아지게 된다. 반면, 고객의 기분이 좋지 않을 때는 위와는 반대로 허용구간도 작아지며 최저서비스 수준도 올라가게 된다.

③ 날씨

날씨도 고객의 서비스 기대에 영향을 미치는데, 날씨가 좋을 때와 나쁠 때

고객들은 서비스에 대한 기대 수준이 다르게 나타나게 된다. 서비스에 대한 희망 수준은 동일하지만, 날씨가 나쁘면 서비스 예상수준은 낮아지게 된다.

④ 시간의 제약

시간의 제약성Time Constraints도 고객의 기대에 영향을 미치게 되는데, 예를 들어, 급하게 인쇄물을 맡긴 고객의 경우, 예상 기대수준은 낮아지게 되면 허용구간의 범위도 넓어지게 된다. 이와 같이 시간적으로 제약이 있는 서비스의 경우 고객들도 정상적인 상황에서 기대할 수 있는 서비스 수준을 그 시간의 제약성에 맞추어 변경시키게 된다.

(4) 서비스기업 요인

고객기대에 영향을 미칠 수 있는 서비스기업 요인들로는 촉진, 유통, 가격, 서비스종업원, 다른 고객들, 유형적 단서, 기업이미지, 서비스 제공 전 대기 등이 있다.

① 촉진

고객들은 광고나 판매촉진 등을 통한 기업의 촉진전략에 의해서 그 기업에 대한 예상서비스 수준을 형성하게 되는데, 이에 따라 고객들은 희망서비스 수준, 최저서비스 수준, 허용구간 등을 변경시킬 수 있다.

② 유통

브랜드자산이 구축되어 있고 복수의 유통체인점을 가지고 있는 기업들이 제공하고 있는 서비스는 고객들의 예상기대를 강화시키고 있다. 고객들은 그 서비스기업의 각 점포에서는 거의 비슷한 수준으로 서비스를 제공받을 것으로 기대하게 된다.

③ 가격

일반적으로 가격이 높을수록 고객들의 서비스에 대한 기대도 높아지게 되고 허용구간도 좁아지게 된다. 또한 가격에 있어서 경쟁기업 및 대체안에 따라 고객의 기대도 변화하게 되며, 예상서비스 수준은 가격과 정비례하지만 허용구간의 범위는 반비례하는 경향이 나타나게 된다. 다시 말하면, 가격이 높을수록 고객들의 최저서비스 수준은 올라가고 허용구간도 좁아지게 된다.

④ 서비스 종업원

서비스 종업원의 고객에 대한 응대 및 대화는 그 서비스를 제공받고 있는 고객들의 기대수준에 영향을 미치게 된다.

⑤ 다른 고객들

고객의 기대는 다른 고객들에 의해서도 영향을 받게 되는데, 다른 고객들이 어떻게 서비스 제공을 받는지 관찰함으로써 자신이 받을 서비스 수준을 기대하게 된다. 또한 다른 고객들이 고객기대에 미치는 또 다른 영향은 서비스에 대한 수요를 나타내 보이는 것이라 할 수 있는데, 예를 들어, 어떤 음식점에서는 많은 사람들이 음식을 주문하기 위해 줄을 서서 기다리는 것을 보는 경우 그 서비스에 대한 기대수준은 높아지게 된다.

⑥ 유형적 단서

서비스의 유형적 단서에는 서비스 시설의 내·외부 모양, 배치된 가구, 서비스에 사용될 설비, 인테리어, 청결도 등이 포함된다. 이러한 유형적 단서에 의해 고객들의 기대수준은 영향을 받게 된다.

⑦ 기업 이미지

고객들이 서비스 제공 기업에 대해서 좋은 이미지를 가지고 있으면 그 기업에서 제공되는 서비스의 기대도 크고, 그렇지 않으면 서비스에 대한 기대수준도 낮아지게 된다.

⑧ 서비스 제공 전 대기

고객들은 나름대로의 기준을 가지고 대기시간을 예상하게 되며, 예상보다 실제 대기시간이 길어지게 되면 고객은 그 서비스에 대해서 덜 관용적이게 된다.

3) 고객만족 지표의 이해

고객만족도는 고객이 거래한 제품이나 서비스에 대해서 거래 및 이용 시의 체험을 근거로 하여 어느 정도 만족하는가를 측정하고, 만족하는 각 요소에 대해서 고객의 평가를 측정하는 것이다.

현재의 고객만족도 수준을 이해하고 어떠한 개선활동을 추진할 것인가를 검토하기 위해서는 고객의 가치기준에 기반을 둔 조사에 의해 도출된 고객만족도 지수CSI : Customer Satisfaction Index를 측정하고, 이를 위해 핵심이 되는 질문 항목이 무엇인지를 파악해야 하며, 설문의 대상자를 선정함에 있어서도 유의해야 한다.

고객만족 측정의 목적은 고객만족도를 제고하기 위한 개선활동이기 때문에, 실제 고객만족도 지수를 산출하는 과정에서 종합적인 만족감을 상승시키는데 크게 기여하는 요인이 무엇인지를 알아야 하며, 측정 결과를 기본으로 하여 직원들이 어떻게 해야 할지를 스스로 생각해야 한다. 고객만족도 조사를 위해서는 계속성의 원칙, 정량성의 원칙, 정확성의 원칙 등이 필요하다.(김연성 외, 1999, p.208)

(1) 계속성의 원칙

고객만족도 조사를 특정 시점에 한 번 실시하는 것으로는 고객만족도 제고를 위해서는 부족하며, 지속적으로 고객만족도를 조사하여 이 결과를 체계적인 개선활동에 반영하는 것이 필요하다.

(2) 정량성의 원칙

고객만족도 조사에서 중요한 것은 이전과 비교해서 어느 정도 개선되었는지를 파악하는 것이 중요한 목적이기 때문에 비교의 기준이 제시된다. 따라서 일정한 시기에 일정한 방법에 의해 계속적으로 조사를 실시하는 것이 중요하며, 시계열적인 비교가 가능해지면 고객만족의 상황과 문제점을 파악할 수 있다.

(3) 정확성의 원칙

또한, 위에서 언급된 계속성의 원칙과 정량성의 원칙, 더불어 조사대상자의 표본이 적합한지, 조사항목이 경영상황을 충분히 반영하는지, 조사방법이 적절한지 등에 대한 원칙도 매우 중요한 부분이다.

표 2.2 제품과 서비스의 차이

요 소	제 품	서비스
형체	유형적	무형적
생산과 소비의 분리 여부	분리됨	생산과 소비가 동시에 이루어짐
유통과정	유통경로가 있음	소비자가 직접 제공현장에 와야 함
상품의 성질	동질성 유지 및 표준화 용이	다양하며 표준화가 어려움
재고저장	가능	불가능
소유권 이전	가능	불가능
고객참여	간접참여	직접참여
수요와 공급의 탄력성	수요와 공급의 비탄력성	수요는 탄력적이나 공급은 비탄력적임
생산방식	계획, 대량생산이 가능하고 기계 의존성이 높음	주문생산이며 인적 의존성이 높음
생산비용	고정비보다 변동비가 높음	변동비보다 인건비 등 고정비가 높음
판매방식	사전 설명이 가능하고 구체적이며 진열 판매 가능	사전 설명이 어렵고 비구체적이며 진열 판매 불가능
품질 및 가격 평가	객관적	주관적
가격 차별화	불가능, 동일제품에는 구매시기와 구매자의 구분 없이 동일 적용	가능, 구매 시기와 구매자에 따라 차별화 가능

자료 : 김혜영 외, 이프레스, 2014, p.73.

4 호스피탈리티 서비스 품질

다른 서비스기업들의 서비스 품질도 중요하지만, 특히 여행사, 외식기업, 호텔과 같이 호스피탈리티 서비스 기업의 경우에는 서비스 품질이 매우 중요한 부분이라고 말할 수 있다.

호스피탈리티 서비스를 구매하는 고객들 중 호텔의 예를 들면, 호텔의 서비스 상품을 구매하는 고객들은 단순한 숙박이나 식음료 등의 구매뿐만 아니라 서비스를 제공하는 호텔의 서비스도 구매한다고 판단해야 하기 때문에, 호텔들은 산업의 특성상 특히 서비스 품질에 많은 초점을 맞추어야 한다.

이러한 상황에서 호텔뿐만 아니라 다른 호스피탈리티 서비스 기업의 경우도 마찬가지로 품질관리를 통해서 기업의 경쟁우위를 확보해야 하며, 이를 통해서 산업 내에서 지속적으로 성장할 수 있는 기회를 마련할 수 있다.

이러한 서비스 품질관리를 위해서는 먼저 서비스 품질을 측정하는 일이 선행되어야 하는데, 제품과 달리 품질을 측정하는데 여러 가지 어려움이 생길 수 있다. 이렇게 서비스 품질Service Quality을 측정하는데 부딪히는 어려움은 첫째, 서비스 품질의 개념이 주관적이기 때문에 객관화하여 측정하기 어려우며, 모든 경우에 적용되는 서비스 품질을 정의하기는 매우 어렵다. 둘째, 서비스 품질은 전달이 완료되기 이전에는 검증되기가 어려운데, 이것은 서비스의 특성상 생산과 소비가 동시에 이루어지기 때문이다. 셋째, 서비스 품질을 측정하려면 고객에게 물어봐야 하는데, 고객으로부터 데이터를 수집하는 일이 시간과 비용이 많이 소요되며 회수율도 낮은 편이기 때문에 서비스 품질 측정에 어려움이 있다. 넷째, 자원이 서비스 전달과정 중에 고객과 함께 이동하는 경우에는 고객이 자원의 흐름을 관찰할 수 있는데, 이러한 점은 서비스 품질의 객관성을 저해할 수 있다. 마지막으로, 고객은 서비스 프로세스의 일부이며, 변화를 일으킬 수 있는 중요한 요인이기도 하다.

따라서 고객을 대상으로 하는 서비스 품질의 연구 및 측정에 본질적인 어려움이 있다고 말할 수 있다.

1) 서비스 품질의 이해

기업의 품질은 그 기업의 경쟁력을 좌우하는 매우 중요한 부분인데, 특히 재화와 비교해서 서비스는 무형성, 이질성, 생산과 소비의 동시성 등의 특성으로 인해 품질의 평가가 더 어렵다고 할 수 있다. 이러한 어려움 때문에 소비자는 서비스의 품질을 평가할 때 다른 단서나 과정에 의존하는 경향을 나타낸다.

또한 서비스는 탐색 품질 속성은 거의 없고, 경험 품질 속성을 많이 가지고 있다. 고객이 서비스를 평가할 때 기대가 매우 중요한 역할을 하기 때문에, 마케터는 이러한 기대를 형성하는 요인을 이해할 필요가 있는데, 실질적으로 고객의 기대에 영향을 미치는 요인 중에는 통제 가능한 요인보다 통제 불가능한 요인이 더 많다.

제품 및 서비스에 대한 품질평가는 탐색 품질, 경험 품질, 신용 품질 등으로 나눌 수 있는데, 제품의 경우는 탐색 품질의 특성이 강한 반면, 서비스는 경험 품질과 신용 품질의 특성이 강한 특성을 가지고 있다.

(1) 품질의 평가

① 탐색 품질

제품이나 서비스를 구매하기 전에 소비자들이 평가할 수 있는 속성을 말하는 것으로 모양, 느낌, 가격 등과 같은 항목을 포함하고 있다. 컴퓨터, 냉장고 등과 같은 소비재Consumer Goods와 원자재, 부품 등과 같은 산업재Industrial Goods들은 제품을 구매하기 전 소비자들이 그 품질을 평가할 수 있기 때문에, 탐색 품질Search Quality의 속성이 강한 편이다.

② 경험 품질

경험 품질Experience Quality은 소비자들이 소비 중이거나 소비한 후에야 평가할 수 있는 속성으로, 경험을 통해서야만 그 품질을 인지할 수 있게 된다. 식사나 성형수술 등은 경험 품질의 속성이 강한 서비스 상품이라고 할 수 있다. 또한 호텔, 항공사, 여행사 등의 서비스들도 경험을 통해서만 서비스의 품질을 평가할 수 있는 대표적인 산업들이라고 할 수 있다.

③ 신용 품질

신용 품질Credence Quality은 서비스 종류 후에도 그 평가가 힘든 속성을 가지고 있는 서비스들이 포함된다고 할 수 있는데, 교육, 의료, 회계서비스 등이다.

(2) 과정 품질과 기술적 결과 품질

고객들은 제공되어진 서비스의 기술적 결과에 대한 인식과 그 결과가 어떤 과정을 거쳐 제공되었는지를 기반으로 해서 서비스 품질을 판단하게 된다. 예를 들어, 병원에서 제공되는 의료서비스에 대한 기술적 결과 품질은 환자들의 병을 완쾌시켜 주는 일이다.

의료서비스의 과정 품질은 의사의 시기적절한 치료, 의사 및 간호사들의 고객들에 대한 이해, 정중한 응대, 그리고 환자들의 이야기를 듣는 태도 등을 생각해 볼 수 있다. 만약 고객들이 음식점에 갔을 때 기술적 결과 품질이 제공된 음식이라면 과정 품질은 음식 제공절차 및 방법, 종업원들의 응대 태도라고 할 수 있다. 만약 서비스가 어떤 구체적인 결과를 가지고 있다면 고객들은 그 결과에 의해서 그 서비스의 효과를 판단하게 된다.

그러나 일반적으로 서비스는 제품에 비해 상대적으로 매우 복잡하여 뚜렷한 결과가 항상 명백하게 나오는 것이 아니다. 이러한 상황에서 서비스 제공자의 실제 능력이나 그 결과의 유효성 등으로 나타나는 서비스의 기술적 품질은 고객들이 쉽게 판단할 수 없게 된다. 심지어 어떤 경우, 고객들은 제공된 서비스가 제대로 수행되었는지의 여부조차 모르는 경우가 있다.

많은 서비스의 경우 고객들은 자신들이 지불하는 비용에 대해 의문을 품게 된다. 따라서 고객들은 자격을 소지하고 훌륭한 기술을 갖는 것 이외에도 서비스 제공자가 대인관계를 제대로 할 수 있는 능력을 가졌으면 하고 바라게 된다. 즉 고객들이 제공된 서비스 결과의 기술적 품질을 효과적으로 판단할 수 없다면 그들은 문제해결 능력, 고객과의 공감 능력, 고객에 대한 정중한 태도, 약속이행 수준 등과 같은 서비스의 과정 품질차원에 따라 서비스 품질에 대해서 자신들의 판단을 내리게 되는 것이다.(이명식, 2004, pp.112-113)

2) 서비스 품질차원

서비스 품질차원과 관련하여 많은 연구자들은 서비스의 품질이 단일차원의 개념이 아닌 여러 요인들에 의해서 평가가 이루어져 왔다고 생각했다. 이렇게 서비스 품질차원과 관련된 연구들이 진행되다가 1985년 Parsuraman, Zeithmal, Berry 등의 학자에 의해서 아래와 같이 열 가지 차원의 서비스 품질 평가기준이 제시되었다.

표 2.3 서비스 품질의 열 가지 평가차원

서비스 품질차원	정 의
신용도	서비스 제공자의 솔직함, 믿음성, 신뢰감
안전성	위기, 위험, 의심 제거
접근성	접근가능성 및 용이한 접촉
커뮤니케이션	고객들의 말을 청취하고 그들이 이해할 수 있도록 의사전달하기
고객 이해하기	고객 및 그들의 니즈를 알려고 노력
유형성	물리적 시설, 장비, 종업원들의 모습
신뢰성	약속한 서비스를 믿음직스럽고 정확하게 수행하는 능력
반응성	고객에게 도와주고 신속한 서비스를 제공
능 력	서비스 제공에 필요한 지식과 기술을 보유
예절성	서비스 접촉 종업원의 정중함, 존경심, 신중함, 친절함

그러나 서비스 품질의 열 가지 차원들이 상호간에 중복되는 부분이 있고, 그 내용을 명확하게 구별하기 힘들다는 의견 등에 따라 PZB(1988)는 1985년 자신들의 연구를 보다 정교하게 만들고 상호간에 중복되는 부분들을 다섯 가지 차원으로 다음과 같이 통합하였으며, 최근 서비스 품질과 평가에서는 이 다섯 가지 차원이 널리 사용되고 있는 상황이다.

① 유형성

유형성Tangibility은 물리적 시설, 장비, 종업원, 사용되는 커뮤니케이션 자료 등의 외형을 의미한다. 호텔의 경우, 호텔의 외형을 의미하며 호텔산업의 특성상 일반적으로 이렇게 서비스 품질 평가차원에서 유형성에 대한 소비자들의 평가가 포함된다는 것을 인지하고 있기 때문에, 청결하고 화려한 이미지를 구축한다고 할 수 있다.

② 신뢰성

신뢰성Reliability이란, 약속한 서비스를 정확하게 제공하는 능력을 말하는데, PZB(1988)에 의하면, 미국에서 신뢰성이 서비스 품질차원 다섯 가지 중에서 서비스 품질에 대한 고객들의 인식을 결정하는데 있어서 가장 중요한 요소로 작용되고 있다.

③ 반응성

반응성Responsiveness은 고객을 도와주고 신속한 서비스를 제공하고자 하는 의지를 의미한다. 반응성은 고객들의 요구, 질문, 불평 및 문제를 처리하는데 있어서 관심과 신속성을 강조한다.

④ 공감성

공감성Empathy이란, 고객을 개별화시켜 이해하려는 노력으로 접근의 용이성과 서로 커뮤니케이션이 잘 이루어지는 것이 포함된다.

⑤ 확신성

확신성Assurance은 종업원들의 지식과 정중함, 그리고 기업과 종업원들이 불러일으키는 믿음직스러운 모습을 의미한다.

5 서비스 프로세스의 분류

서비스프로세스는 고객과의 접촉의 유형과 정도에 따라 다양해진다. 고객과의 접촉은 서비스 제공과정에서 고객이 관여하는 정도에 따라 다양하다. 파인다이닝Fine-dining 레스토랑에서의 고객접촉은 패스트푸드 레스토랑에 비해 고객과 종업원의 대면 접촉이 더 오랫동안 많이 이루어진다. 지금까지 고객과의 접촉 정도 이외에도 다양한 기준으로 서비스프로세스를 분류하려는 노력이 이루어졌다.

이렇게 서비스프로세스를 분류하는 노력은 서비스프로세스를 더욱 효율적으로 관리하려는 동기에 기반한 것이다. 서비스프로세스의 분류에 대해 좀더 자세히 살펴보면 다음과 같다.

1) 고객접촉도와 고객화에 따른 서비스프로세스의 분류

(1) 고객접촉도

서비스 접점에서 벌어지는 고객과 서비스 제공자의 접촉도가 많고 적음에 따라 접촉도 높은 서비스와 접촉도 낮은 서비스로 분류할 수 있다. 접촉도가 높은 서비스는 주로 고객이 서비스를 받는데 많이 관여하여 서비스 전과정에 참여하며, 프로세스를 다 볼 수 있고 개인적 관심을 많이 받게 된다. 학교 교육이나 미용 및 의료 등의 서비스가 여기에 속한다.

그에 비해 접촉도가 낮은 서비스는 고객이 서비스 전과정에 참여하지 않는 형태로, 대개 최초에만 고객과의 접촉이 일어나는 서비스로 보험가입과 재정자문 등이 있다. 접촉도가 매우 낮은 서비스로 고객과 서비스 제공자 간의 물리적 접촉이 거의 일어나지 않는 형태로 홈쇼핑, 온라인쇼핑 등이 있다.

(2) 고객화

고객화는 그 정도에 따라 표준화 된 서비스나 고객화 된 서비스로 구분된다. 표준화된 서비스는 고객에게 제공되는 서비스의 다양성이 낮고 한정된 것으로, 주로 대량서비스 생산을 위해 쓰인다.

표준화된 서비스에서는 서비스의 형태가 제한적이고 반복되는 속성을 가지고 있으며, 서비스 제공자로부터 낮은 기능을 요구한다. 고객화 된 서비스는 제공되는 서비스의 종류가 다양하고 높은 유연성을 제공한다. 고객화 된 서비스를 위해서는 서비스 제공자가 스킬과 능력을 갖추어야 한다. 다양한 고객 요구를 만족시키기 위해 서비스프로세스가 유연성이 있어야 하므로, 서비스 제공자도 마찬가지로 다양한 서비스를 수행할 능력을 갖추어야 하는 것이다.

2) 전반 영업장과 후반 영업장 프로세스

모든 서비스업은 고객이 만족할 만한 서비스 상품을 생산하는 프로세스를 거치는데, 서비스 상품이 서비스 생산 프로세스와 얼마나 밀접하게 연관되느냐에 따라 여러 단계의 프로세스 구조를 가질 수 있다.

첫째는, 전반 영업장Front Office이라 하여 고객을 직접적으로 응대하는 현장을 가리킨다. 전반 영업장에서는 고객과 서비스 제공자 간의 직접적인 상호작용이 발생하며 고객의 요구에 따라 서비스의 다양한 고객화가 일어날 수 있다.

전반 영업장에서는 주로 최고 수준의 품질과 고객화를 강조한다.

둘째는, 후방 영업장Back Office이라 하여 고객들의 눈에는 보이지 않으나 실제로 고객에게 서비스를 가능케 하도록 지원하는 현장을 가리킨다. 후반 영업장에서 직접적인 고객과의 상호작용이 일어나지 않고 서비스 고객화도 거의 일어나지 않는다. 여기서 일어나는 작업은 표준화되는 경향이 있다. 후반 영업장에서는 저비용 운영과 일관된 품질 등을 강조하는 경향이 있다.

서비스업은 앞의 두 가지 부서 중에서 하나에만 속하는 것일 수도 있지만, 이 둘의 성격을 모두 띠는 중간 형태인 하이브리드 영업장Hybrid Office의 형태로도 존재하여, 어느 정도의 접촉이 일어나고 서비스의 표준화도 이루어지고 있다.

외식업의 경우, 전반 영업장과 후반 영업장을 모두 필요로 하는 서비스업이다. 레스토랑을 보면, 고객들이 음식을 소비하고 서비스를 제공받는 다이닝 영역을 전반 영업장이라 하고, 고객이 소비하는 음식을 생산하는 주방공간을 후반 영업장이라 할 수 있다.

3) 외식산업에서의 서비스프로세스와 사례

일반적으로 프로세스는 어떠한 목표를 달성하기 위해 이루어지는 일련의 작은 작업 활동으로 구성된다.

외식업 중에서 햄버거를 만들어 판매하는 레스토랑의 예를 들어 보자. 전통적으로 가정에서 배가 고파 햄버거를 만들어 먹을 경우에는, 냉장고에서 재료를 꺼내 고기를 다져 패티를 굽고, 빵을 토스팅하여 토마토와 상추 등을 토핑하여 먹는다.

그러나 외식의 경우 예전의 전통적 맥도날드의 생산과정을 보면, 고객이 주문하기 전에 미리 패티를 구워놓고 빵에 패티와 다른 재료들을 토핑하여 보관해 놓았다가 고객이 주문을 하면 보관된 햄버거를 꺼내 준다.

그러나 최근의 맥도날드는 미리 햄버거를 완성하지 않고 패티 정도만 구워

놓고, 고객이 주문하면 고객의 취향을 반영하여 넣을 것과 넣지 않을 것을 구분하여 빵과 함께 포장하여 내어 놓는다. 심지어 크라제버거에서는 고객이 주문한 후에야 고기를 굽기 시작하여 가정에서와 비슷한 과정을 거쳐 햄버거를 내놓는다. 이렇게 햄버거를 생산 판매하는 과정도 사업체에 따라 다양하다.

요컨대, 예전의 전통적 맥도날드에서는 제조업에 쓰이는 방법으로 상품을 미리 만들어 보관하였다가 판매하는 것으로, 아주 높은 수준의 표준화가 이루어진다. 이 과정에서는 고객의 다양한 선호도가 반영되지 않아 고객화의 수준이 낮다. 그러나 아주 빠른 시간 내에 고객에게 햄버거를 제공할 수 있다.

반면, 크라제버거에서는 햄버거를 제공하는 시간은 더 길지만, 고객이 신선한 고품질의 햄버거를 맛볼 수 있고, 고객의 선호도를 반영하여 다양한 햄버거를 생산할 수 있다.

전통적 맥도날드에서 쓰인 프로세스를 '재고생산Make-to-stock' 프로세스라 하고, 크라제버거에서 쓰인 프로세스를 '주문생산Make-to-order' 프로세스라 한다. 두 프로세스 모두 경쟁우위를 가질 수 있게 한다. 즉 재고생산 프로세스는 고객에게 더 빠른 서비스를 제공하고 표준화에 의해 생산비용이 적게 든다. 반면, 주문생산 프로세스는 고품질의 고유연성을 제공하는 장점이 있다.

이렇듯 기업은 그들의 시장에서의 경쟁우위 전략에 따라 두 프로세스 중 하나를 선택하거나 중간 형태를 선택할 수 있는 것이다.

6 서비스 운영관리방법

서비스업의 매니저들은 프로세스의 향상에 대한 책임을 가진다. 프로세스의 향상은 각 프로세스를 구성하는 작업 활동뿐만 아니라 프로세스 간의 연결성을 체계적으로 이해하여 연구해야 이루어질 수 있는 것이다. 서비스 운영자들은 좀더 낮은 비용으로 좀더 좋은 품질의 서비스를 효율적으로 제공하는 데에 대한 기대를 받고 있다.

서비스업의 프로세스를 향상시키기 위해 프로세스의 분석은 선행되어야 하는데, 분석에는 많은 도구 및 방법이 쓰인다. 여기에서 소개되는 다양한 도구 및 방법들은 전반적인 프로세스를 이해하고 각각의 프로세스를 구성하는 작업들을 좀더 효율적이고 안전하게 수행하여 결국 고객만족을 향상시키기 위해 쓰이는 것들이다.

1) 서비스 운영관리를 위한 프로세스 분석과정

서비스 프로세스 분석은 프로세스를 구성하는 작업에 대한 자세한 이해를 바탕으로 각각의 작업 활동이 어떻게 재디자인 되었는지를 문서화 하는 것이다. 프로세스 분석은 먼저 프로세스 향상에 대한 기회를 파악하는 데서 시작한다. 이 단계에서 관심을 가지는 것은 개선의 여지가 있는가이다. 주요 관심 질문은 다음과 같다.

서비스 상품을 통해 고객이 만족을 했는가? 고객의 기대와 실제 퍼포먼스가 일치하는가? 경쟁우위의 전략과 현재 경쟁력이 일치하는가? 그렇지 않다면 향상의 기회는 어디에 있는 것인가? 비용 측면, 품질 측면, 전달속도 측면에서 고객의 기대보다 나은 서비스를 제공하는가?

프로세스 분석의 두 번째 단계는 향상을 위한 프로세스의 영역과 경계를 설정하는 것이다. 프로세스의 영역이 분명해야 이에 투자하는 자원도 적절하게 배치할 수 있다. 즉 알맞은 종류와 수준의 자원을 매치시킬 수 있게 되는 것이다. 예를 들면, 향상시키려는 프로세스의 규모에 따라 한 명의 인원이 배치될 수도 있고 여러 팀의 인원이 배치될 수 있는 것이다.

세 번째 단계는 범위가 결정된 프로세스에 대해 문서화하는 것이다. 프로세스의 투입과 공급자들, 산출물, 내부 및 외부고객들에 대해 자세한 정보를 기록하는 것이다. 또한 프로세스를 작은 단위의 단계로 나누어 각 단계에서 고객과의 접촉 형태와 정도를 파악해야 한다. 또한 고객에게 가시화되는 프로세스와 그렇지 않은 프로세스를 구분해서 파악한다.

네 번째 단계로는 다양한 평가지표를 기준으로 프로세스의 퍼포먼스를 측정한다. 즉 품질이 고객만족, 대기시간, 비용, 에러율, 적시배달 여부, 유연성 등을 기준으로 각 단계의 프로세스가 얼마나 잘 실행되고 있는지 평가한다.

다섯 번째 단계로는 주의 깊은 평가 이후에는 바람직한 목표치와 실제 퍼포먼스에서 차이가 있는 경우, 그 차이의 원인을 파악하여 차이를 줄이도록 프로세스를 재디자인 한다. 실제로 다양한 구성원들이 참여하여, 분석적이고 논리적인 사고를 바탕으로 향상의 가능성이 있는 영역을 찾아내도록 아이디어를 모아야 한다. 프로세스 재디자인을 실행하기 전과 후가 뚜렷하게 차이가 나는 것을 볼 수 있게 이 모든 일련의 과정을 문서화해야 한다. 재디자인 된 프로세스가 어떻게 실행될 것이며 기대치를 어떻게 만족할 것인지, 앞에서 쓰인 다양한 지표를 이용하여 분명하게 제안되어야 한다.

마지막으로, 앞 단계에서 제안된 프로세스를 실제로 실행시킨다. 이 단계에서 가장 힘든 일은 조직 내에서의 저항이나 거부이다. 가끔 당사자의 의견이 아니거나 실행이 어렵게 이루어질 때 그 저항은 더 거세질 수 있다. 새로운 기술을 사용해야 되거나 훈련과 교육이 필요할 경우도 생길 수 있기 때문에, 구성원들을 이해시키고 협조를 구하는 과정이 필요하다.

2) 서비스 운영관리에 쓰이는 도구

효율적인 프로세스 향상을 위한 문서화와 분석에 쓰이는 도구에는 여러 가지가 있는데, 대표적으로는 흐름도Flowchart, 서비스블루프린트Service Blueprint, 작업측정기법Work Measurement Techniques 등이 있다.

(1) 흐름도

흐름도는 정보와 고객, 기기 또는 재료들이 여러 단계의 다양한 프로세스를 거치는 흐름을 나타낸다. 특정의 정확한 형식은 없지만, 대개 네모상자에 각각의 작업을 기술하고 화살표가 순서를 나타낸다. 다양한 기능을 나타내기 위해 동그라미운영, Operation, 역삼각형저장, Store, 다이아몬드선택, Yes or No Decision 등의 모양을 쓰기도 한다. 주의를 요하는 작업에는 색깔을 넣어 표시하기도 한다. 이러한 흐름도는 조직구성원 간의 효율적이고 효과적인 커뮤니케이션을 가능하게 한다.

(2) 서비스블루프린트Service Blueprint

서비스블루프린트는 흐름도의 특수형태로서 서비스프로세스를 나타내어 어디에서 고객과의 접촉과 상호작용이 일어나는지를 도식화한다. 이것은 서비스블루프린트의 아래와 위를 나누는 수평선인 가시선Line of Visibility이라는 것을 두어 고객에게 '보이는 프로세스Front-office Process'와 고객에게 '보이지 않는 프로세스Back-office Process'를 구분한다. 또한 내부고객인 종업원 간의 접촉과 상호작용이 일어나는 것을 추적한다. 왼쪽에서 오른쪽으로의 흐름은 시간에 따라 일어나는 프로세스를 나타낸다.

이러한 서비스블루프린트의 장점은 어떤 스텝에서 서비스 제공자의 주의를 요하며, 우선적으로 자원이 배치되어야 하는가를 나타낸다. 또한 가장 실수가 일어나기 쉬운 스텝을 파악하기 용이하게 하며, 가장 비용이 많이 든다거나 가장 시간이 많이 소요되는 스텝을 나타낸다. 흐름도와 마찬가지로 조직의 구성원 간의 소통을 더욱더 효율적으로 만든다.

(3) 작업측정 기법

프로세스의 향상을 위해서는 단지 도식화하는 것뿐만이 아니라 각 단계의 프로세스가 얼마의 시간이 걸리는지를 측정하는 것이 중요하다. 이것은 효율적인 자원의 배분을 가능하게 하고, 지연이 되는 서비스 단계를 파악하게 하며 효과적인 스케줄링을 가능하게 한다.

작업측정 기법에는 여러 가지가 있으나 가장 기본적이고 흔하게 쓰이는 것이 시간연구방법Time Study이며, 이것은 프로세스의 시간 기준을 설정하기 위해 쓰인다. 이것은 네 단계를 거쳐 이루어지는 것으로, 첫째는 프로세스를 구성하는 각 단계의 작업요소들을 선정하고, 둘째는 각 작업요소들의 시간을 측정하며, 셋째는 표본 크기를 결정하며(몇 개의 샘플을 책정할지), 넷째는 시간 기준을 설정하는 것이다. 즉 분석자는 각 작업에 걸리는 시간을 측정하고, 반복되는 이 작업의 시간을 여러 번 측정하여 평균을 낸다. 분석자의 판단에 따라 각 작업이 얼마나 빨리 또는 천천히 수행될 수 있는지를 판단하여 이것을 마지막에 도출되는 작업시간 기준에 반영한다. 위와 같은 서비스의 다양한 특성과 진행상황을 이해해야만 성공적인 서비스 창업을 운영할 수 있다.

7 호스피탈리티 산업의 이해

호스피탈리티 산업은 다양하지만, 일반적으로 가장 대표적인 호스피탈리티 산업은 관광사업이라고 할 수 있으며, 관광사업의 유형은 우리나라 「관광진흥법」상에서 분류한 유형은 아래와 같다. 이 중에서 어떠한 산업은 관광사업의 특성상 개인의 창업이 거의 불가능한 산업이 있기 때문에, 특정한 업종으로 창업이 집중되어 있다고 할 수 있다.

1) 관광사업의 개요

관광산업은 높은 성장 잠재력을 지닌 21세기에 가장 유망한 산업 중 하나이며 석유산업, 자동차산업과 함께 가장 규모가 큰 사업 중 하나이다.

관광산업은 21세기 단일산업으로는 최대의 산업으로 성장하여 2003년 세계 전체 GDP의 11%를 점유하고 있다. 또한 교통의 발달, 무역장벽의 감소 등 세계경제가 국가 간 국경의 개념이 약해지면서 글로벌화가 촉진되어 국제관광 수요가 지속적인 성장세를 보이고 있다. 이에 힘입어, WTO(세계관광기구)는 관광산업의 세계 GDP 비중이 2008년 이후에는 20%로 증가하였다.

2) 관광사업의 개념

관광사업에 대해서 여러 학자들이 다양한 정의를 내렸지만, 일반적으로 관광사업이란 "관광시설을 갖추고, 관광객의 이동을 가능하게 하고, 관광정보를 제공하며, 관광지를 알리는 것 등 관광과 관련된 모든 활동"이라고 할 수 있다. 또한 관광사업과 유사한 용어인 관광산업을 살펴보면, '관광사업'과 '관광산업'이란 용어를 함께 사용되고 있는데, 두 용어는 같은 의미로 볼 수 있으며, 우리나라 「관광진흥법」상에서는 '관광사업'이라는 용어가 사용되고 있다.

「관광진흥법」상의 정의를 살펴보면, 「관광진흥법」 제2조에서 관광사업을 "관광객을 위해 운송, 숙박, 음식, 운동, 오락, 휴양 또는 용역을 제공하거나 기타 관광에 부수되는 시설을 갖추어 이를 이용하는 업"이라고 정의하였다.

3) 관광사업의 분류

(1) 「관광진흥법」에 의한 분류

① 여행업

여행자 또는 운송시설 · 숙박시설 기타 여행에 부수되는 시설의 경영인을 위해 당해시설 이용의 알선이나 계약체결의 대리, 여행에 관한 안내, 기타 여행의 편의를 제공하는 업으로 일반여행업, 국외여행업, 국내여행업으로 나누어진다.

② 관광숙박업

관광숙박업은 호텔업과 휴양콘도미니엄업으로 나누어진다. 호텔업은 관광객의 숙박에 적합한 시설을 갖추어 이를 관광객에게 제공하거나 숙박에 부수되는 음식 · 운동 · 오락 · 휴양 · 공연 또는 연수에 적합한 시설 등을 함께 갖추어 이를 이용하게 하는 업으로 관광호텔업, 수상관광호텔업, 한국전통호텔업, 가족호텔업 등으로 구성되어 있다.

휴양콘도미니엄업은 관광객의 숙박과 취사에 적합한 시설을 갖추어 이를 당해시설의 회원 · 공유자가 기타 관광객에게 제공하거나 숙박에 부수되는 음식 · 운동 · 오락 · 휴양 · 공연 또는 연수에 적합한 시설 등을 함께 갖추어 이를 이용하게 하는 업을 말한다.

일본의 빈집 820만 채, 민박 규제를 풀어 관광숙소로 늘린다!

일본 도쿄에서 대학원 박사과정을 밟고 있는 중국인 유학생 첸메이린(여 · 31) 씨는 지난 11월 말 교토에서 3박 4일 가을 나들이를 즐겼다. 여행 시기가 단풍이 절정에 달할 무렵인 데다 주말이 끼어 있어 1박당 평균 30만 원 이상의 '성수기 숙박요금'을 각오했지만, 인터넷으로 빈집을 저렴하게 빌리면서 숙박비를 크게 아꼈다. 첸씨는 아파트 단기임대 중개 사이트를 통해 교토 시내의 대표적인 관광지구인 기온(祇園) 한복판에 있는 $33m^2$짜리 원룸을 1박 당 1만4,000엔에 예약했고, 이마저도 함께 여행한 친구 2명과 나눠서 냈다. 그는 "캡슐처럼 공간이 좁은 일본 호텔과 달리 쾌적한 일반 주택을 무척 싸게 빌리게 되어 여행이 내내 즐거웠다."고 말했다.

12월 초 오키나와로 일주일 간 겨울휴가를 다녀온 김별리(여 · 28) 씨는 에어B&B 덕을 톡톡히 본 경우이다. 그녀가 묵은 곳은 섬의 동부인 요나바루(与那原) 지역으로, 중산층이 거주하는 주택이 밀집해 있는 베드타운이다. 김씨는 1박당 우리 돈으로 7만 원 가량을 내고 고층 맨션의 방 하나를 빌려 머물렀다. 그는 "회사일이 바빠 여행 계획은 커녕 무작정 비행기 티켓만 끊고 떠났는데, 현지사정을 잘 아는 집주인이 오키나와에 대한 기본 배경지식 및 실속 여행정보 등을 꼼꼼히 알려줘, 어느 때보다 알찬 휴가를 즐겼다."며 "렌터카 접촉사고가 났을 때도 집주인이 나서서 해결을 도와주는 등 저렴한 숙박비에 정말 많은 혜택을 누렸다."고 말했다.

관광대박 日本, 민박규제 완화로 관광대국 굳히기

최근 들어, 매달 100만 명이 넘는 외국인 관광객이 몰려들면서 '관광대박'이 난 일본에서는 명실상부 '관광대국'의 입지를 공고히 다지기 위해 다양한 정책을 내놓고 있다. 그 중 핵심 현안으로 떠오른 것이 '민박규제 완화'이다. 그동안 일본에서는 「여관업법」 규정을 따르지 않는 숙박시설에 관광객을 체류시키는 것이 불법이었지만, 인터넷 인프라가 발달하고 개인 외국인 여행객이 급증하는 등 여행의 트렌드 자체가 바뀌면서 관련 법규도 시기적절하게 변경해야 한다는 지적이 나오고 있다. 특히 2020년 도쿄올림픽을 앞두고 방일(訪日) 관광객 수가 조만간 2,000만 명 선을 돌파할 것이 확실시되면서 호텔· 여관 등 기존의 숙박시설만으로는 관광객 수요를 감당할 수 없고, 민박을 잘 활용하면 골목경제 활성화는 물론 빈집문제 해결까지 도모할 수 있다는 분석이 힘을 얻고 있다. 아베 신조(安倍晋三) 일본 총리는 지난 10월 열린 국가전략특구 자문회의에서 "일본을 찾는 외국인들이 편안하게 머물 수 있도록 '민박 인정요건'을 완화하고, 대중교통이 불편한 지역에서는 '자가용 영업'까지 허용할 수 있는 방안을 검토해 달라."고 했다.

규제 완화 민박의 첫 시범케이스로 등극한 곳은 하네다공항이 있는 도쿄 오타(大田)구다. 일본 정부가 지정한 전략특구 지역이기도 한 이곳은, 내년 1월부터 전국 최초로 「여관업법」 적용이 제외된 도시형 민박을 전면 실시한다. 2020년 올림픽을 앞두고 일찌감치 외국인 대상 숙박시설을 확충하기 위한 포석이다. 오타구에서 빈집이나 빈방을 활용해 민박업을 하고 싶은 사람은 구청에 등록 절차를 마친 뒤, 외국인 여행객 예약을 최소 1주일 이상씩 받으면 된다. 임대 최소면적은 25m^2 이상, 욕실과 에어컨을 반드시 구비해야 하는 조건도 있다. 일본관광청 조사에서 1주일 이상 체류하는 외국인 여행객이 40% 이상인 것으로 나타났기 때문에, 오타구는 민박사업이 크게 활성화될 것으로 기대하고 있다. 오타구는 도쿄의 23구 중에서 빈집이 6만 채 이상으로 가장 많은 지역이기도 하다.

마쓰바라 다다요시(松原忠義) 오타구청장은 일본 언론과의 인터뷰에서 "오타구만 해도 2012년 7만5,000명이었던 외국인 숙박객이 지난해에는 13만3,000명으로 두 배 가까이 늘 정도로 수요는 빠르게 증가하고 있는데, 단순히 호텔만 더 짓는 방식으로는 이를 결코 해결할 수 없다."며 "아파트형 숙소가 늘어나면 가족단위 관광객도 늘 것이고, 민박집 주변 상권도 살아나기 때문에 도시의 민박을 제도권으로 더 끌어들여야 한다."고 말했다. 이시바 시게루(石破茂) 지방창생담당상도 "민박은 숙박시설 부족과 빈집 증가라는 양면적인 문제를 동시에 해결할 수 있는 좋은 방안"이라고 강조했다. 현재 일본에는 빈집 820만 채가 있다.

규제보다는 규칙으로, 기존 숙박업계와 공존 모색

일본정부는 이미 전국에 2만 곳 넘게 생겨난 에어 B&B형 민박을 규제 완화를 통해 합법화하면서, 동시에 기존의 숙박업계에 타격이 가지 않도록 하는 대책 마련에 고심하고 있다. 일본 여행업계 조사에 따르면, 지난해 에어 B&B로 일본을 여행한 외국인수는 27만8,000명으로, 전체 방일 외국인 1,341만 명의 2%를 차지했다. 지금까지 에어 B&B 호스트들은 지자체나 정부에 별도 신고 없이 해당 인터넷 사이트에 바로 등록하고 여행객을 받아왔다. 그 결과 방재 및 위생관리의 사각지역에 있다는 비판이 나오고, 「여관업법」을 비롯해 「소방법」, 「건축기준법」 등 까다로운 법규를 준수하는 호텔과 여관업계 관계자들은 "무허가 불법영업을 제재하라."며 반발한다. 또한 민박업소 주변 이웃들이 여행객들의 소음과 쓰레기 처리문제로 불만을 제기하고, 숙박 예약자 신원확인 미비로 테러사건에 악용될 수 있는 점, 임대수익을 제대로 신고하지 않아 탈세 우려가 커지는 점도 해결해야 할 과제이다.

일본관광청 관계자는 "저가항공사 취항과 비자요건 완화 등에 힘입어 중저가형 숙소를 찾는 개인여행자들이 폭발적으로 늘고 있기 때문에, 도시형 민박 허용은 피할 수 없는 시대의 흐름으로 보고 있다."며, "엄격한 규제보다는 새로운 규칙이 필요하다는 기조로 외국인 여행객의 수요는 맞추면서 숙박업소별 장점이 공존할 수 있는 방안을 논의하고 있다."고 했다.

자료 | 조선일보, 2015년 12월 16일

③ 관광객이용시설업

관광객을 위해 음식 · 운동 · 오락 · 휴양 · 문화 · 예술 또는 레저 등에 적합한 시설을 갖추어 이를 관광객에게 이용하게 하는 업으로, 시설의 규모와 종류에 따라 전문 휴양업, 종합 휴양업, 자동차 야영업, 관광유람선업, 관광공연장업, 외국인전용 기념품판매업으로 구성되어 있다.

④ 국제회의업

대규모 관광수요를 유발하는 국제회의(세미나 · 토론회 · 전시회 등을 포함)를 개최할 수 있는 시설을 설치 · 운영하거나 국제회의의 계획 · 준비 · 진행 등의 업무를 위탁받아 대행하는 업으로, 국제회의 시설업과 국제회의 기획업으로 나누어져 있다.

⑤ 카지노업

전용영업장을 갖추고 주사위 · 트럼프 · 슬럿머신 등 특정한 기구 등을 이용하여 우연의 결과에 따라 특정인에게 재산상의 이익을 주고 다른 참가자에게 손실을 주는 행위 등을 하는 업을 말한다.

⑥ 유원시설업

유기시설 또는 유기기구를 갖추어 이를 관광객에게 이용하게 하는 업(다른 영업을 경영하면서 관광객의 유치 또는 광고 등을 목적으로 유기시설 또는 유기기구를 설치하여 이를 이용하게 하는 경우를 포함한다)으로 종합유원시설업, 일반유원시설업, 기타유원시설업으로 나누어져 있다.

⑦ 관광편의시설업

위에서 언급된 관광사업 외에 관광진흥에 이바지할 수 있다고 인정되는 사업이나 시설 등을 운영하는 업으로 관광유흥음식점업, 외국인전용유흥음식점업, 관광식당업, 시내순환관광업, 관광사진업, 여객자동차터미널시설업, 관광토속주판매업 등이 있다.

(2) 사업주체에 의한 분류

관광사업은 사업주체에 따라 사적 관광사업과 공적 관광사업으로 나눌 수 있다. '사적 관광사업'은 이윤추구를 목적으로 하는 민간기업이 관광사업의 주체가 되는 것을 의미하는 것으로, 사업주체를 관광기업과 관광 관련기업으로 나누어 볼 수 있다. 관광기업은 여행업, 숙박업, 교통업 등 관광객과 직접적으로 관계를 형성하며 이윤을 추구하는 기업들을 의미하며, 관광 관련기업은 관광객과 직접적인 관계를 갖지는 않지만, 관광기업과 직접적인 관계를 형성하여 관광객과 간접적으로 관계를 형성하게 되는데, 예를 들면, 호텔에 각종 서비스를 제공해 주는 세탁업, 식품업, 청소용역업 등이 관광 관련기업에 해당된다.

한편, '공적 관광사업'은 공공성 중심의 공적 관광기관이 관광사업의 주체가 되는 사업으로, 그 주체를 관광행정기관과 관광공익단체로 나누어 볼 수 있다. 관광행정기관이란, 중앙정부와 지방자치단체의 행정기관을 의미하는 것으로, 이들 행정기관들은 관광지를 개발하거나 관광지에 대한 홍보와 정보제공 등의 역할을 담당한다. 관광공익단체란, 관광사업을 공적인 측면에서 지원해 주는 단체나 조직으로 관광공사, 관광협회중앙회, 관광연구원 등이 이에 해당된다.

(3) 기타 분류

위에서 언급된 관광사업의 분류방법 외에 우리나라 「관광진흥법」에서 관광사업으로 규정되고 있지는 않지만, 현실적으로 관광사업으로 분류되는 사업들로는 외식사업, 리조트업, 테마파크업, 관광교통업 등이 있다.

① 외식사업

외식이란, 가정 밖에서 행하는 식사행위를 총칭해서 의미하는 것으로, 우리나라에서는 외식산업이란 용어로 요식업, 식당업, 음식업 등으로 불렸다가, 규모가 커지고 경영적인 측면에서 점점 체계를 갖추어가면서 생성된 용어이다.

우리나라의 외식산업은 한국표준산업분류에 의하면, 대분류에는 '도소매 및 음식숙박업', 중분류에는 '음식 및 숙박업', 소분류에는 '음식점업'에 포함된다.

음식점업은 다시 식당업, 주점업, 다과점업으로 세부적으로 구분된다. 식당업은 한국음식점, 중국음식점, 일본음식점, 서양음식점, 음식출장조달업, 간이체인음식점, 달리 분류되지 않는 식당업으로 세세분류되고 있다.

주점업은 일반유흥주점업, 무도유흥주점업, 한국식유흥주점업, 극장식주점업, 외국인전용유흥주점업, 달리 분류되지 않는 주점업으로 세세분류하고 있으며, 다과점업은 제과점업, 다방업, 달리 분류되지 않는 다과점업으로 세세분류하고 있다.

② 리조트업

리조트Resort의 어원은 프랑스 고어인 'resortier'에서 유래된 말로, 어떤 장소에 '자주 간다'와 어떤 장소에 '머무른다'라는 의미를 가지고 있다. 다시 말하면, 리조트란 사람들을 위해 휴양 및 휴식 제공을 목적으로 일상 생활권을 벗어나서 경관이 좋은 지역에 위치하여, 다양한 레크리에이션 및 여가활동을 위한 기능과 시설을 갖춘 단지Complex를 의미한다.

리조트사업은 리조트의 기능과 시설에 관련되는 사업 등을 포함하는데 숙박, 식음료, 레크리에이션과 관련된 업종들이 여기에 포함된다. 또한 리조트사업은 경제적, 사회적, 자연적 영향에 따라 수요의 탄력성이 크며, 초기에 많은 투자비용이 들어가는 특성을 가지고 있다.

③ 주제공원

주제공원Theme Park의 정의는 다양하지만, 일반적으로 중심 주제나 연속성을 가지고 있는 몇 개의 주제 하에 설계되며 매력물의 도입, 전시, 놀이 등으로 구성하여 중심 주제를 실현하도록 계획된 공원이다.

주제공원은 1955년 미국 캘리포니아주 애너하임에 디즈니랜드가 만화 주인공들을 중심으로 한 놀이공원을 개장하면서 미국에서 대중화되었다. 주제공원은 탑승시설, 관람시설, 공연시설, 식음료시설, 특정상품 판매소와 게임시설, 고객편의시설, 휴식광장, 지원관리시설 등으로 구성되어 있으며, 주제공원을 분류하는 방법으로는 공간별 분류방법, 주제별 분류방법, 형태별 분류방법 등이 있다.

공간별 분류방법으로는 자연 그대로 감상하는 자연주제형, 자연을 주제로 하지만 관광객의 적극적인 참여활동을 중심으로 하는 자연활동형 등이 있으며, 이밖에도 도시주제형과 도시관람형 등이 있다. 주제별 분류방법으로는 인간사회의 민속을 주제로 하는 형태, 역사를 주제로 하는 형태, 구조물을 주제로 하는 형태, 지구상의 생물을 주제로 하는 형태 등이 있다. 마지막으로, 형태별 분류를 살펴보면 환경재현형, 문화형, 자연공원형, 이벤트형 등이 있다.

테마파크는 개인의 창업이 매우 어려운 호스피탈리티 서비스 산업이라고 할 수 있으며, 위의 사례에서도 언급되었듯이 창업에 있어서 가장 중요한 점은 수익성이라고 할 수 있다. 아무리 높은 수준의 서비스를 고객에게 제공하더라도 수익성이 없으면 기업은 시장에서 오래도록 생존하기가 어렵다고 할 수 있다.

궁극적으로 서비스기업들이 고객들에게 높은 수준의 서비스를 제공하여 고객만족을 이끌어내려고 노력하는 것도 기업의 이윤극대화와 상관이 있기 때문에, 창업에서 반드시 가장 선행되어야 하는 것은 수익성이라 할 수 있다.

'CASE' '디즈니랜드'와 '시월드'

남가주를 대표하는 두 테마파크의 명암이 극명히 엇갈리고 있다. '디즈니'는 환한 미소를 짓고, '시월드'는 찌푸리고 있다. 우선, 월트디즈니는 월가의 예상치를 웃도는 실적을 냈다. 디즈니가 최근 발표한 4분기(7~9월) 실적 자료에 따르면, 디즈니랜드 등 테마파크에서 가파른 매출상승이 이뤄지고 있다. 테마파크에서 올린 매출만 44억 달러에 이른다. 지난해와 비교해 두자릿수(10%) 상승이다. 입장료가 오른 데다 더 많은 고객들이 찾고, 더 많은 돈을 쓰고 있는 것이다. 실제로 디즈니측은 애너하임 디즈니랜드 등 미국 내 테마파크의 관람객들이 늘어난 덕분에 전체 15% 관객증가 효과를 얻었다고 발표했다. 특히 디즈니는 테마파크 외에 ESPN에서도 16억 달러의 수익을 냈고, '앤트맨', '인사이드아웃' 등 흥행에 성공한 대박 영화들까지 나오면서 디즈니계열사가 전체적으로도 흥했다.

반면, 시월드는 분위기가 완전 다르다. 위기에 처했을 뿐만 아니라 존폐를 걱정해야 할 정도가 되었다. 일단 3분기 성적이 기대에 미치지 못했다. 전문가들은 5억860만 달러의 매출을 예상했으나 4억9,690만 달러에 그쳤다. 기후의 영향으로 방문객이 줄어든 것이다. 시월드 측은 11개 테마파크 가운데 샌디에이고와 텍사스의 시월드 관람객 감소 등으로 전체 관람객이 0.4% 줄었다고 설명했다.

관람객이 감소한 가운데 법적 분쟁까지 겹쳤다. 시월드는 현재 범고래(Killer Whale) 훈련금지 사인을 놓고 가주 측과 법적 싸움을 진행하고 있다. 시월드 입장에서는 이 문제를 해결하기 위한 비용이 계속해서 늘고 있는 것이다. 여기에 여론도 싸늘하다. 지난 2013년, CNN이 시월드에서 훈련받는 범고래가 겪는 고통과 이 고래를 훈련시키는 조련사가 처한 위험을 다룬 '블랙피시'라는 다큐멘터리를 방영하면서 비난의 여론이 커졌다. 시월드 측은 냉랭한 여론이 관람객 감소에도 영향을 미친 것으로 분석하고 있다. 또 3분기 실적 발표와 함께 주가도 하락했다. 6일 오전 시월드의 주가는 17.99달러로 전일 대비 7.8% 하락했다.

자료 ▌중앙일보, 2015년 11월 7일

CHAPTER 03

창업가정신

일반적으로 창업을 하는 창업가들은 그렇지 않은 사람들과 비교하여 창업가 정신이 더욱 강한 편이라고 할 수 있다. 물론, 창업의 유형에 따라서 생계형 창업가들의 경우에는 선택의 폭이 좁아질 수도 있지만, 그만큼 창업가정신은 창업을 하는데 있어서 필수적인 조건이다. 창업가로서 요구되는 마인드는 산업의 특성, 창업의 규모 등 다양한 요인에 따라서 변화할 수 있지만, 일반적으로 선천적인 자질과 후천적인 자질로 나누어서 살펴볼 수 있다.(송경수 외, 2014, p.38)

1 창업가의 자질

1) 선천적 자질

- 새로운 것에 도전하는 모험심이 유별난 사람
- 가능성에 대한 집념이 강한 사람
- 스케일이 크고 큰일을 해내는 사람
- 사람을 잘 통제할 줄 아는 사람
- 쉽게 좌절하지 않고 의지력이 강한 사람

2) 후천적 자질

- 본인이 지금까지 쌓아온 창업관련 분야에서의 경험
- 지금까지 배워서 얻은 학문과 지식
- 본인의 성격, 체질, 체력적인 소질
- 본인이 가지고 있는 자격, 사회 지위, 이전 근무했던 직장에서의 신용
- 지금까지 인간관계에 있어서의 교제인물의 폭과 깊이
- 창업 환경을 둘러싼 인간관계

2 Holland의 인성이론과 창업

Holland(1985)는 개인의 성격 유형이 직업 선택에 영향을 미치며, 모든 사람들은 여섯 가지의 기본적인 성격 유형으로 분류할 수 있다고 주장하였다. Holland는 개인의 성격 유형과 직업이 요구하는 특성이 일치할수록 개인은 만족된 직업생활을 경험하게 된다고 하였는데, 이러한 이론을 기초로 살펴보면 창업도 사람의 성격이나 특성에 따라서 만족도가 달라질 수 있으며, 이러한 만족도에 따라서 성공확률에도 영향을 미칠 수도 있다.

Holland 이론의 여섯 가지 성격 유형은 아래와 같다.

① 현실적 유형Realistic Type

사람보다는 사물을 더 좋아하며 과거나 미래보다는 현재에 초점을 맞추고 관습적 태도를 가지고 있는 사람이다. 이러한 유형의 사람은 조작활동을 선호하며 사회적 기술이 낮은 특성을 보인다. 이러한 유형이 사람들은 기계적이고 기술적인 능력을 필요로 하는 기술직 등이 적합하다.

② 탐구적 유형Investigative Type

분석적이고 호기심이 많으며 창의성이 높은 반면, 관습적 태도나 대인관계 기술이 부족한 사람이다. 이러한 유형의 사람은 추상적이고 논리적이고 과학적인 직업에 효과적이다.

③ 예술적 유형Artistic Type

풍부한 감정과 표현력, 창의성, 심미적인 특성을 보여 규범적 기술에는 능력이 부족한 사람으로, 예술적 유능감과 성취도를 고무시킬 수 있는 직업이 효과적이다.

④ **사회적 유형**Social Type

인간관계를 중시하여 타인의 요구에 민감하지만, 기계를 조작하는 능력은 부족한 사람으로서 지지적이고 타인을 보호할 수 있는 교육, 사회복지와 같은 직종이 효과적이다.

⑤ **진취적 유형**Enterprising Type

타인을 통제하는 것을 선호하는 사람으로서, 공격적이고 자기만족적이며 권력이나 지위를 매우 중요시하는 사람이 해당된다. 이러한 유형의 사람은 체계적인 활동을 싫어하며 과학적 능력도 부족하다.

⑥ **관습적 유형**Conventional Type

실제적이고 구조화된 상황을 선호하는 사람으로서, 체계적으로 자료를 정리하고 기록하는 직업을 선호하며 매우 의존적인 특성을 보인다.

3 창업가정신과 리더십

1) 리더십의 개념

기업에서 리더십의 중요성에 대한 인식이 확산되면서 리더십Leadership과 관련된 많은 연구들이 보고되고 있다. 특히 호스피탈리티 산업은 인적자원에 대한 의존도가 다른 산업에 비해 큰 산업이기 때문에 리더십은 더욱 중요한 부분이다. 이러한 리더십이 창업 및 창업가정신에 미치는 영향이 클 수 있기 때문에, 창업가정신과 리더십은 매우 중요한 주제가 될 수 있다.

표 3.1 리더십과 관련된 선행연구

연구자	리더십의 정의
Hemphill and Coons(1957)	집단활동을 고유한 하나의 목표로 집중시키려는 개인의 행동
Tannenbaum, Weshler and Massarik(1961)	주어진 상황에서 구체적 목표의 달성을 통해서 행사되는 대인적 영향력으로서 커뮤니케이션 과정을 통해서 행사된다.
Stogdill(1974)	집단 내 상호교류 속에서 구성원의 기대에 맞게 집단의 구조를 만들고 유지하는 것이다.
Janda(1960)	일종의 독특한 형태의 권력관계로서 집단의 한 구성원이 자신의 행동패턴을 또 다른 구성원이 규정할 권리를 갖는다고 느낄 때 발생한다.
Kochan, Schmidt and Decottis(1975)	영향력 행사과정으로서 O가 P에게 영향을 가하여 P의 행위를 변화시켰을 때, P가 O의 영향력행사를 합당한 것으로 생각하고 야기된 변화가 P자신의 목표와 일치한다고 여길 때 리더십은 발생한다.
Katz and Kahn(1978)	기계적으로 조직의 일상적 명령을 수행하는 것 이상의 결과를 가져올 수 있게 하는 영향력이다.
Schriesheim, Tolliver and Behling(1978)	사회적 영향력 행사과정으로, 리더가 조직목표 달성을 위해서 하급자들의 자발적 참여를 추구할 때 발생한다.
Peters and Austin(1985)	리더십은 비전이요 우렁찬 응원가요 열정이다.

자료 : Yukl, Leadership in Organizations, Englewood Cliffs, N.J. : Prenticehall, 1981, etc.; 백기복, 법문사, 1994; 재인용한 임창희, 2001, p.316에서 재인용함

최근 정보통신기술의 발전과 글로벌화 등으로 인해 여러 산업의 비즈니스 패러다임Paradigm의 변화가 일어나면서 이와 관련된 조직구조나 리더십에 관한 전통적인 개념과 패턴에도 변화가 일어나고 있다. 전통적인 리더십의 구성요소들로는 목표, 영향력, 상호작용 등을 들 수 있는데, 이러한 변화하는 상황에서 리더는 목표를 달성하기 위해 추종자들과의 상호작용Interaction 속에서 영향력을 발휘하게 된다.

이렇게 리더십과 창업가정신이 밀접한 관계가 있을 수 있는 부분은, 위에서 언급되었던 Holland의 연구에서와 같이 창업을 하는 사람과 그렇지 않은 사람은 후천적인 환경에 의해서 결정되기도 하지만, 분명히 선천적인 기질에서 공통점이 있을 수 있기 때문이다. 또한 제조업을 창업하는 사람과 서비스 산업을 창업하는 사람과도 창업가정신에 있어서 차이가 있을 수 있으며, 같은 서비스

산업을 창업하는 사람이라도 어떠한 서비스 산업을 창업하는가는 창업가들마다 선천적 혹은 후천적 기질과 상관관계가 있을 수 있기 때문에, 리더십과 창업가정신의 상관관계는 창업가정신을 이해하는데 많은 시사점을 가질 수 있다.

먼저, 리더십과 관련하여 변화하고 있는 리더십 패러다임과 관련된 내용은 아래와 같다.

표 3.2 리더십의 변화 패러다임

구분 기준	기존형 패러다임	미래형 패러다임
리더의 역할	보스, 관리자	코치, 촉진자, 멘토
리더 자격	최고경영인 중심	조직구성원 다수
리더 가치관	지역	세계시민
리더 윤리	비윤리적	윤리적
리더와 구성원 관계	수직적	수평적
구성원 관리	통제	임파워먼트
구성원의 가치규범	타율	자율
리더에 대한 구성원의 태도	두려움, 방어적 태도	신뢰
구성원 행위	동조	몰입
조직의 중심 인력	남성 중심, 여성 소수	여성 등 소수그룹 부상

자료 : 박소연 외, 서비스리더십과 커뮤니케이션, 2005, p.41.

2) 관리자와 리더

리더십의 개념을 생각하는 관점에 따라서 관리자Manager를 리더Leader라고 볼 수도 있지만, 조직행동적인 관점에서 볼 때는 관리자와 리더는 분명히 차이가 있다고 할 수 있다. 그 차이점은 관리자가 관리를 하는 사람으로서 조직이 의무적으로 완수해야 할 업무들이 잘 이루어질 수 있도록 조직 구성원들에게 작업을 배분하고 그들과 작업을 잘 연결시키는 기능을 수행하는 개념이라고 할 수 있고, 리더는 조직 구성원들이 어떤 일을 하도록 주선만 해주며 비전제시를 해주는 개념이라고 할 수 있다.

즉 관리자는 과거지향적인 개념이 강한 반면, 리더는 미래의 비전을 제시하는 등 미래지향적인 개념이 더 강한 역할이라고 할 수 있다.

표 3.3 관리자와 리더의 차이점

관리자(Manager)	리더(Leader)
공식적, 사무적	인간적
목표지향	적극적 목표수행
기계적 의사결정	모험적 선택
감독, 통제	직관적 · 영감적 결정
계획적 · 공식적 업무설계	변화와 혁신
계획에 따른 업무관리	비전 제시

자료 : Zaleznik, Excerpt from managers and leaders : Are they different?, Harvard Business Review, 1986, p.54; Kotler, What leaders really do, Harvard Business Review, 1990, pp.103-111; 임창희, 2001, p.318 참조

3) 리더십이론의 발전과정

리더십과 관련된 이론들 중 리더를 강조한 이론은 특성이론Trait Theory과 행동이론Behavioral Theory이 있으며, 그밖에 상황을 강조한 이론과 현대적인 관점에서의 리더십이론이 있다.

(1) 특성이론

특성이론Trait Theory은 효율적인 리더십의 원천을 리더가 가지고 있는 신체적인 특성이나 성격적인 특성에서 찾으려고 했던 이론으로, 리더는 선천적으로 태어나는 것이지 후천적인 환경이나 훈련에 의해서 만들어지는 것이 아니라는 점에 비중이 많이 실려 있다는 이론이다. 특성이론과 관련해서 리더십이론에서 중요한 점이 카리스마Kharisma인데, 카리스마는 개인이 보유하고 있는 영적 · 심

적 · 초자연적 특성이 있을 때 조직구성원들이 이를 신봉함으로써 생기는 리더십을 의미한다.

리더십 특성이론의 연구대상은 연령, 용모와 같은 신체적인 특성, 독립성, 자신감과 같은 성격적인 특성, 신분, 교육수준 등과 같은 사회적인 배경, 협조성, 사교성 등과 같은 인간관계 능력 등이 있다.

(2) 행동이론

위에서 언급된 특성이론과 반대되는 이론인 행동이론에 의하면, 리더는 만들어지는 것이지 태어나는 것이 아니라고 할 수 있다.

행동이론에 의하면, 모범적인 리더의 행동을 알게 된다면 지속적인 훈련과 노력을 통해서 리더의 자질을 보완하면 훌륭한 리더가 될 수 있다는 의미이다. 또한 리더의 특성은 리더 자신의 내부에 잠재해 있는 것이기 때문에 항상 외부에 드러나는 것은 아니며, 조직구성원들에 비쳐지는 리더는 리더의 행동이지 리더의 특성이 아니라고 생각하는 점이다.

(3) 상황이론

리더십에서 상황을 강조하는 이론은 리더와 상황이 잘 맞아떨어져야 조직의 성과가 높아질 수 있다는 관점에서의 리더십을 의미한다. 다시 말해서, 이상적인 리더의 유형이 독립적으로 존재하는 것이 아니라 상황에 적합한 것이라면 어떠한 리더십 유형도 좋은 성과를 올릴 수 있다는 점을 강조한 이론이다.

상황이론을 서비스 창업과 관련해서 살펴보면, 위에서 언급된 바와 같이 제조업과 서비스업을 창업하는 창업가의 특성과, 같은 서비스업에서도 업종이 다른 산업을 창업하는 창업가의 특성을 비교할 수 있다.

표 3.4 리더십이론의 발전과정 요약

이 론	특 징	구체적 기준
특성이론	리더와 비리더를 구분하는 기본적인 특성 구분	리더의 공통 특성 • 추진력 • 책임의식 • 정직, 성실 • 자신감 • 직무지식
행동스타일이론	유능한 리더와 무능한 리더를 구별하는 행동	• 독재형, 민주형, 자유방임형 • 구조위주 행동, 인간배려 행동 • 종업원 중심적, 생산과업 중심적 • 무관심형, 과업 중심형, 관계 중심형, 중용형, 팀 지향형
상황이론	리더십 스타일이 특정한 상황에 부합될 때 유효	상황요소 • 수행과제 • 감독스타일 • 집단규범 • 조직문화 • 부하의 특성
변형이론	새로운 상황과 행동에 따라 다양한 변혁적 리더십 출현	• 카리스마적 리더십 • 임파워먼트 리더십 • 전략적 리더십 • 수퍼 리더십 • 서번트 리더십 • 서비스 리더십 • 셀프 리더십 • 헤드십 • 파트너십

자료 : 박소연 외, 2005, p.39.

4) 서비스 리더십

리더십의 원천이 명령과 지시, 통제라는 물리적인 힘에서 사람들과 잘 어울리고 그들의 욕구와 문제를 해결해 주는 서비스로 전환되고 있으며, 서비스를 통하여 내부고객의 욕구를 충족시킴으로써 그들의 만족을 이끌어내고 그 만족을 토대로 외부고객의 욕구를 충족시켜 만족을 창출해 나가는 것이 서비스리더십의 전개방향이라고 할 수 있다.

기존의 리더십은 피라미드형의 수직적인 구조에서 전통적인 힘을 발휘해 왔는데, 네트워크화 된 수평조직에 적합한 리더십은 고객의 욕구충족을 위해 신뢰를 바탕으로 협력하고 지원하는 서비스리더십이라고 할 수 있다.

고객만족을 만들어내기 위해서 가장 적합한 조직인 수평적 조직을 움직여 나가기 위한 리더십의 실체는 서비스현장 상황에서 무엇을 어떻게 해야 하는지에 대한 답을 줄 수 있는 서비스리더십이다. 또한 서비스리더십을 구성하는 세 가지 요소는 고객만족, 서비스능력, 커뮤니케이션 등이다.(박소연 외, 2005, p.42)

4 창업 적정시기

창업 적정 연령이 꼭 정해져 있는 것은 아니지만, 일반적으로 창업을 위해서는 규모와 창업하려는 산업의 특성에 따라 차이가 있을 수 있지만, 어느 정도의 재무적인 뒷받침이 되어야 하기 때문에 너무 이른 연령에 창업을 하는 창업가의 비율은 그다지 많지 않다.

최근에는 정보화의 영향으로 인터넷을 기반으로 한 젊은 층의 창업도 이전에 비해서 활발한 편이라고 할 수 있지만, 창업하는 산업의 특성이 상당히 제한적이다.

창업 연령은 창업가에 따라서 차이가 날 수밖에 없는 상황이지만, 비교적 연령별로 선호하거나 빈도수가 많은 창업의 유형은 존재한다고 볼 수 있다. 50대 이후의 창업은 노후 보장이 우선이며, 수입이 적더라도 안정성 있는 창업 아이디어를 선택하는 것이 좋고, 30대 중반 이전의 창업은 모험적 분야의 창업, 향후 전망이 밝은 21세기형 창업 아이디어로 창업하는 것이 좋다. 연령은 창업 아이디어 선정의 전제조건이 될 수가 있다.

(1) 20대의 모험창업

이 연령층은 자기의 전공, 직업과 관계없이 어떤 분야를 선택하여 창업하더라도 좋다. 만약 창업에 실패하더라도 재기의 가능성이 높다. 하지만 창업의 열정은 높으나, 개인적으로 가진 인적 · 물적 자원이 적고 사회적 경험도 충분치 못하므로 사전준비를 보다 철저하게 하는 의식적인 노력이 필요하다. 또한 의사결정이 필요한 부분에 있어서 아무래도 다양한 경험을 축적한 연령이 많은 창업가들에 비해 다소 감정적인 측면이 있을 확률이 높기 때문에, 창업가가 갖추지 못한 역량을 보유한 파트너 선정이 매우 중요하다.

기업차원의 전략적 제휴Strategic Alliances 개념과 같이, 개인차원의 전략적 제휴를 통해서 서로 부족한 부분을 충족시켜 주면 시너지효과Synergy Effect를 발휘하여 창업의 성공확률이 보다 높아질 수 있다고 할 수 있다.

일반적으로 가족 중에 멘토가 되어주기 적합한 파트너를 구해서 멘토 · 멘티 프로그램 등과 같은 정보교환을 하는 것도 젊은 연령에 창업의 성공 확률이 보다 높아질 수 있다.

(2) 30~35세의 선택창업

이 연령에는 자신의 적성과 업무와의 상관관계를 어느 정도 판단하여 선택적인 아이디어 선정으로 창업을 하는 것이 좋다. 이 나이 때에는 대부분 가정을 가지고 있어 20대 창업보다는 선택의 폭이 좁아진다. 이러한 연령에서 선택적인 아이디어 선정을 통한 창업을 위해서는 창업 아이템을 찾는 것이 가장 중요한 부분인데, 창업 아이템을 찾는 방법은 우연한 발견방법과 체계적인 탐색방법 등이 있다.

우연한 발견방법이란, 창업가가 예상하지 못했던 우연한 기회에 창업 아이템을 얻게 되는 경우로서 주로 과거의 경험과 지식, 외부에서 얻은 고급 정보 등을 통하여 창업 아이템을 얻을 수 있다고 할 수 있다.

따라서 그만큼 정보가 중요한 부분이며, 어떻게 보면 창업에 있어서 성공과 실패를 좌우할 수 있는 요소이기 때문에, 예비 창업가들이 온라인과 오프라인의 네트워크를 형성하여 다양한 동호회 등과 같은 모임을 통해 정보를 수집하기도 한다.

다른 한 가지 방법인 체계적인 탐색방법이란, 창업가가 창업을 목적으로 창업 아이템을 체계적으로 찾는 방법을 의미한다. 주로 소비자의 니즈 분석, 기존 제품과 서비스 분석, 기술의 변화 분석, 창업하려고 하는 아이템의 최근 동향 분석 등의 방법을 통해 창업 아이템을 찾는 방법이다.

(3) 36~40세의 기반창업

사회생활 및 일정한 분야에서 자기가 닦아놓은 기반을 최대한 활용한 창업이다. 이 연령층은 사회적 혹은 회사 내의 일정한 지위를 확보하게 되는 경우가 대부분이며, 가족이나 사회에 대한 책임도 다른 연령층보다 무겁게 주어지고, 따라서 운신의 범위도 다소는 신중해질 수밖에 없다. 인맥이나 개인적 경력을 충분히 활용하여 창업에 불확실성을 줄여야 한다.

기반창업의 경우는, 위에서 언급된 모험창업이나 선택창업보다 성공확률이 다소 높은 편이라고도 진단할 수 있지만, 아무래도 연령적으로 모험 창업가나 선택 창업가에 비해 실패에 대한 두려움이 높은 편이기 때문에 합리적인 의사결정에 있어서 다소 방어적인 자세를 취할 수 있다. 기반창업의 가장 큰 특징은 전문성을 최대한 활용할 수 있다는 것이기 때문에, 이러한 강점을 극대화하여 창업의 성공확률을 최대한 높이는 것이 매우 중요한 부분이다.

(4) 41~50세의 전문창업

41~50세의 창업은 전문창업이어야 한다. 이 시기에는 학력을 불문하고 자기 업무분야에서는 최고의 실무전문가인 점을 십분 활용하여 자기 전문분야를 최대한 살려 아이디어를 선정하여야 한다. 전문창업은 기반창업과 여러 관점

에서 가장 유사한 단계라고 할 수 있으며, 우리가 일반적으로 언급하는 창업가정신이 가장 필요한 유형이다. 그만큼 전문창업은 가장 창업에 대한 실패의 두려움이 큰 시기이기 때문에, 어느 일정부분은 위험을 감수하는 리스크테이킹 Risk Taking이 가장 필요한 시기이다.

(5) 50세 이상의 안정창업

50세 이상의 연령층은 신체적 · 정신적으로는 다소 불리할 수 있지만, 풍부한 경륜과 삶에 대한 지혜, 그리고 연장자로서의 여유와 관대함을 창업과 잘 접목시킬 경우 의외로 창업성공 가능성은 높다. 너무 광범위하게 계획하거나 급진적인 변화가 요구되는 모험적인 업종보다는, 보수적인 입장에서 유지 가능하고 모험이 적은 쪽을 선택하는 것이 바람직하다.

안정창업과 관련된 시기에는 공격적인 창업보다는 생계형 창업과 관련된 빈도수가 가장 많은 시기이기 때문에, 우리가 의미하는 창업가정신이 가장 약한 시기라고 할 수도 있지만, 반대로 다른 시기와 비교하여 장점을 살펴보면 다양한 경험을 바탕으로 축적된 기술과 지식을 최대한 활용하면 크게 성공할 확률은 낮을지 모르나 안정적으로 창업경영을 운영할 확률은 가장 높은 시기이다.

창업실패가 두려운 우리나라

LCD 장비 국산화를 목표로 창업한 A사는 20억 원의 엔젤투자 유치에 성공했으나 시장조사, 마케팅 등의 경영활동은 등한시 한 채 2년 간 연구개발에만 치중했다. 결국 실질적 성과를 내지 못하고 자금 부담마저 겹치면서 외국계 기업과 합병해야 했다. 이 회사는 합병 이후 개발자의 창의성을 존중하는 합병기업의 시스템을 받아들였다. 이미지 프로세싱 장비수입 업무를 통해 3D 스캐너의 가능성을 발견했고, 과거와 달리 개발자가 아닌 시장이 원하는 제품개발에 나서며 올해 20억의 수주달성을 기대하고 있다. 하지만 A사처럼 창업 실패 후 재도전에 성공한 한국기업을 찾기는 쉽지 않다. 카이스트 기업가정신연구센터 분석에 따르면, 2000~2011년 사이 폐업을 신고한 기업 8만2,154개 기업 중 대표이사가 대표이사 또는 임원으로 재창업한 경우는 7.2%에 불과했고, 이들 중 21%는 다시 폐업하는 악순환이 반복됐다.

중소기업청의 지난해 조사결과를 보면, 미국·중국의 평균 실패 횟수는 각각 2.8회인 반면, 한국은 1.3회에 불과해 실패경험이 부족하다. 재도전의 어려움은 창업 장애요인으로 작용, 중국·일본에 비해 실패에 대한 두려움(38.0%, 무역협회조사)이 높게 나타나고 있다. 무역협회 국제무역연구원은 28일 "창업 활성화 및 내실화를 위해서는 '투자 → 창업 → 성장 → 자금회수 → 재투자·재창업'의 선순환 생태계 조성이 필수적이나 한국은 창업 실패 후 재기가 어렵다."고 지적했다.

무엇보다 우리나라는 회수시장의 미활성화, 개인파산에 대한 부담, 낮은 창업 생존율 등으로 인해 창업 실패 후 엑시트 – 재도전 – 성장 단계별로 매우 높은 수준의 재기비용이 존재하고 있다. 회수 측면에서 벤처캐피털협회 조사를 보면, 한국은 양질의 투자금 회수통로인 인수합병(M&A) 비중이 낮고(0.5%), 저가 위주인 장외매각·상환에 대한 높은 의존도(56.8%)로 투자금 회수가 어렵다.

또한 창업 투자가 활성화되지 않아 기업 파산이 개인 파산으로 직결, 재창업을 제약하고 있다. 중기청에 따르면, 창업자금 조달은 미국과는 대조적으로 창업가 개인 리스크가 높은 융자 중심으로 이루어지며 벤처캐피탈·엔젤투자 비중은 0.2%에 불과하다.

창업 후 3년 후 생존율은 41.0%로 미국(57.6%), 이스라엘(55.4%), 호주(62.8%)은 물론 경제협력개발기구(OECD) 17개 주요 회원국 중 최하위에 그쳐, 창업 기업의 지속적 성장 및 시장 안착이 어렵다. 특히 생계형 창업의 비중이 63%로 세계 최고 수준이기 때문이며, 특히 숙박·도소매업과 같은 대표적인 생계형 업종은 창업준비 소홀 및 과당 경쟁으로 생존율이 매우 낮다. 새로운 영역을 사업화하는 창업은 시행착오가 불가피하나 극복방법에 따라 창업 실패는 그간의 기업 모순을 개선하고 경쟁력 있는 기업으로의 재탄생 계기를 제공할 수 있다. 재도전 기업의 5년차 생존율(73.3%)은 일반 창업기업 생존율(30.9%)의 2배 이상을 기록하고 있다.

이 같은 환경은 대학생들의 창업의욕도 꺾고 있다. 무역협회 국제무역연구원이 지난 10월 한·중·일 3국 대학(원)생의 창업인식을 비교한 결과, 한국은 6.1%만이 창업을 향후 진로로 희망했다. 반면, 중국은 무려 40.8%가 창업에 전향적인 태도를 보였고, 일본의 창업 선호도는 3.8%로 집계됐다.

국제무역연구원은 "중국은 샤오미 같은 IT 창업기업의 세계적 약진, 창업을 선호하는 사회적 분위기 등에 힘입어 창업 선호도가 높게 조사됐다."며 "우리나라는 안정적인 직장을 선호하는 분위기인데다, 창업생태계 구축도 제대로 이뤄지지 않아 창업 활기가 저조한 것으로 분석됐다."고 밝혔다.

김보경 연구원은 "창업에 처음 도전하는 경우, 경영마인드 부족으로 시행착오가 불가피하나, 한국은 창업실패에 비우호적인 환경으로 인해 창업가의 재기가 어렵다면서도, 하지만 창업실패 경험은 그간의 기업 모순을 보완하고 경쟁력 있는 기업으로 성장하는 기회를 제공해 성공의 중요한 디딤돌이 될 수 있다. 엑시트 – 재도전 – 성장이 원활한 창업 생태계 조성을 통해, 실패의 자유를 보장하고 실패경험의 사회적 자산화를 촉진해야 한다."고 말했다.

자료 ❙ 아시아경제, 2015년 12월 28일

5 창업가정신과 창업 아이디어 선정

1) 창업 아이디어의 선정 원칙

유망한 창업 아이디어란, 오랜 시간동안 시장에서 경쟁력을 가지고 꾸준하게 수익성을 확보할 수 있는 아이디어를 의미한다. 즉 미래에 대한 성장가능성이 높아야 하며, 그러기 위해서는 수익성이 높은 업종으로 안정적인 매출과 자금회전율이 높아서 장래에 성공할 가능성이 충분한 업종이어야 한다. 그러나 이러한 조건을 완전히 가지고 있는 아이템을 찾는 것은 쉬운 일이 아니다.

이러한 점을 인식하여 성공적인 창업경영을 하기 위해서는, 다음과 같은 유망 아이디어 선정의 원칙을 기본 바탕에 두고 선택해야 한다.(권원오, p.107 참조)

(1) 성장 가능성

상품도 사람과 마찬가지로 태어나고, 성장하고, 성숙하며, 쇠퇴하는 4단계의 과정을 거치게 된다. 도입기에는 신제품이 생산 보급되며, 성장기에는 수요가 증대되어 생산이 증가되며 상품 원가가 낮아지고 이익이 많아진다. 성숙기에 접어들면 경쟁이 치열해지기 때문에 생산이나 마케팅 전략에서 차별적인 경쟁우위를 지키지 못할 경우 탈락할 가능성도 있다. 그렇기 때문에 적합한 창업시기는 '성장 초기업종'이라고 할 수 있다.

물론 산업에 따라서 상황이 다를 수 있지만, 시장이 이미 포화상태인 산업군의 경우는 그만큼 경쟁이 치열하기 때문에 성공확률은 낮아진다고 할 수 있다. 하지만 창업의 성공과 실패에서 가장 중요한 부분은 창업의 목표가 무엇인지와 관련된 부분이라고 할 수 있다.

창업의 성과평가가 재무적인 성과평가Financial Performance인지, 전략적인 성과평가Strategic Performance인지에 따라서 창업의 성공과 실패에 대한 평가가 달라질 수 있다. 재무적인 성과평가와 관련해서도 얼마만큼의 재무적인 성과를 성공으로 평가하고, 얼마만큼의 재무적인 성과를 실패로 평가할지는 전적으로 창업의 판단기준이라고 할 수 있다.

이러한 메커니즘은 개인기업과 같은 비교적 규모가 작은 창업에도 적용되지만, 규모가 큰 호스피탈리티 서비스 산업의 세계적인 글로벌 체인호텔 브랜드의 경우에도 재무적인 성과는 미흡하지만 기업에서는 성공으로 평가하는 사례가 있고, 어느 정도 재무적인 성과를 내지만 기업의 입장에서는 그다지 성공적인 운영이라고 생각하지 않는 것과 동일한 메커니즘이라고 할 수 있다.

(2) 경험이나 지식의 활용 가능성

장래성이나 성장성이 높다고 판단한 아이디어가 꼭 성공되는 것도, 다른 사람이 성공하였다고 해서 자기도 성공할 수 있는 것도 아니다. 어떠한 아이디어든 창업인의 경험이나 지식의 바탕 위에서 성공확률이 높아질 수 있다. 특히 직장에서 배우고 익힌 경험, 지식, 기술은 성공창업의 기초가 된다. 창업가 중에는 과거 직장생활에서 얻은 아이디어로 창업에 성공한 예가 많이 있다는 것을 보아도 과거 경험의 중요성을 인식할 수 있다.

창업에서도 경영이론에서와 마찬가지로 '학습효과Learning Effect'나 '경험효과Experience Effect'가 매우 중요한 부분이라고 할 수 있기 때문에, 창업가의 경험, 기술, 지식 등이 축적된 창업아이디어와 이를 통해 산출된 창업 아이템 일수록 급변하는 경영환경에서 성공할 확률이 더욱 높다.

(3) 인 · 허가 업종

창업의 절차를 통해서 창업가가 본인이 희망하는 업종으로 창업을 하려면 현실적으로 가장 문제가 되는 부분이 사업의 규제와 관련된 법률적인 부분이다. 예를 들면, 개인 기업들이 창업하는 것이 거의 힘든 호스피탈리티 서비스 산업 중 카지노 산업의 경우는 우리나라에서 내국인도 출입할 수 있는 카지노가 강원랜드 한 곳 밖에 없기 때문에, 아무리 아이디어가 참신하고 수익성이 높다는 생각이 들더라도 인·허가가 가능하지 않은 업종이다.

위에서 언급된 바와 같이 아이템이 아무리 좋고 창업 준비도 완벽하게 하였더라도 법적으로 인가·허가·면허·등록 등이 없으면 창업을 할 수 없는 업종이 있는 것이다. 성공적인 창업가가 되기 위해서는 창업하기 전에 그 업종을 선택할 때 법적인 요건을 반드시 살펴보아야 한다. 단순히 등록만 하면 되는 경우도 있고, 창업가가 자격이나 기능이 있어야 하는 경우도 있고, 그러한 자격이나 기능을 가지고 있는 종업원을 채용해야 되는 경우도 있다.

(4) 실패 위험이 적은 업종

모든 창업이 고위험 고수익이라고 할 수 있기 때문에 위험이 큰 사업은 성공했을 시에는 이익이 많지만, 그만큼 실패의 위험도 높다. 특히 벤처의 경우에는 큰 성공을 거둘 수도 있지만, 이와 같은 업종은 성공의 확률은 적고 실패 확률이 대단히 높다. 이러한 관점에서 창업과 관련된 경험이 부족한 창업가일수록 비교적 보다 안정적인 업종을 선택하는 것이 바람직하다.

(5) 자신의 적성에 맞는 아이템

창업가의 취향이나 적성에 맞지 않는 창업은 그만큼 성공확률이 낮아진다고 할 수 있다. 그런 아이템에서 창업가의 의욕이나 동기부여를 기대할 수는 없다. 어떠한 아이템이 수익이 많을까 하는 점에만 관심을 집중하다보면, 창업가 자신의 취향이나 적성을 무시하다가 실패하는 경우를 흔히 볼 수 있다.

2) 창업 아이디어의 선정 절차

창업 아이디어의 선정을 위해 어떤 절차가 효율적인지 살펴본다.

(1) 제품서비스와 시장의 필요성

인간의 욕구는 그 구체성에 따라 필요Needs와 욕구Wants로 구별된다. 필요는 사람이 살아가는데 필요한 본원적인 것들의 부족함에서 느끼는 욕구를 말한다. 배고플 때의 음식에 대한 욕구와 같은 의 · 식 · 주에 대한 욕구 등이 이에 해당한다.

반면에, 욕구는 필요를 해결하기 위한 구체적인 수단에 대한 욕구를 말한다. 이러한 욕구는 개인이 속한 사회나 문화 혹은 개인의 취향에 따라 다르게 나타난다. 한국인과 미국인은 점심을 위한 메뉴의 선택에서 완연히 다른 욕구(냉면과 햄버거)를 가질 것이며, 우리나라 사람들 중에서도 한식을 선호하는 사람과 중국음식을 선호하는 사람은 욕구의 대상이 일반적으로 다르다고 보아야 한다.

이와 같이 필요와 욕구를 만족시키는 제품서비스에 대한 탐색을 하는 것이다. 구체적으로 살펴보면 다음과 같다.

① 가격에 대한 욕구

소비자들은 비슷한 제품이나 서비스일 때는 가격이 낮은 제품과 서비스를 선택한다. 그러므로 가격을 낮추는 방법이란 아이디어 선정의 중요한 지침이 된다.

② 기능에 대한 욕구

소비자들은 필요한 기능을 많이 가진 상품을 선호한다. 핸드폰에 카메라 기능이 추가되거나 개선된 제품은 가치 있는 새로운 아이디어이다.

③ 품질에 대한 욕구

'같은 값이면 다홍치마'라는 말대로, 소비자들은 동일한 가격이라면 좋은 품질의 상품을 구매하고 싶어 한다. 그러므로 품질개선은 아이디어 개발을 위한 훌륭한 출발점이다.

④ 동질화 욕구와 차별화 욕구

소비자는 누구나 어느 정도의 동조 욕구와 구별(개성) 욕구를 동시에 가지고 있다. 즉 소속의 욕구를 충족시키기 위한 동조의 욕구와 자기존중의 욕구를 충족시키기 위한 개성의 욕구를 갖는다. 이 두 가지가 한 소비자 안에서 공존하기 때문에, 남들과 유사한 스타일을 선택하면서도 남들과 똑같은 선택을 싫어한다. 그러므로 소비자의 특성에 따라 동조와 개성 중 어느 한 가지를 보다 중요시하게 된다. 남들과 다른 제품으로 자신을 표현하는 개성 욕구가 강한 소비자 집단과, 동조를 보다 중요시하여 남들과 유사한 제품서비스로 심리적 안정을 찾으려는 소비자집단이 공존하기 때문에 제품과 서비스는 다양하고 복잡해진다.

⑤ 감성에 대한 욕구

제품 간 품질의 차이가 거의 없어진 추세에 따라 소비자들은 디자인, 색상, 포장 등의 감각적인 면에서 뛰어난 상품을 선호하고 있다. 그러므로 시각적으로 멋스러워 보이는 디자인이나 색상의 차별화는 좋은 창업 아이디어가 될 수 있다.

⑥ 서비스에 대한 욕구

소비자는 구매 전·후에 추가적인 서비스를 받고자 하는 욕구가 있다. 더 좋은 서비스 제공에서 새로운 사업 아이디어가 나올 수 있다.

(2) 시장의 필요성

제품과 서비스는 있는데, 이를 필요로 하는 시장을 탐색하는 것이 중요하다. 그 방법에는 다음과 같은 것이 있다.

① 기존제품의 주변 관찰

이미 존재하고 있는 제품을 모방하거나 약간 변형하여 소비자 욕구를 더욱 만족시킬 수 있는 시장을 찾는 방법이다.

② 해외동향 조사

외국에 나가보면, 국내에 수입하면 잘 팔릴 것으로 보이는 상품이 눈에 띄는 경우가 있다. 해외여행을 통해 접하는 새로운 경험은 새로운 사업의 기회를 개발하는데 많은 도움이 될 수 있다.

③ 신기술 연구

새로운 기술이 기술자의 전용물일 수만은 없다. 해당분야의 전문 기술자가 아니라 하더라도, 새로운 기술의 결과로 발생하는 변화를 예측하고 그에 따라 발생하는 새로운 욕구를 포착하며 이를 만족시키는 방법을 개발할 수 있다.

④ 지리적 시장 탐색

지역에 따른 소비자 욕구의 차이점을 발견하고 이에 적절히 대응하는 방법과, 지리적으로 자사제품이 새로이 진출할 곳을 탐색하는 방법이다.

(3) 예비 아이디어에 대한 정보의 수집

제품과 서비스의 필요성과 시장을 바탕으로 하여, 이에 따른 정보를 탐색할 필요가 있다. 남들이 이미 성공했다거나 추측만으로 창업을 하게 되면 실패하기가 쉽다.

① 내적 탐색

창업가는 과거의 경험이나 광고, 구전 또는 지식 등으로 습득된 자신의 기억 속에서 저장되어 있는 정보를 자연스럽게 회상한다. 즉 자기가 소유하고 있는 정보 내에서 문제해결의 가능성이 있을 때의 탐색이다.

② 외적 탐색

자신이 가지고 있는 내적 정보가 문제해결에 충분치 못하다고 판단될 때는, 외부에서 추가적인 정보를 탐색하게 된다.

- 전문가 문의

컨설팅 회사나 성공한 사업가들은 현재의 사업뿐만 아니라 앞으로의 성공 가능성이 많은 사업을 알고 있는 경우가 있다. 그들을 통해 정보를 습득할 수 있다.

- 신문, 방송, 잡지

신문, 잡지 및 방송은 창업 아이디어를 제공하는 정보 제공처 가운데 대표적인 곳이다. 이곳에는 창업에 관한 모든 초기의 정보가 모여 있다. 관심 있는 뉴스나 기사를 찾게 되면, 기사에 소개된 장소나 사람 그리고 관련기관을 통해 더 자세한 정보를 얻을 수 있기 때문이다. 신문이나 주간 경제잡지에서는 창업 관련 정보를 매주 특정요일에 연재하는 형식으로 정보를 제공하고 있으며, TV나 라디오에서는 특정 창업 관련 코너를 만들어 전문가들의 정보 제공과 창업에 관련된 상담을 해주고 있다. 또 인터넷을 통해 유용한 창업정보를 탐색할 수도 있다.

(4) 예비 아이디어에 대한 구체적 정보수집

사업의 성장성과 창업가의 적성 부합여부 등에 대한 가족, 지인, 전문가의 의견을 신중히 청취하는 자세를 가져야 한다. 고려 대상사업 2~3종에 대한 예비적 선별을 하고 순위를 결정한다. 예비선별 제품에 대한 간이적인 예비사업성 분석을 실시한다.

(5) 사업타당성 분석

사업타당성을 분석할 때 고려해야 할 점은 사업 아이템의 적합도, 기술적 요구, 시장성 및 판매 전망, 수익성 및 성장성 등이다. 이에 대해서는 다음 장에서 자세히 살펴본다.

(6) 창업 아이디어 선정

사업타당성 분석 후 자기 기업에 가장 적절한 업종과 사업 아이템을 최종적으로 선정하게 된다. 선정된 아이템 업종과 유사한 우량기업에서 직·간접적으로 견습할 수 있는 기회를 다각도로 모색하여 벤치마킹을 해야 한다. 그리고 선발 예정인 창업 핵심 멤버와의 사전적인 관계증진을 통해 경영 노하우를 조기에 습득하도록 한다.

Hospitality SERVICE Start-up

CHAPTER 04

창업의 이해

1 창업의 개념

일반적으로 창업이란, 제품이나 서비스를 생산하거나 판매하기 위해 새로운 조직을 설립하는 것을 의미하는데, 「중소기업창업지원법」상에서 법률적으로 창업의 정의를 살펴보면, “창업이란 중소기업을 새로 설립하는 것”을 의미한다.

일반적으로 창업의 유형에는 소자본 창업, 재택 창업, 벤처 창업, 프랜차이즈 창업 등이 있다. 창업을 하기 위해서는 인적요소, 제품요소, 물적요소 등이 필수적으로 필요한 부분이라고 할 수 있는데, 인적요소란 창업가를 의미하는 것이며, 제품요소란 사업의 구체적인 아이디어를 의미하는 것으로서 창업을 통해서 무엇을 판매할 것인지와 관련된 사업 내용이다.

호스피탈리티 서비스창업 부분과 관련되어서는 일반적으로 초기 투자비용이 많이 드는 산업군들이 많이 있기 때문에, 일반적으로 외식사업과 여행업 등이 우리나라 「관광진흥법」상의 관광사업의 유형 중 가장 많은 창업의 빈도를 나타내는 사업의 유형이라고 할 수 있다.

물론, 관광숙박업의 경우도 특급호텔이 아닌 영세한 숙박업의 경우에는 창업가의 숫자가 일정부분 형성되어있다고 할 수 있지만, 많은 초기 투자비용과 시스템이 투입되는 호텔업의 경우에는 개인이 창업하는 경우는 거의 없다고 할 수 있다.

이러한 환경 하에서 주목해야 할 점은 정보화를 기반으로 한 소비자들 욕구의 다양화로 인해 새로운 서비스들이 시장에 나타나고 있다. 관광숙박업과 관련한 이러한 예를 살펴보면, 에어비앤비 등의 활성화 등으로 인해 이전에 비해 개인이 소유한 민박을 이용한 관광숙박업과 관련된 창업이 증가하고 있다는 것이다.

또한, 창업의 요소 중 제품요소는 완전히 인적요소에 의해 결정된다는 것을 알 수 있는데, 이는 어떠한 서비스 산업을 창업하느냐를 결정하는 것은 인적요소인 창업가 의지에 따라서 완전하게 결정되는 부분이라고 할 수 있다. 또한 창업에 있어서 가장 중요한 부분 중 하나는 기업의 형태를 어떠한 형태로 할 것인지의 문제인데, 이는 창업에 있어서 가장 중요한 부분이며 꼭 확실한 의사 결정이 필요한 부분이다.

이러한 의사결정을 하기 위해서 고려해야 할 사항으로는 산업의 특성, 창업가의 역량, 대외적인 경영환경 등 고려해야 할 사항이 매우 복잡한데, 최근에는 정보화와 글로벌화로 인해 대외적인 경영환경이 급변하고 있기 때문에, 이러한 의사결정이 기업의 성공과 실패를 좌우할 수 있는 매우 중요한 부분이 되었다.

따라서 창업가는 여러 가지 요인들을 비교 분석한 후 개인기업과 법인기업의 장점과 단점을 비교하고, 자사가 어느 형태의 기업 형태가 적합한지를 비교해야 한다. 그러나 다음과 같은 경우에는 창업에 해당되지 않는다.

① **포괄승계**

다른 사람으로부터 사업을 승계하여 승계 전 사업과 동종사업을 하는 경우이다.

② **형태변경**

개인사업자인 중소기업자가 법인으로 전환하거나 법인의 조직변경 등 기업 형태를 변경하여 변경 전 사업과 동종의 사업을 계속하는 경우이다.

③ **폐업 후 동종사업 계속**

폐업 후 사업을 개시하여 폐업 전 사업과 동종사업을 계속하는 경우이다.

CASE 퓨전치킨으로 트렌드를 이끄는 소자본 창업, 두드림치킨

창업시장의 폭풍우 속에서 살고 있다. 창업의 열기는 사그라질 기미가 보이지 않고 점점 더 많은 프랜차이즈 브랜드가 등장하고 있으며, 예비 창업가들의 선택 또한 어려워진 것이 현실이다. 특히나 치킨 프랜차이즈 창업은 다른 창업 아이템들보다 독보적으로 많은 브랜드가 존재한다. 치킨의 특성상 많은 사람들의 기호와 입맛 선택의 폭이 넓고 예비 창업가들의 입장에서도 손쉽게 접근할 수 있기 때문이다.

창업 전문가들은 구색을 갖춘 것에 현혹되지 말고 현재 운영되고 있는 가맹점 수와 그의 수익성을 보고 창업 브랜드를 선택해야 한다고 말한다. 또한 창업 브랜드가 그들만의 독자적인 기술, 노하우 또는 차별화를 갖추고 있는지 확인해 볼 필요가 있다고 말한다.

이러한 가운데 최근 호주 골드코스트점까지 매장을 개점하며 글로벌 시장까지 발을 넓히고 있는 '두드림치킨'은 건강한 치킨이라는 이미지와 더불어 이색적인 퓨전치킨으로 소비자와 예비 소자본창업가들의 관심을 얻고 있다.

소자본창업의 치킨 브랜드 '두드림치킨'은 100% 국내산 신선계육만을 사용하며, 소비자의 먹을거리에 대한 불안감을 해소시키며 "건강한 치킨은 두드림치킨이다"라는 인식을 고지시켰다.

'두드림치킨'의 계육은 HACCP인증을 받은 도계장에서 작업된 것으로, 소비자들은 안심하고 '두드림치킨'을 즐길 수 있다. 또한 염지를 하지 않은 무염계육으로서 타 치킨 브랜드보다 나트륨 함량을 월등히 낮추어 소비자의 건강을 고려한 치킨을 선보였다.

또한 '두드림치킨'은 고객들의 다양한 니즈를 충족시키기 위해 이색적인 치킨메뉴를 선보이고 있는데, 이는 타 브랜드와 견주어보았을 때 퓨전치킨으로 차별화를 두었으며, 특히나 담백한 훈제치킨과 토마토오븐스파게티의 조화를 이룬 '토마토치즈 & 오븐훈제치킨'은 맛집 블로거들 사이에서 톡톡한 인기를 누리고 있다.

자료 | 헤럴드경제, 2015년 12월 28일

기업 18만 개 늘었지만, 5곳 중 4곳은 자영업

지난해 활동기업 수가 18만개 이상 늘었으나, 이 중 80% 이상은 영세 자영업자인 것으로 나타났다. 고성장기업(3년간 성장률이 20% 이상인 기업) 수는 오히려 감소했고, 가젤기업(고성장기업 중 생긴 지 5년이 안된 기업) 수도 제자리걸음을 했다.

23일 통계청이 발표한 '2014년 기준 기업생멸 행정통계 결과'에 따르면, 지난해 활동기업 수는 555만9,000개로 전년 대비 18만1,000개(3.4%)가 늘어났다. 신생기업(2014년)은 84만3,000개로 전년 대비 9만4,000개(12.6%)가 늘었고, 소멸기업(2013년)은 66만4,000개로 전년 대비 7만7,000개(10.4%)가 줄었다. 특히 자영업자의 증가세가 뚜렷했다.

통계청이 이날 함께 발표한 '자영업(개인사업자) 현황 및 생존분석 결과'에 따르면, 지난해 개인사업자로 등록된 기업은 504만6,000개로 전년 대비 15만개(3.1%)나 증가했다. 지난해 늘어난 기업 중 82%는 개인사업자였던 셈이다.

업종별로 보면, 자영업자 비중이 높은 부동산·임대업(5만8,000개), 숙박·음식점업(2만9,000개), 도·소매업(2만2,000개) 등에서 기업수가 크게 늘었다. 하지만 이들 업종은 생존 주기도 짧았다. 전체 신생기업 중 도·소매업(25.8%), 숙박·음식점업(20.0%), 부동산·임대업(19.5%) 등 3개 업종은 전체의 65.3%를 차지했다. 소멸기업 중 도·소매업(29.0%), 숙박·음식점업(21.0%), 부동산·임대업(16.4%) 등 3개 업종 비중도 66.4%를 차지했다. 특히 도·소매업과 숙박·음식점업은 생존율이 가장 낮은 편이었다.

도·소매업과 숙박·음식점업은 1년 생존율이 55.6%로 전체 평균(60%)보다 낮았다. 5년 생존율의 경우 숙박·음식점업은 17.7%, 도·소매업은 25.0%까지 떨어졌다. 지난해 활동기업 중 81.7%는 1인 기업이 차지했다. 자영업자가 급증하면서 1인 기업은 1년 사이 11만9,000개나 늘었다. 또 2~4인 기업과 5~9인 기업 수는 각각 6만2,000개, 4만2,000개씩 늘었지만, 10인 이상 기업은 6,000개가량 증가하는 데에 그쳤다.

매출액 규모로 보면, 5억 원 미만의 업체들이 급증했다. '5,000만 원 미만'이 6만1,000개, '5,000만~1억 원 미만'이 3만5,000개, '1억 원~5억 원 미만'이 6만1,000개씩 늘었다. 자영업자 수가 크게 늘었지만, 매출액과 상용근로자 증가율이 20% 이상인 '고성장기업'수는 급감했다. 지난해 고성장기업은 4,284개로 전년 대비 6.2%(284개)나 감소했다. 고성장기업 비율도 2.3%에서 2.1%로 떨어졌다. 고성장기업 중 신생기업인 '가젤기업'수는 1,070개로 전년보다 0.2%(2개) 증가하는데 그쳤다.

자료 | ahk@newsis.com

개인기업과 법인기업의 장 · 단점 요약은 다음 표와 같다.(송경수 외, p.329 참조)

표 4.1 개인기업과 법인기업의 장 · 단점 비교

구 분	개인기업	법인기업
장 점	• 기업의 이윤 모두를 기업주가 독점할 수 있음 • 설립등기가 필요 없고 사업자등록만으로 사업의 개시가 가능하므로 기업의 설립이 용이함 • 창업 비용과 창업 자금이 비교적 적게 소요되어 소자본을 가진 창업가도 창업 가능 • 일정규모 이상으로는 성장하지 않는 중소규모의 사업에 안정적이고 적합함 • 기업 활동에 있어 자유롭고, 신속한 계획 수립, 계획 변경 등이 용이함 • 개인기업은 인적 조직체로서 제조방법, 자금운용상의 비밀유지가 가능함	• 일정규모 이상으로 성장 가능한 유망사업의 경우에 적합함 • 주식회사는 신주발행 및 회사채 발행 등을 통한 다수인으로부터 자본조달이 용이함 • 대표인은 회사운영에 대해 일정한 책임을 지며 주주는 주금납입을 한도로 채무자에 대해 유한책임을 짐 • 사업양도 시에는 주식을 양도하면 되므로 주식양도에 대하여 원칙적으로 낮은 세율의 양도소득세가 부과됨 • 주식상장 후에도 세금이 없음 • 대외 공신력과 신용도가 높기 때문에 영업수행과 관공서, 금융기관 등과의 거래에 있어서도 유리함
단 점	• 대표인은 채무자에 대해 무한책임을 지며 대표인이 바뀌는 경우에는 폐업을 하고, 신규로 사업자등록을 해야 하므로 기업의 계속성이 단절됨 • 사업 양도 시에는 양도된 영업권 또는 부동산에 대하여 높은 양도소득세가 부과됨	• 설립절차가 복잡하고 최소한 5천만 원 이상의 자본금이 있어야 설립이 가능함 • 대표인이 기업자금을 개인용도로 사용하면 회사는 대표인으로부터 이자를 받아야 하는 등 세제상의 불이익이 있음

창업의 종류는 다양하지만, 일반적으로 중소기업과 대기업으로 구분할 수 있으며, 업종의 종류에 따라 제조업과 서비스업으로 크게 분류할 수 있다.

창업의 업종은 크게 제조업과 서비스업으로 분류할 수 있고, 제조업은 유형의 제품을 제조하는 기업을 의미하며 제조업의 특성을 가졌다고 할 수 있다. 그리고 서비스업은 서비스의 기본적인 특성인 유형성, 이질성, 생산과 소비의 동시성 등의 특성을 가지고 있는 서비스를 제공하는 창업을 의미한다.

2 창업의 유형

창업의 유형은 다양하지만 일반적으로 창업의 목적, 창업의 특징, 창업의 법적 구조, 창업의 형태에 따라서 다양하게 분류될 수 있으며, 그 유형별 분류와 설명은 아래와 같다.(김상수 외, 2014, p.24 참조)

1) 창업의 목적에 따른 분류

창업의 목적에 따라서 기회형 창업과 생계형 창업으로 분류할 수 있는데, 기회형 창업은 창업가가 새로운 사업기회를 통해 자발적으로 하는 창업을 의미하며, 생계형 창업은 창업가의 생계유지를 위해 창업하는 경우를 의미한다. 특히 생계형 창업은 최소비용을 투자해서 안정적인 수익을 창출하는 것이 가장 큰 목적이 될 수 있다.

호스피탈리티 서비스창업 관점에서 예를 들면, 특히 여행업의 경우는 대규모 여행사와 소규모 여행사의 규모 차이가 심한 편이라고 할 수 있는데, '하나투어', '모두투어'와 같은 대규모 여행사업자도 있지만 직원이 1~2명의 영세한 여행사업자도 많은 비중을 차지하고 있다. 이러한 영세한 여행사의 경우 많은 비중을 차지하는 것이 생계형 창업의 예라고 할 수 있다.

이렇게 많은 숫자의 생계형 여행사가 존재하는 이유는, 여행업 창업의 경우는 다른 호스피탈리티 서비스 산업과 비교하여 비교적 초기투자 비용이 적게 들기 때문에 시장진입 장벽Market Entry Barriers이 낮은 편이며, 만약 사업이 여의치 않을 경우 발생할 수 있는 매몰비용Sunk Cost이 낮기 때문에 이러한 현상이 나타난다.

표 4.2 창업 목적에 따른 분류

구 분	기회형 창업	생계형 창업
목 적	자신의 아이디어를 실현	생계유지
창업기반 및 특징	기술 · 지식집약적	노동집약적
동 기	자발적	비자발적
형 태	벤처창업, 소호, 1인창조기업	소상공인, 프랜차이즈

2) 창업 특징에 따른 분류

창업은 창업의 본질적인 특징에 따라서 도전창업, 기반창업, 전문창업, 안전창업 등으로 분류할 수 있으며, 각 창업의 특징별 설명은 아래의 표와 같다.

표 4.3 창업 특징에 따른 분류

유 형	도전창업	기반창업	전문창업	안전창업
연 령	20대	30대	40대	50대
기 반	도전정신	적성과 취미, 직장경험	전문지식과 경력	안전성, 생계수단
업종사례	APP개발업, Web서비스, IT관련 업종	제조, 정보제공, Web기반 기술개발 업종	제조, 컨설팅, 기술개발, 음식점 등	외식업, 제과점 등
형 태	소호 1인 창조기업	벤처 1인 창조기업	벤처 소상공인 프랜차이즈	소상공인 프랜차이즈

3) 법적 구조에 따른 분류

창업은 창업기업의 법적 구조에 따라서 개인사업자와 법인사업자로 분류할 수 있다. '개인사업자'는 창업과 관련된 소요자본을 한 개인이 전부 혹은 대부분 출자하고 그 개인이 모든 책임을 지는 형태이며, '법인사업자'는 기업의 대표가 기업운영에 관해 일정한 책임을 지는 형태이다.

표 4.4 법적 구조에 따른 분류

구 분	개인사업자	법인사업자
자본조달	• 소요자본 대부분을 개인이 출자 • 자본조달의 한계	• 다수 출자자를 통해 대규모 자본 확보 가능
이윤분배	• 이윤의 전부가 개인에 귀속	• 출자자의 지분에 따라 분배
경 영	• 경영활동에 대한 무한책임 • 개인역량 의존에 따른 경영의 한계	• 기업의 형태에 따라 무하나 혹은 유한책임 • 소유와 경영의 분리 • 전문경영인 등에 의한 경영한계 극복
세 제	• 종합소득세 과세	• 법인세 과세
장단점	• 외부감사 대상에 적용되지 않음 • 법인전환 시 신규법인 설립보다 어려움	• 출자금 회수가 쉬움 • 대외신용도가 높음 • 자산총액이 100억 원 이상이면 외부감사 대상

4) 창업 형태에 따른 분류

창업은 창업의 형태에 따라 벤처창업, 소호SOHO, 1인 창조기업, 소상공인, 프랜차이즈로 분류할 수 있다.

일반적으로 벤처창업은 첨단기술이나 새로운 아이디어를 사업화하는 창조적이고 기술집약적인 창업이며, 소호는 일반적으로 집에서 참신한 아이디어를 기반으로 시작하는 창의성을 중요시하는 창업이라고 할 수 있다. 1인 창조기업은 자신의 경험, 기술 등을 통해 보다 창조적이고 새로운 서비스를 제공하는 기술집약적 기회형 창업으로, 상대적으로 다른 형태의 창업에 비해서 위험도가 낮은 형태라고 할 수 있는데, 창업에 있어서 가장 우선적으로 고려해야 할 요인이 바로 Risk Taking과 관련된 부분이기 때문에 이는 매우 중요하다. 소상공인은 외식업, 소매업, 유통업과 같은 규모가 작은 점포 형태의 창업이며, 호스피탈리티 서비스창업과 관련해서는 영세한 여행업, 외식업 등을 예로 들 수 있다. 프랜차이즈는 브랜드Brand를 가지고 있는 본사Franchisor와 가맹점Franchisee이 계약을 체결하고 다양한 형태의 서비스를 제공받아서 운영하는 창업 형태이다.

표 4.5 창업의 형태에 따른 분류

형 태	벤처창업	소호(SOHO)	1인 창조기업	소상공인	프랜차이즈
목 적	기회형 창업	기회형 창업	기회형 창업	생계형 창업	생계형 창업
형 태	개인 법인	개인 법인	개인 법인	개인	개인
규 모	1인 이상	2인 이상	1인	1인 이상	1인 이상
특 징	기술, 지식집약적	기술, 지식집약적	기술, 지식집약적	노동집약적	노동집약적

3 경영의 목표

창업을 통해서 개인이나 법인이 얻을 수 있는 목표를 수립하는 것이 매우 중요한 부분이라고 할 수 있으며 경제적, 개인적, 사회적 목표를 설정하고 창업에 임하는 것이 매우 중요하다.

4 창업의 핵심요소

성공적인 창업을 위한 핵심요소로는 다음과 같은 내용이 있다.(김상수 외, p.18 참조)

(1) 창업가의 능력

성공적인 창업을 위해서는 새로운 사업기회를 찾아내고 창업을 추진하는 창업가의 능력이 가장 중요한 부분이다.

(2) 창업 아이템

성공적인 창업을 위해서는 수익성이 높은 우수한 아이템의 선정이 매우 중요하다.

(3) 창업전략과 계획

창업하고자 하는 창업 아이템을 구체화하고 사업화하는데 필요한, 구체적이고 합리적인 창업전략과 사업계획이 필요하다.

(4) 창업자금

창업을 시작하고 운영하기 위한 재무적인 자본이, 창업의 성공을 위한 핵심 요소이다.

5 창업 아이템 확인

창업 아이템 확인이란, 창업하고자 하는 아이템을 찾았는지, 창업하려고 하는 아이템은 시장성 · 기술성 · 수익성 · 독창성 · 사회적 기여도 측면에서 장점이 있고 타당성이 있는지를 확인하는 과정이다.

(1) 시장성 평가

창업 아이템의 시장이 존재하는지, 시장이 성장하고 있는지 등의 여부를 평가하는 과정이다.

(2) 기술성 평가

창업하고자 하는 창업 아이템을 기술적으로 개발하고 생산할 수 있는지 여부를 평가할 수 있는지의 과정이다.

(3) 수익성 평가

창업 아이템을 활용하여 수익을 창출할 수 있는지 여부를 평가하는 과정이며, 기업의 운영에 있어서 가장 중요한 부분이다. 아무리 다른 평가에서 좋은 아이템을 확보하여 시장에 진출해도 수익성을 창출하지 못하게 되면 기업의 존재가 불투명해지기 때문에, 창업 아이템 확인과정 중에서 가장 먼저 고려해야 할 평가가 수익성이라 할 수 있다.

(4) 독창성 평가

창업 아이템이 기존의 제품 및 서비스에 비해 얼마나 새롭고 독특성을 보유하고 있는지 여부를 평가하는 과정이다.

(5) 사회적 기여도 평가

창업 아이템이 미풍양속에 위배되지 않고 사회 · 문화적 발전에 기여하고 있는지 평가하는 과정이다.

6 창업을 위한 사업계획서의 작성절차

미래의 창업가는 창업을 하기 전에 창업하고자 하는 사업이 무엇인지와, 창업하고자 하는 시장은 어떤 시장인지를 파악하고 어떻게 창업을 추진할 것인지를 계획하여 작성한 후 창업동료들과 계획을 공유하여 시행착오를 최소화하는 것이 중요한 부분이다. 또한 정부와 기관, 투자자로부터 지원을 받기 위해서는 사업계획서의 작성은 창업가에게 꼭 필요한 부분이다. 사업계획서는 요약 사업계획서, 내부용 사업계획서, 외부용 사업계획서 등으로 분류할 수 있는데, 그 내용은 아래의 표와 같다.

표 4.6 사업계획서의 종류

구 분	요약용 사업계획서	내부용 사업계획서	외부용 사업계획서
용 도	• 사업의 콘셉트를 결정 • 제3자로부터 투자유치	• 내부사업 운영 • 내부업무 추진	• 외부발표 및 정부 지원사업, 투자유치 등 공식적 발표를 위한 계획서
특 징	• 사업의 개요, 필요한 자금, 마케팅 계획 및 재무계획을 한눈에 파악할 수 있도록 핵심 내용을 쉽고 재미있게 작성한 요약서	• 내부적 운영을 위한 계획서 • 내용은 구체적으로 작성 • 시각적이고 표면적인 측면은 생략 가능	• 내용과 어휘가 형식과 규칙을 갖추어야 함 • 차트, 도표, 그림, 사진과 같은 그래픽 요소를 활용

창업을 위해서는 사업계획서의 작성이 필수적인 요소라고 할 수 있는데, 사업계획서의 작성절차 시 중요한 부분은 다음과 같다.(김상수 외, 2014, p.80 참조) 일반적으로 사업계획서는 다음과 같은 절차를 통해서 작성된다.

(1) 작성목적 및 작성방향 설정

사업계획서의 작성 목적을 결정해서 방향을 결정하고 그에 따라 사업계획서의 종류를 선택한다.

(2) 소정양식 및 요건의 확인

제출기관에 요구하는 양식이 존재하는지 확인 후 정해진 양식이 없다면 적당한 양식을 선택한다.

(3) 작성계획 수립 및 자료준비

사업계획서 작성에 필요한 객관적 자료를 수집하고 사업계획서와 함께 제출할 첨부자료 및 서류를 확보한다.

(4) 사업계획서 작성

사업계획서의 세부내용 및 사업전략을 작성하고, 작성한 내용을 바탕으로 사업요약계획서를 작성한다. 사업계획서의 작성기준은 다음과 같다.

- 결론에 대한 자신감 및 명료성
- 주요 내용의 강조 및 핵심성
- 장래성
- 사업주체의 경영능력 강조
- 제품 및 기술의 이해 가능성
- 객관성 기준
- 위험 대처능력 및 탄력성
- 정확성과 자금조달 가능성

(5) 편집 및 재검토

사업계획서 작성 뒤 반드시 재검토하고 수정한다. 사업계획서의 작성 절차는 위에서 설명한대로 진행되며, 사업계획서 작성 시 유의해야 할 점은 다음과 같다.

- 핵심 내용을 중심으로 작성하라. 사업계획서에 너무 많은 내용을 담거나 너무 자세하게 작성하면, 보고서를 읽은 사람은 이해가 어려울 수도 있다.
- 논리성과 객관성을 확보하라. 사업계획서는 자신의 사업계획을 남에게 설득하는 보고서이기 때문에, 논리성과 객관성을 갖추어야 한다.
- 잠재시장과 수익성을 제시하라. 시장분석을 통해 잠재적인 시장의 존재와 성장 가능성을 부각시켜야 한다.
- 사업모델을 명확하게 제시하라. 어떻게 수익을 창출할 것인지에 대한 방

법을 명확하게 제시해야 한다.

- 현실적인 자금조달 및 운용을 계획하라. 사업운영에 있어서 필요한 소요 자금을 정확하게 산정하고 구체적인 자금조달 방안을 계획하고 수립해야 한다.
- 예상되는 문제점과 극복방안을 기술하라. 예상되는 문제점과 극복방안을 제시해야 한다.
- 독창성을 가져라. 사업계획서의 가장 중요한 목적 중 하나는 투자유치이기 때문에 평범한 사업계획서는 설득력이 떨어진다.
- 전문적인 용어의 사용을 자제하라. 전문적인 내용은 최대한 쉽고 이해하기 쉽게 구체적으로 작성해야 한다.
- 과장하거나 숫자를 부풀려서는 안 된다. 사업계획서의 신뢰를 위해서는 재무적인 부분의 과장은 있어서는 안 된다.
- 지속적으로 수정하고 보완하라. 사업계획서는 한 번에 끝나는 것이 아니기 때문에, 지속적으로 수정하고 보완해야 한다.

위와 같은 형식에 맞춘 사업계획서의 예는 다음과 같다.

- 표지 : 표지에는 회사명 및 주소, 창업가들의 이름과 주소, 사업의 본질, 필요자금 조달방법 등이 포함된다.
- 요약 : 3페이지 정도의 사업계획서 요약한다.
- 산업분석 : 미래의 추세, 경쟁자분석, 시장세분화 등의 내용이 포함된다.
- 사업설명서 : 제품, 서비스, 사업규모, 사무실 장비와 인적자원, 창업가의 인적사항 등이 포함된다.
- 생산계획 및 서비스계획 : 기계화 설비 관련, 서비스프로세스 관련 포함된다.
- 마케팅계획 : 가격정책, 유통정책, 촉진, 통제 등의 내용이 포함된다.
- 조직계획 : 소유형태, 주요주주의 인적사항, 경영인의 권한, 조직구성원의

역할과 책임 등이 포함된다.

- 위험의 평가 : 사업의 약점 평가, 신기술의 등장 가능성, 대처방안의 제시 등이 포함된다.
- 재무계획 : 이전의 수입상태, 현금흐름, 과거의 재무제표, 손익계산서 분석, 자금의 원천 등이 포함된다.

CHAPTER 05

창업실무

1 서비스업의 창업절차

서비스업의 창업은 제조업과 마찬가지로 창업가가 사업자등록이나 법인신고만으로 영업이 가능한 업종과, 서비스업을 영위하기 위해서는 필요한 시설 및 자격을 갖추고 정부기관에 인·허가를 받아야 하는 허가업종으로 구분할 수 있다. 따라서 창업가는 자신이 창업하려고 하는 업종이 관련법에 의해 허가, 등록 및 신고가 필요한 업종인지의 여부를 먼저 파악하는 것이 매우 중요한 부분이다.

각 산업별로 창업의 절차가 매뉴얼로 정해진 것은 아니지만, 일반적인 창업의 절차는 다음과 같다.

1) 제조업의 창업절차

(1) 창업 예비단계

창업아이템 선정 → 창업 핵심요소 결정 → 사업타당성 분석 → 사업계획서 작성

(2) 회사 설립단계

인·허가, 법인 설립신고 → 자금조달(공장, 설비) → 공장 설립 → 거래처 발굴 → 설비 도입

(3) 회사 운영단계

인사조직 구성 → 공장등록 → 생산관리 → 마케팅·영업 → 경영관리

2) 도 · 소매업의 창업절차

(1) 창업 예비단계

창업아이템 선정 → 창업핵심요소 결정 → 사업타당성 분석 → 사업계획서 작성

(2) 회사 설립단계

상권 및 입지분석 → 자금조달(점포) → 점포계약 체결 → 인 · 허가, 법인 설립신고 → 매입처 발굴

(3) 회사 운영단계

점포장식 → 상품진열→ 인사조직 구성, 마케팅 · 영업, 경영관리

3) 서비스업의 창업절차

(1) 창업 예비단계

창업아이템 선정 → 창업핵심요소 결정 → 사업타당성 분석 → 사업계획서 작성

(2) 회사 설립단계

사무실 및 입지분석 → 자금조달 → 사무실 계약체결 → 인 · 허가, 법인 설립신고

(3) 회사 운영단계

인사조직 구성, 마케팅 · 영업, 경영관리

2 프랜차이즈업의 창업절차

요즘 뜨는 프랜차이즈 아이템은?

더위는 한풀 꺾였지만, 창업 열기는 여전히 뜨겁다. 창업박람회에는 매 회 많은 예비 창업가들이 참가하며, 프랜차이즈 창업 정보에 귀를 기울이고 있다. 하지만 1년 사이 자영업자가 10만 명이 폐업할 정도로 창업은 생각만큼 결코 쉽지가 않다. 때문에 창업은 신중해야 한다. 특히 아이템 선정부터 까다롭게 살펴봐야 한다. 남들이 다하는 유행 창업 아이템은 인기가 많아 큰 돈을 벌 수 있을 것 같아 보이지만, 그 수명이 매우 짧고 부실 프랜차이즈들의 난입으로 유사 브랜드로 인한 피해가 우려된다. 또한 커피전문점, 치킨전문점, 스몰비어 등 인기 창업 아이템들은 조금만 둘러보아도 쉽게 매장을 찾아볼 수 있을 만큼 그 수가 많고 경쟁이 치열하다. 여기에 창업자금 또한 고려해야 된다. 초기 자본금이 많이 필요한 창업 아이템은 실패했을 때 그 위험성이 너무 크기 때문이다.

결국 예비 창업가는 유행을 타지 않고, 비교적 경쟁이 덜 치열하며, 초기 자본금이 적게 드는 소자본 창업 아이템을 선택하는 것이 좋다. 이 조건에 맞는 업종으로 대표적인 것이 건강식품 프랜차이즈이다. 유행성 질병 발병률이 증가하고, 노화방지에 대한 관심이 그 어느 때보다도 높아지면서 건강식품에 대한 수요가 급격히 늘어났다. 피곤에 지친 직장인들, 건강한 남편, 우리 아이를 위한 엄마 등이 주 고객이라 꾸준한 매출을 자랑한다. 영원한 '블루오션'인 것이다.

그 중 '2015 고객이 신뢰하는 브랜드 대상' 프랜차이즈 부문 대상을 수상한 '참다한 홍삼'의 경우, 차별화된 기술력과 품질 제일주의를 무기로 가맹사업 시작 1년여 만에 100개 이상의 가맹점을 냈을 만큼 빠른 속도로 사업을 확장하고 있다.

'참다한 홍삼'은 매장관리가 매우 편한 1인 창업 아이템으로 널리 알려져 있다. 객단가가 높기 때문에 하루에 제품 3~4개만 팔아도 매장운영 유지가 된다는 점이 강점이다. 또한 비용지출의 큰 부분을 차지하는 인건비 부분에서도 따로 아르바이트 없이 운영할 수 있어 최고의 소자본 창업아이템으로 각광받고 있다. 또한 본사의 정가정책도 큰 장점이다. 즉 여타업체에서 홈쇼핑이나 소셜커머스 등을 통한 이른바 '떨이정책'을 펼치며 가맹점에 타격을 입하는 것과 달리, 본사 통제의 정가정책을 통해 프리미엄 상품으로의 입지를 굳히는 것은 물론, 피땀 흘려 일궈낸 가맹점주들의 고충을 이해하고 같이 성장해나가고 있다.

이에 대해 참다한 홍삼 홍보팀 관계자는 "다양한 채널에서 할인율을 높여 제품을 판매하는 것이 브랜드 홍보 측면에서는 더 빠른 길일 수 있다. 하지만 조금 힘들고 어려울지라도 옳은 길을 가며 상생을 통한 성공을 이루고 싶다."는 신념을 밝혔다. 제품에서도 확실한 차별성을 두고 있어 고정 수요층이 많다. 시판되는 대부분의 제품은 홍삼을 물에 달여 내는 '물 추출방식'인 경우가 많다. 이런 제조법으로 만들어진 홍삼 액기스의 경우, 홍삼 전체 성분 중 물에 녹아나오는 47.8%의 수용성 성분만 섭취할 수 있다. 물에 녹지 않는 52.2%의 불용성 영양분은 홍삼박(홍삼찌꺼기) 속에 남겨진 채 버려지는 것이다. 이 때문에 소비자들 사이에선 홍삼을 제품에 통째로 갈아 넣는 제조방식으로 만들어진 제품에 대한 수요가 높다.

이러한 방식은 홍삼 속에 함유된 사포닌, 비사포닌 성분은 물론 수용성, 불용성 영양분을 모두 추출할 수 있기 때문이다. 현재 이 같은 제조방식은 '참다한 홍삼'이 대표적이다.

자료 | 이데일리, 2015년 12월 16일

프렌차이즈Franchise는 아라비아상인들에서 시작되었다고도 하며 중국, 중세 유럽에서 비롯되었다고 하지만, 사업화가 되기 시작한 곳은 미국이다. 때문에 프랜차이즈 역사의 시작은 미국이라고 해도 과언이 아니다.

프랜차이즈는 중세 프랑스어에서 유래된 언어이며 중세시대에 'Franchisee' 라고 불리는 사람들이 민권을 유지하고 세금을 부과하며 징수하는 권리를 허가받은 중요한 사람이었다고 한다. 'Franchise'들은 이것을 허용해 주는 사람이나 정부에게 군대 파견이나 다른 형태의 보호 대가로 자신들이 걷어 들인 세금수입 일정부분을 지불하였다고 한다. 이러한 개념이 훗날 민간에 사용되기 시작했다고 한다. 예를 들면, 19세기에 잉글랜드는 재정적인 이유로 여인숙 소유자들을 양조장의 Franchisee로 묶어서 관리하였는데, 여인숙 소유자들은 양조장으로부터 맥주를 독점적으로 사는 대신에, 양조장은 그들에게 여러 가지 지원하였다.

프랜차이즈를 상업적으로 최초로 시작했던 곳은 재봉회사이다. 1858년에 이삭 싱어가 재봉틀을 개발하여 시장에 판매를 시도하였으나 장애물이 있었는데, 하나는 고객들이 구입하기 전에 사용방법을 가르치는 것이었고, 두 번째는 그 기계를 대량생산하는데 필요한 자금을 확보하는 것이었다고 한다.

프랜차이즈시스템이란, 미국에서 탄생하여 세계화의 물결을 타고 전 세계적으로 확산 보급되는 과정에서 우리나라에도 1978년 외식업 위주로 도입되었다. 프랜차이즈는 법률적으로 두 당사자인 가맹본부와 가맹점사업자 간의 관계를 기초로 한 마케팅 및 유통시스템이다. 여기에서 가맹본부는 자신의 사업방법이나 공급, 상표, 특허를 자신의 관리아래 다른 사람들이 사용하도록 허용하는 법률적 존재를 말한다.

한편, 가맹점사업자는 가맹본부나 프랜차이즈 기업과의 합의에 의해 사업을 운영하는 개인 또는 개인들로 상표나 상호를 사용하고 상품이나 서비스를 거래하여 판매하며, 경영지원이나 훈련을 지원받고 마케팅 및 광고지원을 받으며 가맹본부의 브랜드 및 인지도의 혜택을 받는다. 간단히 말하면, 프랜차이즈는 가맹본부의 상표나 상호를 사용하여 상품과 서비스를 거래하거나 판매할 수 있도록 가맹점 사업자에게 허용하는 자격을 말한다.

프랜차이즈란 상호, 특허상품, 노하우를 소유한 자가 계약을 통해 다른 사람에게 상표의 사용권과 제품의 판매권, 기술 등을 제공하고 그 대가로 가맹비, 보증금, 로열티를 받는 시스템을 말한다.

프랜차이즈에는 가맹본부, 가맹점으로 나누어지며, 가맹본부는 '프랜차이저Franchisor', 가맹점은 '프랜차이지Franchisee'라고 부른다. 또한 체인과 관련된 부분을 살펴보면, 체인은 레귤러 체인, 프랜차이즈 체인, 볼런터리 체인 등으로 분류할 수 있는데, 각 체인별 비교하는 내용은 아래의 표와 같다.

표 5.1 프랜차이즈 각 체인별

항 목	레귤러 체인	프랜차이즈 체인	볼런터리 체인
주 체	기업본사	프랜차이즈 전문기업	개인점포
자 본	단일자본	가맹점	가맹점
경 영	비독립	독립	독립
점포경영	본부에서 위임한 점포 경영인	독립한 오너 또는 점포 경영인	독립한 오너 또는 점포 경영인
시 장	새로운 점포개설과 시장 확대	신규점포와 기존점포의 가맹으로 확대	기존점포의 가맹으로 점포 확대
계약범위	없음	경영 전반	경영 일부
가격통제	본부통제	본부 추천	자유
지 도	슈퍼바이저가 순회	슈퍼바이저가 순회	이용은 자유
판매촉진	본부에서 통일	본부에서 통일	이용은 자유
본부통제	완전통제	강함	약함
본부와의 관계	전부동일	경영이념 공동체	임의 공동체
점포이미지	전부동일	전부동일	기본적으로는 이미지 유지
원 조	경영 매뉴얼	경영매뉴얼	중요점포에만 실시

자료 : 송경수 외, p.174 참조

3 소상공인의 창업절차

먼저 소상공인의 법률적 정의를 살펴본다. 「소기업 및 소상공인 지원을 위한 특별조치법」에 의하면, "소상공인은 업종에는 제한이 없으나 광업, 제조업, 운송업, 건설업의 경우는 상시 종업원수가 10인 이하, 도·소매업 및 서비스업의 경우에는 5인 이하의 기업을 소상공이라 칭하고 이들을 지원 대상으로 한다."라고 하였다.

소상공인에 가장 가까운 용어로는 대한상공회의소에서 소상공으로 표현하고 있을 뿐 소상공인이라는 공식적인 용어는 없다고 할 수 있다. 하지만 일반적으로 우리가 칭하고 있는 소상공인이라는 용어는 영세한 개인기업을 칭하는 용어로서, 일반적으로 우리가 의미하는 개인 창업가와 가까운 의미이다.

우리나라에서는 1995년에 개정된 「중소기업법」에서 소기업의 범위를 중소기업과 구별하여 규정하고 있는데, 1966년 「중소기업기본법」이 제정된 이후 1982년 이전까지는 소기업과 중기업을 구분하지 않고 중소기업이라는 복합적인 명칭을 사용하였으나, 1995년 개정 이후 「중소기업기본법」 시행령 제2조에서 상시종업원수를 기준으로 한 요건과, 자산총액을 중심으로 한 기준 이내여야 함은 물론 소유와 경영의 독립성을 요구하는 질적 요건을 동시에 적용하여 대기업으로부터 중소기업을 구분하고 있다.

이러한 소상공인들의 창업은 창업기, 안정기, 변화기, 도약기, 쇠퇴기 등의 단계를 거치게 되며, 성장단계별 경영모델을 통해서 살펴볼 수 있다.

(1) 창업기

창업 초기에 새롭게 시장에 진출해서 열심히 창업에 몰두하는 시기이다. 창업기에 있어서 필요한 부분은 철저한 시장조사, 입지와 업종의 적합성 분석, 사업성 검토와 사업계획을 통한 투자효율성 분석이 중요한 부분이다.

(2) 안정기

소상공인들이 창업 후 창업기 동안의 노력의 결과로 어느 정도 지역적으로 자리를 잡아가는 단계인데, 안정기에는 고객서비스 프로그램 강화, 고객응대방법 및 운영방법의 매뉴얼 등이 필요한 시기이다.

(3) 변화기

상권 내에서 기업환경에 변화가 오는 시기이며, 일반적으로 소상공인의 경우에는 새로운 경쟁자들의 출현 등으로 인해 변화가 올 수 있는 시기이다. 변화기에는 고객의 재분석, 시장환경 등의 재분석이 필요한 시기이다.

(4) 도약기

도약기는 소상공인들이 지역 내에서 확실하게 입지가 잡히는 시기이며, 이 단계에서는 고객들에 대한 철저한 분석을 통해서 확실하게 자리매김하는 것이 매우 중요한 단계이다.

(5) 쇠퇴기

쇠퇴기에는 고객감소와 매출감소가 일어나면서 폐업이 일어나는 시기이다.

4 사업타당성 분석

창업가들에게 있어서 사업타당성은 가장 사업의 성공을 위해서 가장 중요한 부분인데, 사업타당성의 기본적인 과제로는 매출을 예상하기 위한 시장조사, 생산이나 서비스의 생산이 기술적으로 실현 가능한지의 문제, 소요자금에 관한 문제, 수익성과 관련된 문제들이 있다.

사업타당성 분석은 크게 예비 사업타당성 분석과 본 사업타당성 분석으로 나누어 볼 수 있는데, 예비 사업타당성 분석단계에서는 사업이 가능한 아이디어를 나열하고 예비 사업아이디어를 발견한 후 예비 사업성 분석 및 후보사업 아이디어를 1차적으로 선정하는 단계이다.

본 사업타당성 분석단계에서는 1차적으로 선정된 후보사업 아이디어를 상세히 분석한 뒤 아이템 적응성 분석, 시장성 및 판매전망 분석, 제품 및 기술성 분석, 수익성 및 경제성 분석, 재무분석과 일반관리 계획 등을 통해 사업의 성공가능성을 확인하는 단계이다.

그 다음 단계에서는 사업타당성의 분석 평가가 필요한데, 계획사업의 수행능력 및 적합성을 평가하는 단계이다. 계획사업의 수행능력 평가요소는 선천적 자질인 적성 및 자질, 후천적 자질인 경험 및 지식, 업무 수행능력인 경영능력 등의 평가가 이루어지며, 일반적인 계획사업의 수행능력 평가요소는 다음과 같다.

표 5.2 계획사업의 수행능력 평가요소

평가요소	세부평가 항목
적성 및 자질	• 모험심 • 가능성에 대한 집념 • 스케일 • 리더십 • 의지력 • 기타 창업가의 성격, 체질, 체력
경험 및 지식	• 창업 관련분야에서의 경험 • 학문과 지식 • 창업가의 능력 • 대인관계 • 창업환경
업무수행 능력	• 서비스 및 기술혁신 능력 • 환경적응 능력 • 경영분석 및 판단능력

그 다음 단계에서는 시장성을 분석하게 되는데, 시장성 분석 시에는 시장성 분석과 소비자 분석으로 분류할 수 있다. 시장성 분석에서는 시장의 특성, 수요분석, 공급분석, 매출 추정, 판매비 추정 등의 요소를 분석하게 된다. 소비자 분석 시에는 제품의 수명주기, 제품가격 분석, 수요예측 등이 이루어지게 된다.

그 다음 단계인 기술적 분석에서는 기술적 타당성의 분석이 이루어지는데, 기술적 타당성이란 제품 및 서비스의 생산과 관련되는 요소들이 원만하게 생산될 수 있는지를 분석하는 요소이다.

수익성 및 경제성 분석에서는 수익 전망, 손익분기점 분석, 투자수익 및 계획사업의 경제성 분석 등을 나누어서 분석하는 단계이다.

마지막으로, 재무분석 단계에서는 총 소요자금 추정, 자금조달 계획, 수익성 지표 계산, 향후 경영지표 계산 등이 이루어지는 단계이다.

5 창업과 시장조사

창업을 위해서 필수적으로 필요한 부분이 시장조사라고 하는데, 시장조사의 절차는 다음과 같다. 시장조사는 다음과 같은 절차를 통해서 진행한다.(장만식 외, p.195 참조)

① 해결하고자 하는 문제를 결정한다.
② 문제를 해결하기 위해 조사가 필요한지 결정한다.
③ 시장조사를 통해 달성하고자 하는 목표를 설정한다.
④ 목표를 달성하기 위해 필요한 자료를 파악한다.
⑤ 필요한 정보를 수집하는 계획을 수립한다.
⑥ 필요한 정보를 제공할 수 있는 인적자원이 누구인지 파악한다.

⑦ 시장조사를 실시하고 필요한 정보를 수집한다.

⑧ 자료를 분석한다.

⑨ 수입한 정보를 활용하여 계획을 수립한다.

실질적으로 호스피탈리티 산업에서 개인이 창업을 하는 것은 매우 어려운 부분인데, 그 이유는 초기 투자비용이 많이 들기 때문에 호텔 및 관광숙박업과 관련해서는 일반적으로 법인이 사업을 운영하기 때문이다.

우리나라에 진출해 있는 대부분의 글로벌 체인호텔 브랜드의 경우에도 실질적으로는 대기업의 지분이 많이 포함된 경우가 많기 때문에 개인의 입장에서는 시장진입 장벽Market Entry Barriers이 매우 높은 편이며, 현실적으로 개인의 창업이 가능한 분야는 호스피탈리티 산업에서는 여행업과 외식산업이 가장 많은 부분을 차지하고 있다.

6 창업과 재무계획

재무계획의 수립이란, 창업과정에서 발생하는 비용을 분석하여 창업에 소요되는 자금이 얼마인지를 파악하고, 이를 조달하기 위해 자기자금은 얼마나 투자할 것인지, 타인자금은 얼마나 어떻게 차입할 것인지를 분석한 후 상환계획까지 수립하는 모든 과정을 의미한다.

재무계획을 수립하는 방법에는 소요자금 분석, 자금조달 계획, 자금상환 계획 등의 부분이 있는데, 소요자금 분석은 창업을 위해 얼마의 자금이 필요한가의 부분이며, 자금조달 계획은 필요한 자금을 어떻게 조달할 것인가의 문제이고, 자금상환 계획은 조달한 자금을 어느 시기에 어떻게 얼마만큼 상환할 것인가가 문제이다.

1) 소요자금 분석

소요자금 분석이란, 창업과정에서 소요되는 시설자금과 운영자금을 분석하는 과정을 의미한다. 소요자금을 분석하는 방법은 시설자금 분석, 운전자금 분석, 소요자금 추정 등으로 나누어 살펴볼 수 있다.

(1) 시설자금 분석

사무실 임차료, 설비 구입, 비품 구입비 등과 같은 시설자금이 얼마나 필요한지를 분석한다.

(2) 운전자금 분석

인건비, 운영경비 등과 같은 운전자금이 얼마나 필요한지를 분석한다.

(3) 소요자금 추정

창업을 위해 소요되는 총자금을 추정한다.

2) 자금조달 계획

자금조달 계획이란, 창업과정에 소요되는 자금을 추정한 다음, 필요한 자금을 어디에서 어떻게 조달할 것인가를 분석하는 과정이다. 자금조달 계획의 수립방법은 자금조달 방법 결정, 자금조달 규모 결정, 자금조달 비용 분석 등이 있다.

(1) 자금조달 방법 결정

자금조달의 유형을 자기자금과 타인자금으로 분류하여 각각의 조달 방법을 결정한다.

(2) 자금조달 규모 결정

각각의 조달 유형과 방법별로 자금 조달의 규모를 결정한다.

(3) 자금조달 비용 분석

각각의 자금조달 방법에 따른 조달 비용을 분석한다.

3) 자금상환 계획

자금상환 계획이란, 창업자금으로 차입한 타인자금을 상환하기 위해 차입현황을 분석하고 차입금의 성격에 따라 상환 시기와 규모를 결정하는 과정이다. 자금상환 계획 수립방법은 차입현황 분석, 상환기간 분석, 상환방법 결정 등이 있다.

(1) 차입현황 분석

자금조달 계획 수립 자료를 기초로 자금의 차입처와 차입금액 현황을 분석한다.

(2) 상환기간 분석

차입자금의 성격에 따라 단기 · 중장기 상환시기를 분석한다.

(3) 상환방법 결정

차입금액의 상환 시기와 규모에 따라 상환방법을 결정한다.

7 벤처창업

벤처창업은 첨단기술이나 새로운 아이디어를 사업화하는 창조적이고 기술집약적인 중소기업을 의미한다. 기술집약형 사업으로 매출액과 당기순이익에서 높은 성장률을 기대할 수 있으나, 상대적으로 위험성이 높은 편이라고 할 수 있다.

벤처창업의 장점은 기술력을 인정받으면 자금조달이 상대적으로 유리하고, 대외적인 신뢰도가 높은 편이라고 할 수 있다. 단점으로는 기술개발 및 사업화 과정에서 큰 자금이 필요하기 때문에 실패 시 타격이 크다고 할 수 있다.

8 1인 창조기업

1인 창조기업이란, 지식서비스업 및 제조업 분야에서 창의적인 아이디어, 전문기술 및 지식, 지식재산권을 사업화하는 프리랜서와 개인사업자 또는 법인으로서 대표인을 포함한 종사자가 1명인 기업을 의미한다.

전문기술 및 지식이란, 국가가 관련 산업의 보존 및 전수 등을 위해 지정한 인증자 및 국가자격자가 보유한 기술을 말하며, 국가인증자란 무형문화재, 명

표 5.3 달라지는 1인 창조기업 혜택

개정안 이전	개정안 내용	개선 방안
공동창업이 1인 창조기업에 해당하는지 불명확하며, 상시 근로자 고용 시 지원 대상에서 제외	1인 창조기업 공동창업 허용, 인정기준 완화	공동창업도 1인 창조기업 범주에 포함하고 규모 확대해도 3년간 자격을 유지할 수 있도록 인정하는 특례제를 도입
연구개발 지원 시 1인 창조기업과 중소기업을 같은 기준으로 평가해 1인 창조기업이 상대적으로 불리	1인 창조기업 정부 연구 개발사업 참여기회 확대	1인 창조기업 전용 연구개발예산 신규지원
기술, 경영분야 퇴직 인력 컨설턴트를 활용한 멘토링 지원은 일반 중소기업에 집중되어 1인 창조기업에 대한 지원을 거의 배제되고 있는 상태	1인 창조기업에 대한 멘토링 지원 사업 확대	1인 창조기업에 대한 멘토링 지원 대상 확대

인, 명장, 기능 전승자 등을 지칭하며, 자격 보유자는 「국가자격기술법」에 의거한 기술사, 기능장 등을 지칭한다.

지식재산권이란, 산업분야의 창작물과 관련된 산업 재산권과 문화예술 분야의 창작물과 관련된 저작권을 의미하며, 여기에는 발명, 실용신안, 상표, 디자인, 신품종, 영업비밀, 저작 등을 포함한다.(송경수 외, 2014, p.348 참조)

달라지는 1인 창조기업의 혜택은 위의 표 5.3과 같다.

CHAPTER 06

여행업의 창업

1 여행업의 이해

1) 여행업의 출현

여행업의 시초에는 여러 가지 다양한 견해가 있지만, 근대적인 여행업의 출현에 대해서는 일반적으로 Thomas Cook을 실질적인 여행업의 시초로 보는 견해들이 많이 있다. Thomas Cook은 1845년 영국에서 본격적으로 여행업을 시작하였는데, 초창기의 여행사는 철도, 버스, 기선표만을 판매하였으나, 항공수단의 발달로 본격적인 여행업이 시작되었다고 할 수 있다.

1845년 영국에서 Thomas Cook사가 설립된 이후 1850년에 미국에서 아메리칸 익스프레스사가 설립되었으며, 아시아에서는 1912년 일본에서 일본교통공사JTB : Japan Travel Bureau가 설립되었다.

우리나라 여행업의 시초는 1912년 12월 일본국의 일본교통공사 조선지부가 설립, 운영된 것으로부터 시작되었다. 당시 일본교통공사의 주된 설립 목적은 일본국에 외국인을 유치하고 내방객에게 편의를 도모해 주는 한편, 일본인들의 한반도 이민 업무, 그리고 식민지화를 위해 필요한 업무를 지원 · 제공해 주는 데에 그 목적을 두었다.

우리나라에 지부로 설립되어 운영되어 온 일본교통공사의 조선 지부는 일본국의 침략야욕 확대와 함께 활발히 활동해 오던 중 1945년 8월 15일, 광복을 계기로 한국인 직원들이 재산과 관리일체를 인수받게 되었고, 같은 해 10월에는 '조선여행사'라는 이름으로 여행사를 설립 · 운영하였다.

1949년 조선여행사는 '사단법인 대한여행사'로 개명하게 되었고, 한국전쟁으로 업무가 일시 중단되었다가 1953년 휴전과 함께 12월 재발족 되었다. 대한여행사는 1962년 발족된 한국관광공사에 1963년 2월 1일 흡수 · 합병되었으며, 1973년 6월 31일 민영화됨으로써 현재의 '대한여행사'라는 명칭으로 우리나라

여행사의 효시가 되었다.

2) 여행업의 개념

최근 여행업은 여가시간의 증대, 소득의 증가, 교통수단의 발달 등으로 인해 빠른 속도로 성장하고 있는 업종 중 하나이다. 여행업의 개념에 대한 정의는 다양하지만, 여행업은 일반적인 개념과 법률적인 개념으로 나누어서 생각할 수 있다.

먼저 법률적으로 살펴보면, 「관광진흥법」상에서 여행업은 "여행자 또는 운송시설 · 숙박시설 기타 여행에 부수되는 시설의 경영인 등을 위해 당해시설이용의 알선이나 계약체결의 대리, 여행에 관한 안내 기타 여행의 편의를 제공하는 업"이라고 정의되고 있다. 일반적인 관점에서의 여행업을 정의해 보면, "여행업이란 운송시설 · 숙박시설업자 등과 같이 여행자들을 대상으로 사업을 운영하는 시설업자와 이를 이용하게 될 여행자와의 중간의 위치에서 여행자를 위해 예약 · 수배 · 알선 등과 같은 서비스를 고객들에게 제공하고 시설업자들로부터 일정한 비율의 수수료Commission를 받는 사업"이라고 할 수 있다.

3) 여행업의 특성

여행업의 특성은 다양한 관점에서 설명될 수 있지만, 다른 업종과 비교할 때 여행업만의 경영적인 특성을 종합적으로 살펴보면, 다음과 같은 특성을 갖는다.

(1) 입지 의존성

디지털경제의 도래와 그 중심에 있는 인터넷 사용의 일반화로 모든 산업에서 오프라인Off Line에 대한 의존도가 줄어들고 온라인On Line에 대한 의존도가 급속하게 증가하고 있다.

이러한 경영환경 하에서도 여행사는 다른 업종과 비교해서 고객들이 찾기 쉬우면서도 고객의 눈에 잘 띄는 곳에 위치해야 한다는 특성을 갖는다. 그래서 대부분의 여행사는 대도시의 중심가에 위치하고 있다. 여행업에 있어서 입지 의존적 특성이 중요시되는 이유는 여행사의 입장에서 고객들의 접근의 용이성이 여행사의 매출에 직접적으로 영향을 미치기 때문이다. 특히 아웃바운드의 경우 잦은 해외출장으로 항공권의 수요가 많은 기업체들이 밀집되어 있는 지역이나 여권 및 비자수속이 용이한 대사관 근처에 위치해야 보다 더 경쟁력을 가질 수 있다.

또한, 여행업은 다른 업종에 비해 신용이 중요시되는 업종이기 때문에 여행사의 위치와 규모가 신용도에 미치는 영향도 크다.

(2) 노동집약적 산업

여행업은 다른 서비스 산업과 마찬가지로 인적자원에 대한 의존도가 매우 높은 노동집약적 산업이다. 이렇게 여행업이 노동집약적 산업인 이유는 여행업의 주요 업무로는 여행상품 기획 및 개발 업무, 상담 업무, 수속대행 업무, 예약 및 수배업무 등이 있는데, 이러한 업무들이 여행업의 특성상 업무의 자동화가 이루어지기 어렵다.

또한, 여행업은 소비자들의 욕구가 다양하고, 여행상품의 특성상 모방이 용이하기 때문에 제품들 간의 차별화가 어려워 결국 인적자원의 서비스가 상품의 품질을 결정하는 중요한 요소가 되며, 다른 업종에 비해 상대적으로 인적자원에 대한 의존도가 매우 높다.

(3) 과당경쟁 구조

여행업은 다른 업종에 비해서 상대적으로 소자본 창업이 가능하다. 따라서 계속해서 많은 업체가 생겨나기도 하고 문을 닫기도 한다. 그렇기 때문에 다른 업종에 비해서 시장진입 장벽이 낮기 때문에 경쟁이 더욱 치열하다.

또한, 여행상품은 모방이 용이하기 때문에 특화된 상품이나 서비스 품질로 경쟁을 하는 것이 아니라, 가격이 중요한 경쟁력이 되고 있기 때문에 더욱더 치열한 경쟁이 일어나고 있다.

(4) 계절적 수요탄력성

여행업은 계절적, 요일적, 시간적 요인 등에 의해 집중성이 강한 업종이기 때문에 성수기와 비수기의 수요탄력성이 매우 높다. 일반적으로 방학기간과 주말에, 계절적으로는 겨울보다는 봄·가을에 여행수요가 집중되어 있으며, 국외 여행은 자녀들이 방학을 하게 되는 여름과 겨울에 집중되는 현상을 보이고 있다. 여행사들은 여행상품의 가격 차별화와 여행조건의 차별화 등을 통하여 수요의 탄력성에 적절하게 대처할 수 있는 여행상품의 개발이 필요하다.

(5) 신용사업

여행업은 유형의 상품이 아닌 무형의 상품을 판매하고 서비스를 제공하기 때문에, 더욱 신용이 중시되고 있는 업종이다. 여행업의 특성 중 신용사업은 여행소재 공급업자인 시설업자와의 신용관계와 소비자인 여행객과의 신용문제 두 가지로 나누어서 생각할 수 있다.

신용은 여행사의 사업성을 좌우할 수 있는 중요한 요소로써 소비자들은 여행상품을 구매할 때 선불로 여행경비를 지불하고 있으며, 여행관련 소재업자도 여행사에 대한 신뢰성을 바탕으로 공급량을 조절하고 있기 때문에 여행사를 운영하는데 있어서 신용은 사업의 성공과 실패를 결정하는 가장 중요한 요소이다.

(6) 낮은 위험 부담률

여행업은 다른 관광사업에 비해 고정자본의 투자가 적기 때문에 경영 실패로 인한 위험 부담률이 상대적으로 매우 낮다. 현재, 「관광진흥법」에 규정된 법적 자본금이 일반여행업 3억 5천만 원, 국외여행업 1억 원, 국내여행업 5천만 원이지만, 설립 자본금은 사무실 임대보증금 등의 설비자본과 운영자금을 포함한 것이며, 등록신청 시 납입자본금을 증빙하기 위한 금액으로 볼 때 사무실 임대와 사무실 설치를 위한 집기, 비품과 사무기기 등을 갖출 수 있는 설비자본금만 가지고도 여행업을 개업할 수 있다.

또한, 여행상품도 대부분 주문생산 방식이기 때문에 재고나 먼저 투자할 것에 대한 염려를 하지 않아도 되므로, 타업종에 비해 위험 부담률이 낮다.

2 여행업의 분류

여행업은 일반적으로 여행업의 사업 범위와 대상에 따라 일반여행업, 국외여행업, 국내여행업으로 분류한다. 또한, 유통 형태에 따라 모든 여행 업무를 취급하는 종합 여행사, 다른 여행사에 도매만을 취급하는 도매형 여행사, 소매업을 하는 소매형 여행사, 여행상품의 조성부터 판매까지 일괄적으로 취급하는 직판형 여행사로 분류한다.

1) 「여행업법」에 의한 분류

(1) 일반여행업

일반여행업은 내국인의 국내여행과 국외여행Outbound Tour 알선업무뿐만 아니라 외국인을 대상으로 국내여행을 유치하고 안내하는 업무Inbound Tour까지 수행하는 종합적인 여행업을 말한다.

(2) 국외여행업

국외를 여행하는 내국인을 대상으로 하는 여행업을 말한다.

(3) 국내여행업

국내여행업이란, 내국인에게 국내여행 상품을 개발하여 판매할 뿐만 아니라 이를 알선하고 안내하는 여행업을 의미한다. 즉 국내를 여행하는 내국인을 대상으로 하는 여행업을 말한다.

2) 유통 형태에 의한 분류

(1) 종합 여행사

여행 관련 공급업자가 제공한 단위상품들을 결합하여 하나의 완전한 여행상품으로 만들어 여행 소매업자 및 일반여행객들에게 판매하는 여행사를 말한다.

(2) 도매형 여행사

여행 공급업자로부터 여행소재를 제공받아 직접 소비자에게 판매하는 것이 아니라 소매업자에게 판매하는 여행사를 말한다.

(3) 소매형 여행사

여행 도매업자가 생산한 여행상품을 제공받아 최종소비자들에게 판매하는 여행사를 의미한다.

(4) 직판형 여행사

여행상품의 조성부터 판매까지 모두 자사에서 취급하는 여행사를 말한다.

3 여행업의 설립과 등록

1) 여행업의 설립 및 등록기준

여행사의 설립을 위해서는 업종별로 등록기준에 적합한 자본금이 준비되어야 하며, 사무실의 소유권이나 사용권을 준비한 후 관련 구비서류를 가지고 등록관청에 가서 신고를 한 후 등록증을 교부받아 영업을 시작할 수 있다. 여행사의 자세한 설립 절차는 아래와 같다.

여행업을 창업하려면 등록기준에 적합한 구비서류를 준비하여 해당관청에 등록을 해야 한다. 여행업의 업종별 등록기준은 다음과 같다.

2) 구비서류

- 사업계획서
- 신청인(법인의 경우에는 대표인)의 성명 · 주민등록번호 · 본적 · 호주성명 및 호주와의 관계를 기재한 서류(외국인의 경우에는 법 제7조 1항 각 호에 해당하지 아니함을 증명하는 당해국가의 정부, 기타 권한 있는 기관이 발행한 서류 또는 공증인이 공증한 신청인의 진술로써 「재외공관공증법」에 의해 당해국가에 주재하는 대한민국공관의 영사관이 확인한 서류)
- 법인등기부등본(법인의 경우에 한함)
- 부동산의 소유권 또는 사용권을 증명할 수 있는 서류
- 「외국인투자촉진법」에 의한 외국인투자를 증명할 수 있는 서류(외국인투자기업의 경우에 한함)
- 관할세무서장 또는 공인회계사가 확인한 등록신청 당시의 대차대조표(개인의 경우에는 영업용 자산액명세서 및 그 증빙서류)

4 여행업의 창업과 시장분석

여행업은 시장경쟁 구조상 다수의 사업자가 시장에 존재하는 완전경쟁Perfect Competition 혹은 순수경쟁Pure Competition 구조를 가지고 있다. 하지만 여행업은 다른 산업군과는 달리 시장에 '하나투어', '모두투어' 등과 같은 시장의 지배적 사업자들이 존재하기 때문에, 개인 창업가들은 이러한 시장의 특성을 먼저 파악하는 것이 성공적인 창업을 위해서 필요한 부분이다.

이러한 상황에서 여행업의 창업을 위해 먼저 시장의 분석이 매우 중요한 부분인데, 시장분석의 구성 항목과 주요 내용은 다음과 같다.

표 6.1 시장분석의 구성 항목과 주요 내용

항 목	주요 내용
시장특성	• 진입을 원하는 시장 • 시장의 특성 파악
시장동향	• 시장의 트렌드 • 시장의 트렌드와 자사와의 관계
시장규모	• 시장의 규모 • 시장의 규모 추정의 정확성
고객특성	• 표적시장 • 고객의 특성 파악
경쟁사 및 경쟁제품	• 주요경쟁자와 잠재적 경쟁자 파악 • 경쟁제품 및 서비스 파악

Hospitality
SERVICE
Start-up

CHAPTER 07

외식사업의 창업

실질적으로 개인기업 형태를 띠는 창업가들이 일반적으로 가장 많은 부분을 차지하는 사업의 유형이 외식사업이라고 할 수 있다. 따라서 창업은 보통 명예퇴직자들이나 어느 정도 연령에 도달한 생계형 창업가들의 경우에는 창업이라는 단어 앞에 외식이 생략되었다고 해도 과언이 아닐 정도로 창업가의 비율을 보면 외식사업의 창업가들이 다른 산업의 창업가들을 압도하고 있다.

CASE 커피펍스

최근 창업시장이 주춤한 가운데 외식업계도 고객을 사로잡기 위한 다각도의 모색을 꾀하고 있다. 특히 특별한 맛과 특별한 서비스의 중요성 부각과 함께 브랜드의 평판도 중시되고 있다. 이처럼 불황이 장기화되고 있는 상황 속에 소자본 창업이 주목받고 있다. 소자본 창업도 과연 어떤 아이템을, 어떠한 형태로 시작해야 하는지에 대한 고민은 마찬가지다. 남다르지 못하면 도태되는 치열한 현실 속에서 살아남으려면 보다 철저한 아이템 선정과 차별화된 전략이 요구된다.

이러한 측면에서 최근 주목을 받는 아이템 중 하나로 '커피펍스(Coffee PUB's)'가 소자본 창업의 대안으로 꼽힌다. 커피펍스는 ㈜도남 FNF(대표이사 이정희) 쉐이크 포테이토에서 지난 2014년 5월에 선보인 카페와 펍의 복합 형태 브랜드이다. 쉐이크 포테이토 본사에서 가맹점을 모집해 운영하고 있다. 예가체프 원두를 국내 로스팅을 통해 제공하고, 다섯 가지 수제 에일생맥주와 감자튀김, 수제소시지, 치킨, 통오징어 등 다양한 메뉴를 공급하며 전 메뉴의 팩 포장물류 공급을 통해 주방에서 칼을 쓰지 않아도 된다. 뿐만 아니라 기름이 튀지 않고 묻지 않는 전자동 튀김기와 전자동 화덕 피자구이기, 커피머신 등을 이용해 4분 이내 모든 메뉴를 만들어내는 주방 자동화로, 누구나 운영할 수 있으며 편리하고 안전을 신뢰할 수 있다.

본사는 예비 창업가들이 입점할 매장의 상권분석을 한 후 주변 여건에 따라 네 가지 형태로 대학가, 아파트, 도심 중심 상권에는 카페펍 복합형과 다양한 스타일로 성공적인 창업을 적극 지원하고 있다.

자료 | 스타서울티비, 2015년 11월 29일

1 외식산업의 개념

외식산업은 우리의 일상생활과 매우 밀접한 관련이 있는 산업이라고 할 수 있으며, 그 범위가 넓은 편이기 때문에 다양한 형태의 제품과 서비스가 존재하며, 외식기업의 경우도 이러한 다양한 형태의 제품과 서비스를 통해서 고객만족Customer Satisfaction을 이루기 위해서 노력하고 있다.

특히, 스마트폰을 기반으로 한 정보화 및 글로벌화Globalization의 일반화로 인해 외식기업을 포함한 많은 서비스기업들이 기존에 존재하지 않는 새로운 서비스를 창출하고 있으며, 서비스기업들이 제공하는 주서비스와 더불어 보조서비스에 대한 고객들의 만족도가 외식기업을 포함한 서비스기업들에게 많은 영향을 미치고 있다.

이렇게 급변하는 경영환경 하에서 외식기업들이 생존하기 위해서는 지속적인 개선을 통한 서비스 품질의 향상 및 고객만족을 최대한 높이기 위한 노력이 매우 필요하다. 특히 외식산업의 경우에는 다양한 형태의 업체가 시장에 진출해 있기 때문에 산업의 특성상 비교적 시장진입 장벽Market Entry Barriers이 다른 환대산업에 비해서 비교적 낮은 편이지만, 다른 측면에서는 그만큼 경쟁이 치열하기 때문에 시장에서 지속적으로 생존할 수 있는 기간도 짧은 편이라고 할 수 있다.

1) 외식산업의 정의

먼저, 외식산업의 개념을 이해하기 위해서는 외식의 정의에 관해서 살펴보아야 하는데, 외식의 사전적 의미는 자기 집이 아닌 밖에서 식사하는 것이라고 설명할 수 있으며, 경제성장으로 인한 편리성 추구, 1인 가족의 증가, 외식산업을 포함한 서비스 산업의 전반적인 서비스 품질 향상 등으로 인해 외식산업의 규모는 점점 증가하고 있는 추세이다.

이러한 경제적 · 사회적 · 문화적인 변화로 인해 음식과 관련된 새로운 사회적인 트렌드가 형성되고 있으며, 이러한 트렌드의 가속화로 인해 향후 외식산업Food Service Industry은 현재보다 더 많은 수요의 창출과 함께 더욱 활성화 될 것으로 예측된다.

외식산업의 정의는 다양하지만 몇 가지 주요한 정의를 살펴보면, "외식산업이란 음식을 만들에 제공하는 산업을 뜻하며 식사 제공, 인적서비스 제공, 분위기 연출, 식사와 관련한 편익 제공 등을 상품으로 하는 사업"이라고 할 수 있다.(최학수 외, 2014)

또한, 미국의 NRANational Restaurant Association는 "외식산업은 모든 식사와 음료 및 스낵을 가정 밖에서 준비하여 판매하는 사업의 집합이며, 포장 판매도 포함한다."라고 정의하였다.

위에서 언급된 다양한 외식산업의 정의를 정리해 보면, 외식산업이란 "일정한 장소에서 음식, 주류, 음료와 유형적, 무형적 서비스로 이루어진 상품을 특정인 또는 불특정 다수를 대상으로 상업적 또는 비상업적 목적으로 생산 및 판매 활동을 하는 모든 사업체의 집단"이라고 정의할 수 있다.(권정희 외, 2013) 뿐만 아니라 외식과 관련하여 이해해야 할 부분은 내식, 중간식, 외식의 개념적인 차이라고 할 수 있는데, 내식이란 조리주체가 세대 내의 사람으로 조리의 장소와 식사장소가 가정 내에 있는 식사를 의미하며, 중간식은 조리의 주체가 세대 외의 사람으로 조리의 장소는 가정 외에 있으며 식사장소가 가정 내의 식사를 의미한다. 외식은 조리의 주체가 세대 외의 사람으로, 조리의 장소는 가정 외에 있으며 식사장소도 가정 외의 식사를 의미한다고 할 수 있다. 또한 중간식과 관련하여 테이크아웃, 택배, 가정식 대용식품 등으로 대표되는 중간식은, 시간절약과 편리성을 추구하는 식생활 및 라이프스타일의 변화에 따라 내식과 외식을 대신하는 새로운 식사 형태로 크게 성장하고 있다. 이러한 외식산업의 변화를 고려할 때 이전의 외식에 대한 정의에 중간식을 포함시킴으로

써 외식을 보다 넓게 이해하는 것이 바람직하다고 할 수 있다.(권정희 외, 2013)

한편, 미국레스토랑협회National Restaurant Association에 의하면, 외식산업은 가정 외에서 제공되는 모든 식음료를 포함하는 산업으로, 배달Home Delivery, 테이크아웃Take-out, 그리고 단체급식산업Institutional Foodservice 등의 모든 분야를 포함하며, 그 영역은 차츰 광범위하게 확대되고 있다.(NRA, 2007) 최근에는 외식산업의 영역이 손님에게 정성을 다해 봉사하는 서비스 산업을 일컫는 환대산업Hospitality Industry까지 광범위하게 확대되고 있다.

표 7.1 외식산업(Foodservice Industry) 분류

상업적 외식업	비상업적 외식업(단체급식)
일반 레스토랑 서비스(Restaurant Service), 위탁급식 전문업체(Foodservice Contractor), 호텔식음료, 출장연회, 스낵과 음료매장, 바(Bar)와 주점, 소매업소(Retail Store)의 음식판매서비스, 자동판매기 등	직영급식, 전문급식업체에 의한 위탁급식

(1) 비상업적 외식업인 단체급식

특정 다수인을 대상으로 복리후생 차원에서 급식을 제공하는 것을 의미하며, 단체의 특성에 따라 교육기관, 사업체, 의료기관, 사회복지시설, 군대, 정부기관, 교도소급식 등으로 분류된다.

「식품위생법」 제2조제9항에 의하면 "집단급식소란, 영리를 목적으로 하지 아니하고 계속적으로 특정 다수인에게 음식물을 공급하는 기숙사, 학교, 병원, 기타 후생기관 등의 급식시설이다."라고 정의된다.

단체급식은 운영 형태에 따라 직영급식과 전문급식업체에 의한 위탁급식으로 분류된다. 위탁급식Contract-managed Foodservice이란, 급식업무의 전체 또는 일부를 계약에 의해 전문업체에 위탁해 운영하는 형태로, 급식대상은 특정 다수인으로 단체급식과 동일하나 영리를 목적으로 한다는 점에서는 외식업과 유사하다.

우리나라의 경우, 단체급식이 직영으로만 운영되던 시기에는 제공되는 메뉴나 서비스의 수준, 그리고 급식운영에 있어서 실제적으로 단체급식과 외식산업이 큰 차이를 보여주었다. 그러나 단체급식에 위탁급식이 도입되면서 단체급식과 외식산업의 간격을 줄이는 데에 결정적인 역할을 하였다.

반면, 외식업체도 사업체나 대학 내의 식당을 운영하는 등 단체급식 부문까지 사업영역을 확대해 나가고 있어서 이제는 단체급식과 외식산업이 더 이상 분리된 개념이 아닌 서로 상당부분 공유영역을 지닌 접합된 개념으로 접근할 필요가 있게 되었다.

(2) 상업적 외식산업

일반 대중을 대상으로 영리목적으로 운영되고 있는 일반 레스토랑서비스 Restaurant Service, 위탁급식 전문업체Foodservice Contractor) 호텔식음료, 출장연회, 스낵과 음료매장, 바Bar와 주점, 소매업소의 음식판매서비스, 자동판매기 등으로 분류되며, 가정 외 장소에서 생산 · 판매 · 서비스 활동을 하는 다양한 형태의 외식업체의 집합체를 지칭한다.

2) 외식산업 영역의 확대

미래사회에 대비하여 외식산업이 경쟁력을 지니기 위해서는 더 포괄적이고 광범위한 환대산업Hospitality Industry으로 영역이 확장되어야 한다. 고객에게 정성으로 봉사하는 서비스 산업의 특성을 지니는 환대산업은 서비스 중심 산업이므로, 앞으로의 외식산업은 서비스중심 산업으로 변모해 갈 전망이다.(Chon, 1997)

미국의 호텔 · 레스토랑 · 단체급식교육협의회Council on Hotel, Restaurant, Institutional Education; CHRIE, 1992의 정의에 의하면, 환대산업은 외식산업뿐 아니라 호텔산업, 관광산업 및 레저산업을 포괄하는 관련 서비스 산업을 의미하며 그 산업군들 간의 경계는 명확하지 않다.

환대산업은 영국의 경우에는 호텔과 케이터링 산업Catering Industry을 지칭하며,

미국의 경우에는 숙박과 외식산업을 포괄하고 있으나, 그 속성상 관광산업 및 레저산업과 밀접하게 연관되어 있다.(Brotherton, 1999)

외식산업은 서비스를 강조하는 환대산업의 한 분야로서 21세기에는 시장 규모가 더욱 확대될 것으로 예견된다. 서비스 중심 산업으로의 외식산업을 제대로 이해하기 위해서는 서비스에 대한 올바른 이해를 바탕으로 고객편의 위주의 서비스를 제공하는 것이 매우 중요한데, 이는 제공되는 서비스의 질이 실제 소비자의 구매행동을 자극하고 재구매를 유발하는 중요한 요소가 된다.

2 외식산업의 특성

기본적으로 외식산업은 서비스 산업이기 때문에, 다른 서비스 산업과 마찬가지로 서비스의 특성을 가지고 있을 뿐만 아니라 외식산업의 특성상 고유한 특성도 함께 보유하고 있다. 주요한 외식산업의 특성은 다음과 같다.

1) 인적자원에 대한 의존도가 높은 산업

외식산업은 다른 환대산업과 유사하게 생산과 소비의 프로세스에 있어서 자동화가 이루어질 수 있는 부분에 한계가 있기 때문에, 직접 인적자원의 노동력에 대한 의존도가 높은 산업이다.

외식산업 내에서도 유형에 따라서 인적자원에 대한 의존도가 차이가 매우 클 수 있는데, 패스트푸드와 같이 조리과정에서부터 고객에게 서비스되는 과정까지에 있어서 정해진 매뉴얼의 비중이 큰 유형은 비교적 외식산업 내에서도 인적자원에 대한 의존도가 낮은 편이지만, 중식 · 일식 등 조리과정에 있어서 전문성이 더 필요한 경우에는 인적자원에 대한 의존도가 매우 높다.

서비스 과정에 있어서도 외식산업의 유형에 따른 차이는 있을 수 있지만, 모든 과정의 수행을 인적자원이 해야 하기 때문에, 인적자원에 대한 의존도가 매우 높은 산업이라 할 수 있다.

2) 입지의존성이 높은 산업

외식산업의 입지가 한 번 정해지면 비교적 긴 시간 동안 그 장소에서 사업을 운영해야 하는 외식산업의 특성으로 인해 입지는 외식산업에 있어서 가장 중요한 부분 중 하나이다. 특히, 제품이나 서비스 품질에 있어서 경쟁 산업체에 비해서 차별화된 경쟁우위의 확보가 어려운 상황에 있어서는 입지의존성은 외식산업에 있어서 가장 중요한 핵심역량이 될 수 있기 때문에, 외식산업은 입지의존성이 매우 중요한 산업이다.

예를 들면, 맥도날드, 버거킹, 스타벅스 등과 같이 브랜드 파워가 다른 외식이나 음료 관련 업체보다 매우 강하며 정해진 매뉴얼에 따라서 제품이나 서비스의 프로세스가 진행되는 경우에는 업장의 입지에 의해서 매출이 많은 차이가 날 수 있기 때문에 입지의존성은 외식산업에 있어서 매우 중요하다.

따라서 그 규모가 크고 자본력을 보유한 파워브랜드의 외식업체들은 이렇게 입지가 그 기업의 경쟁력을 좌우하는 중요한 요인이기 때문에, 새롭게 오픈하는 업장의 경우에는 기업의 많은 부분을 이러한 입지선정과 관련된 부분에 투입하고 있다.

3) 프랜차이징의 용이성이 높은 산업

프랜차이징Frnachising이란, 계약에 의해 프랜차이즈본부Franchisor가 계약에 의하여 가맹점Franchisee에게 일정기간 동안 특정지역 내에서 프랜차이즈 본부의 브랜드, 상호, 사업 운영방식 등을 사용하여 제품이나 서비스를 판매할 수 있는 권한을 부여하는 대신에 가맹점은 초기 가입비용과 매출액에 대한 일정비율의 로열티Royalty를 지급하는 시스템이다.

외식산업은 브랜드를 활용한 프랜차이즈시스템 형태의 비율이 높을 뿐만 아니라, 이러한 형태를 추구하기가 다른 산업에 비해서 매우 용이한 산업이다. 이렇게 외식산업이 프랜차이즈시스템 형태로 운영하기가 용이한 몇 가지 이유를 들 수 있는데, 첫째, 외식업체들은 프랜차이즈시스템Franchise System를 통해서 규모의 경제Economies of Scale를 활용할 수 있기 때문이다. 외식업체를 사업을 운영하기 위해서 고정적으로 투입되는 식음료의 재료를 조달해야 하는데, 프랜차이즈시스템 하에서 재료의 조달과정에 있어서 규모의 경제를 통해서 보다 신선한 재료의 조달이 가능하며, 그만큼 비용절감의 효과도 가져올 수 있다.

둘째는, 프랜차이즈시스템 하에서 브랜드를 활용한 마케팅이 용이하기 때문이라고 할 수 있다. 프랜차이즈에 있어서 모든 업장을 프랜차이즈 본부가 직접 운영하지는 않지만 가맹점이 일부 업장을 운영한다 하더라도 고객의 입장에서는 독립적인 외식업체에 비해서 브랜드 파워가 있는 프랜차이즈에 대한 신뢰도가 상승하여 매출 상승효과를 가져오는 효과가 있기 때문에, 다른 산업에 비해서 외식산업은 프랜차이즈시스템을 정착시키는 것이 용이하다. 또한, 다른 산업에 비해서 초기 투자비용이 제한적인 편이기 때문에 본부와 가맹점의 수요와 공급의 관점에서도 다른 산업에 비해서는 프랜차이즈의 운영이 효율성을 극대화 할 수 있다.

외식경영의 프랜차이즈시스템 활성화와 같이 생각해야 할 부분이 외식경영의 글로벌화Globalization인데, 일반적으로 자본력과 경영노하우를 기반으로 여러 지역에 프랜차이즈시스템을 운영하는 외식기업의 경우에는 대부분 우리나라 뿐만 아니라 전 세계 지역에 자사의 프랜차이즈를 운영하는 경우가 많다. 그 이유는 외식서비스는 제공되는 종류가 매우 다양하기 때문에 치킨, 피자 등 서구문화에 익숙한 외식서비스는 세계 어느 지역에서나 대중적으로 고객들을 확보하는데 큰 어려움이 없기 때문이다.

이와는 상반되게 '한식의 세계화'라는 이슈로 정부 및 여러 기관에서 진행되었던 프로젝트가 한식이라는 고유한 특성상 전 세계 여러 지역 프랜차이즈를 구축하는데 치킨, 피자 등과 비교해서 어려움을 겪는 것도, 한식의 고유한 특성상 빠른 기간 안에 많은 지역에 많은 프랜차이즈시스템을 구축하는데 어려움이 따르기 때문이다.

3 외식산업의 분류

외식산업은 가정 이외의 장소에서 음식을 가공 · 조리한 후 상품화하고 이를 부가서비스와 함께 제공하는 것을 의미한다. 이는 여러 가지의 기준을 가지고 분류할 수 있으나, 크게 비상업적 외식업과 상업적 외식업으로 나누는 것이 가장 보편적인 분류체계이다.

또한, 외식산업은 우리나라뿐만 아니라 미국, 일본, 중국 등 전 세계적으로 가장 보편적이면서 광범위한 산업이라고 할 수 있기 때문에 국가별로 분류하는 방법에 있어서 차이가 있을 수 있으며, 그 내용은 다음과 같다.(김동진 외, 2014 참조)

1) 우리나라의 현행 외식산업 분류

표 7.2 한국표준산업분류에 의한 외식산업 분류

<table>
<tr><th>대분류</th><th>중분류</th><th>소분류</th><th>세분류</th><th colspan="2">세세분류</th></tr>
<tr><td rowspan="17">I
숙박 및
음식점업</td><td rowspan="17">56
음식점
및
주점업</td><td rowspan="13">561
음식점업</td><td rowspan="5">5611
일반
음식점업</td><td>56111</td><td>한식 음식점업</td></tr>
<tr><td>56112</td><td>중식 음식점업</td></tr>
<tr><td>56113</td><td>일식 음식점업</td></tr>
<tr><td>56114</td><td>서양식 음식점업</td></tr>
<tr><td>56119</td><td>기타 외국식 음식점업</td></tr>
<tr><td>5612
기관
구내식당업</td><td>56120</td><td>기관 구내식당업</td></tr>
<tr><td rowspan="2">5613
출장 및
이동음식업</td><td>56131</td><td>출장음식서비스업</td></tr>
<tr><td>56132</td><td>이동음식점업</td></tr>
<tr><td rowspan="5">5619
기타
음식점업</td><td>56191</td><td>제과점업</td></tr>
<tr><td>56192</td><td>피자, 햄버거, 샌드위치 및 유사음식점업</td></tr>
<tr><td>56193</td><td>치킨전문점</td></tr>
<tr><td>56194</td><td>분식 및 김밥전문점</td></tr>
<tr><td>56199</td><td>그 외 기타 음식점업</td></tr>
<tr><td rowspan="4">562
주점 및
비알코올
음료점업</td><td rowspan="3">5621
주점업</td><td>56211</td><td>일반 유흥주점업</td></tr>
<tr><td>56212</td><td>무도 유흥주점업</td></tr>
<tr><td>56219</td><td>기타 주점업</td></tr>
<tr><td>5622
비알코올
음료점업</td><td>56220</td><td>비알코올 음료점업</td></tr>
</table>

자료 : 통계청(2008). 제9차 한국표준산업분류, 김동진 외(2013) 재인용

우리나라의 외식산업 분류는 관련기관이나 단체에 따라 다양한 분류체계를 지니고 있어 분류기준의 통일성이 없고 혼돈되어 사용됨으로써 외식산업에 관련된 통계자료의 산출근거 제시가 어려운 실정이다. 또한 시대변화에 따른 외식산업의 특징이 제대로 반영되지 못했다는 문제점 등이 지적되고 있어 외식산업 분류기준의 재정비가 시급한 실정이다.

우리나라의 경우, 외식산업 분류는 통계청에서 분류하는 한국표준산업분류,

「식품위생법」상의 분류, 「관광진흥법」상의 분류로 구분될 수 있다. 이 중 한국표준산업분류는 산업 관련 통계자료의 정확성 및 비교를 위해 사업체가 주로 수행하는 산업 활동을 유사성에 따라 분류한 것이다.

한국표준산업 분류 제9차 개정(2008)에 의하면, 대분류인 숙박 및 음식점업 내에 중분류인 음식점 및 주점업이 포함되고, 소분류인 음식점업은 세분류에 의하면 일반 음식점업, 기관 구내식당업, 출장 및 이동음식업, 기타 음식점업으로 세분된다.

외식산업은 「식품위생법」 제21조제2항의 규정에 의한 식품접객업의 분류에 따라 휴게음식점업, 일반음식점업, 단란주점업, 유흥주점업, 위탁급식업의 5종으로 나뉜다. 「관광진흥법」상의 외식산업 분류에서 음식점은 관광편의시설업과 관광객이용시설업으로 구분된다.

위의 분류를 살펴보면, 외식산업이 실질적인 우리나라 창업가의 가장 많은 빈도수를 왜 차지하고 있는지를 설명하고 있다. 다양하고 비교적 규모가 영세한 외식업체들이 대부분이기 때문에, 창업의 관점에서 살펴보면 시장진입 장벽이 낮은 편이고 특별한 지식이나 기술, 노하우 등이 전문적으로 필요하지 않기 때문이다.

2) 외국의 외식산업 분류

(1) 미국 외식산업의 분류

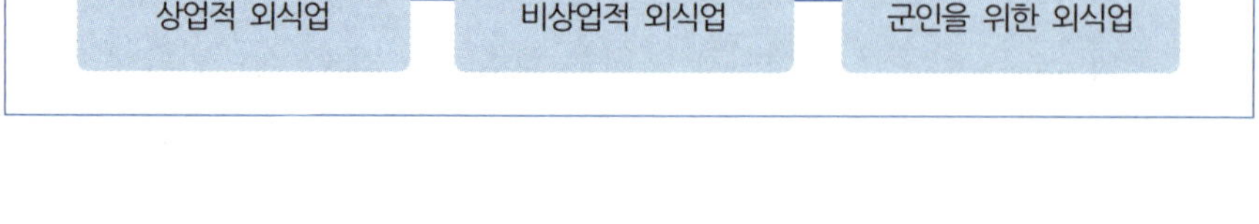

표 7.3 미국레스토랑협회(NRA)에 의한 외식산업 분류

<table>
<tr><td rowspan="19">상업적 외식업
(Commercial Restaurant Services)</td><td rowspan="6">일반외식업체
(Eating Places)</td><td>Fullservice Restaurants(풀서비스 레스토랑)</td></tr>
<tr><td>Quickservice Restaurant(퀵서비스 레스토랑)</td></tr>
<tr><td>Cafeterias, Grill–buffets and Buffets(카페테리아, 뷔페)</td></tr>
<tr><td>Snack and Nonalcoholic–beverage Bars(간식판매점)</td></tr>
<tr><td>Social Caterers(출장음식)</td></tr>
<tr><td>Bars and Taverns(바, 선술집)</td></tr>
<tr><td rowspan="7">위탁급식
(Managed Services)</td><td>Manufacturing and Industrial Plants(제조업체 및 산업체)</td></tr>
<tr><td>Commercial and Office Buildings(상업성 오피스빌딩)</td></tr>
<tr><td>Hospitals and Nursing Homes(병원, 요양원)</td></tr>
<tr><td>Colleges and Universities(대학)</td></tr>
<tr><td>Primary and Secondary Schools(학교)</td></tr>
<tr><td>In–transit Restaurant Services(Airline) (기내식)</td></tr>
<tr><td>Recreation and Sports Centers(오락 및 스포츠센터)</td></tr>
<tr><td rowspan="2">숙박업음식점
(Lodging Places)</td><td>Hotel Restaurants(호텔 레스토랑)</td></tr>
<tr><td>Other Accommodation Restaurants(기타 숙박업소 레스토랑)</td></tr>
<tr><td rowspan="4">기 타
(Others)</td><td>Retail–host Restaurants(편의점)</td></tr>
<tr><td>Recreation and Sports(일반오락 및 스포츠시설)</td></tr>
<tr><td>Mobile Caterers(이동식 식당)</td></tr>
<tr><td>Vending and Nonstore Retailers(자판기, 포장마차)</td></tr>
<tr><td colspan="2" rowspan="8">비상업적 외식업
(Noncommercial Restaurant Services)</td><td>Employee Restaurant Services(직원식당 급식)</td></tr>
<tr><td>Public and Parochial Elementary, Secondary Schools(공립 및 사립학교 급식)</td></tr>
<tr><td>College and Universities(대학 급식)</td></tr>
<tr><td>Transportations(교통시설 급식)</td></tr>
<tr><td>Hospitals(병원 급식)</td></tr>
<tr><td>Nursing Homes, Homes for the Aged, Blind, Orphans, and The Mentally and Physically Disabled(양로원, 고아원, 기타 장기투숙 급식)</td></tr>
<tr><td>Clubs, Sporting and Recreational Camps(클럽, 스포츠, 오락캠프 급식)</td></tr>
<tr><td>Community Centers(지역센터 급식)</td></tr>
<tr><td colspan="2" rowspan="2">군대급식
(Military Restaurant Services)</td><td>Officers' and Nco Clubs(Open Mess)(장교식당 및 장교클럽)</td></tr>
<tr><td>Military Exchanges(일반군인 급식)</td></tr>
</table>

자료 : National Restaurant Association(2013); www.restaurant.org; 김동진 외, 2013, 이프레스 재인용

미국 레스토랑협회에서는 외식산업 영리를 추구하는 상업적 외식업Commercial Restaurant Services과 공공의 목적으로 특정지역과 단체를 위한 비상업적 외식업 Institutional Restaurant Services, 그리고 군인을 위한 외식업Military Restaurant Services으로 분류한다. 상업적 외식업은 다시 일반 외식업Eating Places, 위탁 급식업Managed Services, 숙박시설Loding Places, 그리고 기타로 분류된다.

미국은 1997년에 서비스 산업 분류를 명확하게 하기 위해 북미산업분류체계 NAICS : North American Industry Classification System에 맞추어서 표준산업분류를 개편하였다. 북미산업분류체계에 의하면, 외식산업은 서비스 유형과 서비스 수준을 근거로 분류되며 그 각각에 대한 정의와 사례가 구체적으로 제시되어 있다. 2002년 북미산업분류체계에 의하면, 외식산업은 숙박 및 외식업Accommodation and Food Services 내에 외식업Food Services and Drinking Places에 포함되며, 외식업은 다시 풀서비스 레스토랑Full Service Restaurants, 제한된 서비스 외식업Limited Service Eating Places, 스페셜 외식업Special Food Services, 주점업Drinking Places으로 세분된다.

(2) 일본의 외식산업 분류

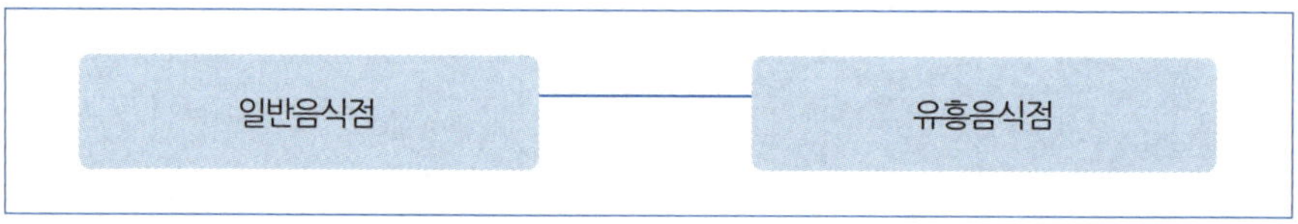

일본의 통상산업성(通商産業省) 표준산업분류표에 의하면, 외식업소를 크게 일반음식점과 유흥음식점으로 구분한다. 일반음식점은 “일정 공간 내에서 주로 요리 또는 기타의 식품을 먹고 마시게 하는 사업소이며 알코올을 포함하지 않은 음료를 먹고 마시게 하는 사업소”로 정의된다. 여기에는 식당, 레스토랑, 소바 및 우동점, 스시점, 찻집, 기타 음식점 등이 포함된다. 유흥음식점은 “일정 공간 내에서 먹고 마시는 사업소 중 주로 유흥을 포함한(음식과 주류를 포함한

식음료를 판매하는) 사업소"로 정의된다.

(재)외식산업총합조사연구센터의 분류에 의하면, 외식산업은 급식주체 부문과 요식주체 부문으로 구분되며, 도시락 급식을 포함하는 요리품 소매업을 별도로 분리하였다. 급식주체 부문은 영업급식과 집단급식으로 분류되는데, 이 중 영업급식에는 일반음식점 및 기내식과 숙박시설 등이 포함되고, 집단급식에는 사업체, 학교, 병원, 사회복지시설로 구분된다.(한국외식연감, 2011)

(3) 중국의 외식산업 분류

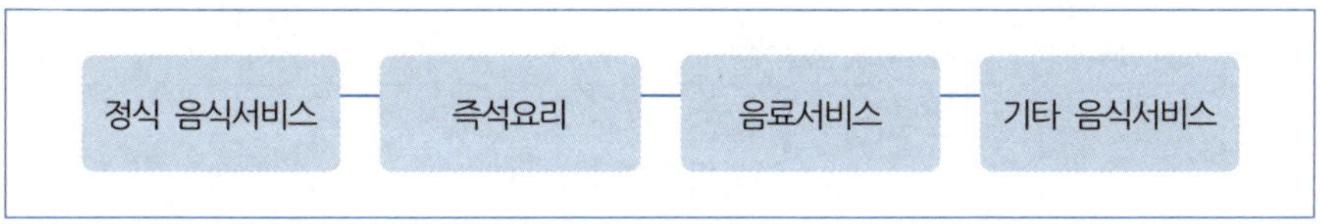

중국의 경우에는 상무부에 소속되어 있는 반점협회에서 외식산업을 관장하고 있다. 중국의 외식산업 분류는 정식 음식서비스, 즉석요리, 음료서비스, 기타 음식서비스 등 4개 영역으로 구분된다.(한국외식연감, 2011)

4 외식사업 창업 사업계획서의 구성요소

일반적으로 사업계획서는 용도와 사용 목적에 따라서 차이를 보이지만, 일반적으로는 다음과 같은 양식을 취하고 있다. 외식사업의 창업을 위해서 사업계획서의 구성요소를 외식업에 적용시키면, 외식사업의 창업을 준비하는 예비창업가들은 많은 도움이 될 것으로 생각된다.

표 7.4 사업계획서의 구성항목과 주요 내용

주요 항목	주요 내용
회사 개요	회사소개, 주요제품과 서비스, 재무현황, 대표인 및 경영인
사업 개요	창업 아이템 소개, 창업배경 및 동기
제품 및 서비스	제품 및 서비스의 개요
시장 분석	시장 특성, 동향, 규모, 경쟁기업
개발 계획	고객의 요구사항, 리스크 관리방안
생산 및 운영계획	생산량, 인원설비, 원자재 구매
마케팅 계획	시장세분화, 포지셔닝, 표적시장
재무 계획	소요자금, 조달계획, 상환계획
인적자원 계획	창업팀 소개, 소요인력, 급여 및 보상체계
추진 계획	최종목표, 일정계획

5 외식업체 창업을 위한 사업계획서 구성항목의 적용

(1) 회사개요

창업하고자 하는 외식업체에 관한 개관적인 정보이다.

(2) 사업개요

사업에 관한 전반적인 내용을 기술하는 것으로서, 창업 아이템의 개념과 특성을 설명한다.

(3) 제품 및 서비스

고객들에게 제공하는 제품이나 서비스의 개요 및 구성에 대한 설명한다.

(4) 시장분석

외식업체에서 판매하고자 하는 아이템과 이 아이템을 판매하고자 하는 시장에 관해서 기술한다.

(5) 개발계획

외식서비스를 제공하기 위한 계획을 기술한다.

(6) 생산 및 운영계획

개발한 외식서비스의 생산 및 운영계획을 기술한다.

(7) 마케팅 계획

외식업체에서 생산한 서비스의 판매계획을 수립하는 것이다.

(8) 재무계획

외식업체를 창업하기 위해 필요한 자금에 관한 내용을 기술하는 것이다.

(9) 인적자원 계획

외식업체의 운영에 필요한 인적자원에 관해서 기술하는 것이다.

(10) 추진계획

외식업체 창업의 추진일정과 추진 주체에 관해서 기술하는 것이다.

Hospitality
SERVICE
Start-up

CHAPTER 08

관광숙박업, 국제회의업, 리조트업의 창업

1 관광숙박업의 창업

창업가들의 입장에서 볼 때 관광숙박업의 창업은 쉬운 부분은 아니라고 생각할 수 있는데, 그 이유는 일반적으로 관광숙박업이란, 호텔업과 연관이 되는 부분이기 때문에 초기 투자비용이 많이 투입되는 분야이기 때문이다. 또한 관광숙박업의 창업을 위해서는 매니지먼트와 관련된 분야의 인사, 재무, 회계, 마케팅 등과 같은 다양한 기능들을 필요로 하는데, 개인기업이 이러한 기능을 보유하고 관광숙박업을 창업을 하기에는 현실적으로 매우 어렵다.

따라서 규모가 작은 생계형 관광숙박업의 창업이 아닌 이상 1인기업이나 개인기업의 경우에는 이러한 관광숙박업의 창업이 매우 어렵지만, 창업가정신을 가지고 다른 형태의 관광숙박업을 운영하려면 최근 일반화된 에어비앤비를 활용한 민박 형태의 창업은 가능하다.

숙박업 창업

관광객 증가와 관광산업 활성화로 발전 가능성 농후

중·장년층 자영업자가 위태롭다. 취업이 힘들어진 청년들과 은퇴 연령에 진입한 베이비붐 세대들이 한꺼번에 창업전선에 뛰어들면서 경쟁은 과열되고, 소자본 형태의 쉽고 대중적인 아이템으로만 몰려 수익구조가 악화되고 있다. 또한 업계 전문가들은 초보 창업가들이 철저한 준비 없이 빠른 속도로 창업하는 것도 실패의 요인으로 분석하고 있다. 이에 따라 수요층이 풍부하고 발전성이 농후한 창업 아이템을 찾으려는 노력들이 활발한 가운데 '숙박업 창업'이 새로운 블루오션 업종으로 각광받고 있다. 최근, 여행 레저 인구가 증가하고 관광산업 분야가 꾸준한 흑자를 기록함에 따라 숙박산업에 대한 관심이 높아지고 있다. 특히 '한류문화' 열풍에 힘입어 2014년 우리나라를 방문한 관광객이 1,400만 명을 돌파한 데다 정부의 각종 관광산업 활성화 정책까지 더해지며 앞으로의 발전 가능성이 높은 것으로 전문가들은 예측하고 있다. 여기에 누구나 손쉽게 모텔이나 호텔을 운영할 수 있도록 운영 매뉴얼을 시스템화한 숙박업 프랜차이즈 브랜드들이 가세하면서 호황을 맞고 있다. 은퇴를 준비하는 창업 예정자에겐 든든한 노후준비 아이템으로, 기존 숙박업 경영인들은 리모델링과 업종 전환에 초점이 맞춰졌다.

호텔이나 모텔 · 게스트하우스 등 숙박형 창업은 초기에 토지 · 건물 · 비품 · 집기 등 각종 시설투자가 일시에 이뤄져야 하기 때문에 리스크가 높은 편이다. 또한 숙박업은 체계화된 시스템이나 매뉴얼이 없어 창업분야로 선택하는데 많은 어려움이 있던 것도 사실이다. 그뿐만 아니라 공사단계에서 철저한 감리 및 정확한 예산이 집행되지 않아 오픈이 늦춰져 금전적으로 큰 손실을 보는 사례도 빈번하게 발생한다. 이와 같은 이유 때문에 프랜차이즈 브랜드를 선호하는 추세가 두드러지고 있다.

운영관리 편리한 프랜차이즈 브랜드 증가 추세

2011년 국내 최초 숙박 프랜차이즈로 출범한 '야놀자'는 에이치에비뉴(H. Avenue), 호텔야자(Hotel Yaja), 호텔앤(Hotel Anne), 모텔얌(Motel Yam) 등 4종류의 숙박 프랜차이즈를 운영하고 있다. 리모델링 운영 마케팅을 전혀 모르더라도 모텔이나 호텔을 운영할 수 있다는 점이 야놀자 프랜차이즈의 경쟁력이다. 현재까지 가맹점수는 61개다.

'호텔야자'는 독특한 인테리어 콘셉트를 보유한 프리미엄 숙박 브랜드다. 파티룸 · 복층구조 · 좌식 객실 등 다양한 객실타입을 선보여 왔으며, 특히 파티룸과 복층형 객실은 이용객 사이에 인기가 높다. 가맹개설 비용은 카페 콘셉트 40객실 기준으로 9억500만 원(로열티 등 제외)이다. 또 '모텔얌'은 착한 가격을 내세운 실속형 브랜드다. 주로 낡은 시설의 소규모 모텔을 대대적으로 리모델링하여 신규 오픈하는 것이 특징이다. 가맹개설 비용은 20객실 기준 2억4,000만 원(로열티 등 제외). '야놀자'는 240만 명의 누적 회원을 보유한 숙박정보 및 예약 서비스를 제공하는 회사다. 이런 인프라를 활용해 회원들을 대상으로 가맹점을 집중적으로 홍보하는 서비스를 제공받을 수 있다. 각 가맹점마다 담당 '슈퍼바이저'가 지정되어 마케팅, 서비스교육, 객실점검, 시설관리 등 운영 전반에 대한 관리서비스를 지속적으로 지원한다.

김영수 프랜차이즈 사업부 부서장은 "가맹점주의 성공적인 창업을 위해 본사에서 상권분석과 리모델링은 물론 오픈 후 지속적 관리까지 제공하고 있다."며 "매입형 숙박모델은 매매를 하게 되면 시세 차익까지 얻을 수 있어 총 수익률은 상당한 편이다."고 말했다.

이 밖에 게스트하우스도 눈여겨볼 만하다. 일반적인 숙박업소와 달리 공동 주방과 휴게실 등을 사용할 수 있어 저렴한 비용으로 여행을 즐기려는 젊은이들과 외국인들에게 좋은 반응을 얻고 있다. 하지만 체계적이지 않은 운영방식과 과도한 초기투자로 인해 폐업을 하거나 영업양도를 하는 사례도 상당수다. 차별화된 전략과 효과적인 운영시스템이 중요하다.

자료 | 아시아투데이, 2015년 4월 27일

2 호텔업과 창업

호텔업의 경우는 개인차원의 창업이라기보다는 기업차원의 창업이 이루어지고 있다고 할 수 있다. 호텔업은 다른 산업과 비교해서 몇 가지 고유한 특성을 가지고 있는데, 그 주요한 특성은 다음과 같다.

1) 인적자원에 대한 의존성

호텔산업은 다른 산업에 비해서 인적자원에 대한 의존도가 상대적으로 가장 큰 산업 중 하나이다. 이러한 인적자원의 높은 품질의 서비스를 통해서 호텔의 상품이 생산되고 판매되면 고객만족을 최대화 할 수 있다.

호텔업은 다른 산업에 비해서 상대적으로 호텔기업들이 핵심역량을 보유하기가 어렵다고 할 수 있는데, 이러한 상황에서 호텔기업들이 핵심역량을 보유하여 다른 기업에 비해 경쟁우위를 확보하려면 서비스 품질을 높여야 한다. 서비스 품질을 평가하는 기준은 여러 기준이 있지만, 가장 일반적으로 사용되고 있는 PZB의 서비스 품질 평가기준인 유형성Tangibility, 신뢰성Reliability, 확신성Assurance, 반응성Responsiveness, 공감성Empathy을 최대화하기 위해서는 결국 인적자원의 서비스 품질이 호텔기업의 경쟁력을 좌우한다. 따라서 자동화나 기계화로 대체될 수 없는 산업의 특성을 가진 호텔산업에서는 인적자원에 대한 의존도가 매우 높다.

2) 높은 초기 투자비용

호텔산업은 토지의 확보, 호텔건물의 건축, 내부시설 등을 완전히 갖추어서 사업을 시작해야 하고, 이러한 부분에 투자되는 비용이 상당히 높은 편이기 때문에 초기 투자비용이 다른 산업에 비해서 매우 높다.

3) 연중무휴 영업

호텔기업은 산업의 특성상 하루 24시간, 1년 365일 휴업하지 않고 사업을 해야 하는 특성을 가지고 있다. 따라서 다른 부분도 중요하지만, 특히 인적자원관리가 다른 산업에 비해서 더욱 중요한 산업 중 하나이다.

4) 글로벌화 된 산업 특성

다른 산업에 비해 호텔산업은 매우 글로벌화 된 산업이다. 글로벌화Globalization에 관한 정의는 다양하지만, 일반적으로 세계경제시스템이 하나로 통합되는 현상을 보이는 것으로 정의할 수 있는데, 정보통신기술의 발전, 무역장벽의 감소 등으로 인해 국가별 국경에 관한 경계가 점점 약해지고 있는 상황에서 국제관광 인구는 빠르게 증가하고 있다. 이러한 상황으로 인해 글로벌화 된 파워브랜드를 가진 Hyatt, Hilton, Marriott 등 규모가 큰 호텔기업들이 세계 호텔산업에서의 점유율을 높이고 있으며, 산업 전체적인 관점에서 보더라도 호텔산업은 다른 산업에 비해 상대적으로 글로벌화 된 산업 중 하나이다.

위와 같은 특성으로 인해 개인의 호텔업 창업은 매우 어렵지만, 호텔업의 창업과 관련하여 매우 중요한 부분은 글로벌기업의 창업이 매우 활발한 산업이며, 산업의 특성상 프랜차이즈 형태의 운영이 매우 많은 산업이기 때문에 창업과 관련하여 창업의 유형 중 본사와 가맹점 간의 형태를 가진 창업 아이템으로는 매우 효율적이다.

규모가 큰 글로벌 기업들도 새로운 사업에 진출할 때에는 개인이 창업하는 경우와 마찬가지로 사업계획서를 작성하여 사업성 및 수익성 분석 등과 같은 과정을 거치기 때문에, 개인의 창업과 기업의 창업도 유사한 점이 있다.

3 호텔업 창업을 위한 입지선정 요인

기업입지는 기업이 기업 활동을 수행하기 위해 자리잡게 될 지리적 위치로 호텔업의 경우가 대표적인 예인데, 큰 액수의 고정자금이 투입되는 단계이기 때문에 종합적인 기업의 운영상황을 고려하여 결정하여야 한다. 일반적으로 기업의 입지와 관련해서는 경영 외적 고려요인과 경영 내적 고려요인으로 구분할 수 있다.

(1) 경영 외적 고려요인

- 역사적 요인 : 주로 지역적인 역사적인 전통과 결부된 요인을 의미한다.
- 입지정책 요인 : 지역경제 정책적이며 도시계획적인 성격의 요인을 의미한다.
- 사회경제적 요인 : 사회경제적인 관점에서 행해지는 입지정책으로, 예를 들면 어려운 입지에 기업이 위치하고 있으며 세제혜택과 같은 지원을 해주는 경우이다.

(2) 경영 내적 고려요인

- 생산지향적 요인 : 원료 확보의 난이성 여부가 중심이 된다.
- 판매지향적 요인 : 제품판매의 유리성 여부가 중심이 된다.
- 노동지향적 요인 : 양질의 노동력을 적당한 가격으로 충분히 확보할 수 있는지가 중심이 된다.
- 수송지향적 요인 : 수송수단의 확보와 수송자체의 난이성 여부가 중심이 된다.
- 기업가지향적 요인 : 기업가의 개인적 · 심리적 선호가 중심이 된다.
- 기타지향적 요인 : 주위 환경과 같은 자연적 입지조건의 타당성 여부가 중심이 된다.

이러한 관점에서 볼 때 호텔업은 입지가 매우 중요한 부분이라고 할 수 있다. 아래의 사례에서 보듯이 입지와 더불어 경쟁자의 전략에 대한 대응이 중요한 부분이기 때문에 경영 내적, 경영 외적 모든 요인을 고려하여 입지를 선정해야 한다.

4 호텔의 분류

「관광진흥법」에서 제정한 관광숙박업의 분류와 호텔업과 관련된 정의는 다음과 같다.

1) 법규에 의한 분류

호텔업은 관광호텔업 · 수상관광호텔업 · 한국전통호텔업 · 가족호텔업의 네 가지로 분류되고 있으며, 관광호텔업은 다시 종합관광호텔업과 일반관광호텔업으로 나눌 수 있다. 「관광진흥법」상에서 호텔업은 다음과 같이 정의된다.

"관광객의 숙박에 적합한 시설을 갖추어 이를 관광객에게 제공하거나 숙박에 부수되는 음식 · 운동 · 오락 · 휴양 · 공연 또는 연수에 적합한 시설 등을 함께 갖추어 이를 이용하게 하는 업"이다.

(1) 종합관광호텔업

관광객의 숙박에 적합한 시설을 갖추어 이를 관광객에게 이용하게 하고 숙박에 부수되는 음식 · 운동 · 오락 · 휴양 · 공연 또는 연수에 적합한 시설 등(이하 '부대시설'이라 한다)을 함께 갖추어 이를 관광객에게 이용하게 하는 업을 말한다. 종합관광호텔업의 등록기준은 욕실 또는 샤워시설을 갖춘 객실이 30실 이상이어야 하며, 외국인에게 서비스 제공이 가능한 서비스체제를 갖추어야 한다. 또한 부동산의 소유권 또는 사용권이 있어야 한다.

(2) 일반관광호텔업

관광객의 숙박에 적합한 시설을 갖추어 이를 관광객에게 이용하게 하거나 숙박에 부수되는 음식 · 운동 · 휴양 또는 연수에 적합한 시설을 갖추어 이를 관광객에게 이용하게 하는 업을 말한다. 일반관광호텔업의 등록기준은 욕실 또는 샤워시설을 갖춘 객실이 30실 이상이어야 한다. 외국인에게 서비스 제공이 가능한 서비스체제를 갖추고 있어야 하며, 「관광숙박시설 등에 관한 특별법」의 규정에 의한 지정 숙박업자의 지정기준을 갖추고 있어야 한다.

(3) 수상관광호텔업

수상에 구조물 또는 선박을 고정하거나 계류시켜 놓고, 관광객의 숙박에 적합한 시설을 갖추거나 부대시설을 함께 갖추어 이를 관광객에게 이용하게 하는 업을 말한다.

(4) 한국전통호텔업

한국전통의 건축물에 관광객의 숙박에 적합한 시설을 갖추거나 부대시설을 함께 갖추어 이를 관광객에게 이용하게 하는 업을 말한다.

(5) 가족호텔업

가족단위의 관광객의 숙박에 적합하도록 숙박시설 및 취사도구를 갖추어 이를 관광객에게 이용하게 하거나 숙박에 부수되는 음식 · 운동 · 휴양 또는 연수에 적합한 시설을 함께 갖추어 이를 관광객에게 이용하게 하는 업을 말한다.

(6) 휴양콘도미니엄업

관광객의 숙박과 취사에 적합한 시설을 갖추어 이를 당해시설의 회원 · 공유자 · 기타 관광객에게 제공하거나 숙박에 부수되는 음식 · 운동 · 오락 · 휴양 · 공연 또는 연수에 적합한 시설 등을 함께 갖추어 이를 이용하게 하는 업을 말한다.

2) 규모에 의한 분류

호텔의 규모에 의한 분류는 일반적으로 소규모 호텔은 150실 이하, 중규모 호텔은 150실 이상에서 300실 미만, 대규모 호텔은 300실 이상으로 구분하지만, 대부분의 호텔이 300실 이상의 대규모 형태로 호텔을 운영하고 있다.

3) 입지에 의한 분류

(1) 도시호텔

도시호텔City Hotel은 비즈니스와 쇼핑 등의 목적으로 운영되는 도시의 중심가에 위치한 호텔로, 상용과 공용 혹은 도시를 방문하는 관광객들이 많이 이용한다.

(2) 휴양지호텔

휴양지호텔Resort Hotel은 휴식 · 보양 · 여가를 목적으로 여행하는 관광객을 대상으로 하는 호텔로서, 휴식과 심신을 단련할 수 있는 시설을 갖추고 관광객을 유치하고 있으며, 시설이나 규모가 대형화되고 있는 추세이다.

(3) 터미널호텔

터미널호텔Terminal Hotel은 주로 공항 · 철도역 · 항구 주변에 위치한 호텔로서 교통수단을 이용하는 여행객들을 대상으로 하는 호텔이다. 이와 같이 터미널 호텔은 교통수단이 항공 · 선박 · 철도 · 버스 등이 출발하고 도착하는 곳의 부근에 위치하므로, 관광객은 물론 교통기관의 승무원들이 자주 이용하게 되는 호텔이다.

4) 숙박 목적에 의한 분류

(1) 상용호텔

상용호텔Commercial Hotel은 주로 도심지 및 상업지역에 위치하여 사업상 혹은 사교 등의 목적을 가진 투숙객 및 방문객을 대상으로 하는 호텔이다.

(2) 거주형호텔

거주형호텔Residential Hotel은 보통 1개월 이상 장기 체류객을 대상으로 하는 주택형 호텔을 말한다.

(3) 카지노호텔

카지노호텔Casino Hotel은 호텔 내에 부대시설로서 도박시설을 갖추어 놓고 도박을 위한 고객을 유치하는 호텔을 말한다.

5 호텔의 기능

(1) 숙박 및 식음료서비스 기능

거주지를 떠나 여행하는 사람들에게 고객의 능력과 취향에 따라 다양한 숙박 및 식음료서비스를 제공하는 기능을 말한다.

(2) 비즈니스서비스 기능

상담 · 회의 · 전시 · 교역전 등의 장소를 제공하고 비즈니스를 위해 호텔을 이용하는 고객들의 편의를 위한 비즈니스 정보교환과 비서업무 등의 서비스를 제공하는 기능을 의미한다.

(3) 스포츠 · 레저 기능

고객들에게 놀이 · 위락 · 기분전환 등의 정서함양을 위한 서비스를 제공하는 기능이다.

(4) 문화서비스 기능

고객을 위한 부가적인 서비스로서 향상된 고객의 지적 수준과 다양해진 고객의 취미활동을 위해 기본적인 기능 이외에 교육 · 예술 · 공예 · 학습 등의 문화적인 서비스를 제공하는 기능을 말한다. 같은 서비스업이면서 호스피탈리티 서비스 산업인 호텔업과 여행업을 비교해 보면, 창업에 있어서 입지의 중요성을 이해하는데 많은 도움을 얻을 수 있다.

여행업은 경영환경 상 입지의 중요성이 호텔업보다 훨씬 덜하다고 할 수 있는데, 직접 방문해서 서비스를 구매하는 고객이 드물지만, 호텔업의 경우에는 호텔이 어디에 위치하고 있느냐에 따라서 호텔의 매출에 많은 영향을 미칠 수 있기 때문이다. 이렇게 창업을 하는데 있어서는 입지조건이 매우 중요한 요인으로 작용하는데, 입지조건의 구성요소는 인구, 교통수단, 상업 중심성 등이 있다.

비즈니스호텔 각축전 …'신라 · 롯데 · 조선' 격전예고

국내 특급호텔의 신규호텔 전쟁이 뜨거워지고 있다. 특급호텔보다 숙박료는 저렴하지만, 그에 못지않은 서비스로 고객 잡기에 나섰다. 일각에선 중저가 숙소를 선호하는 중국인 관광객과 개별 자유여행객 증가뿐 아니라 국내 출장 수요도 늘어나 비즈니스호텔이 급증하는 추세라고 분석했다.

16일 업계에 따르면, 2013년 비즈니스호텔 사업에 진출한 호텔신라는 7번째 비즈니스호텔인 '신라스테이 광화문'을 오는 22일 개관한다. 신라스테이 광화문은 관공서·기업의 비즈니스 출장객과 실속 관광객을 위해 '합리적인 가격'과 '품격 있는 서비스'로 차별화된 전략을 펼칠 계획이다. 호텔신라는 내년에 서울 구로와 천안, 2017년에는 서울 서초동과 해운대에도 비즈니스호텔을 선보일 예정이다.

호텔롯데는 내년 1월 6일 서울 명동에 비즈니스호텔인 롯데시티호텔명동을 연다. 호텔롯데는 2009년 마포에 롯데시티호텔을 선보인 뒤, 현재 6개 비즈니스호텔을 운영하고 있다.

내년 1월 12일에는 새로운 브랜드인 라이프스타일 호텔 L7 명동을 서울시 중구 퇴계로에 개관한다. 롯데시티호텔의 주고객이 합리적인 가격과 편리함을 중요시하는 비즈니스 출장객이라면, L7호텔은 감각적인 삶을 즐기는 20~40대의 여성을 고객층으로 삼았다. L7의 가격대는 10만~20만 원대 초반으로, 롯데시티호텔보다 다소 높다. 2017년에 서울 홍대 인근에도 L7 호텔을 열 예정이다.

이 밖에 지난 5월 비즈니스호텔 포포인츠바이쉐라톤서울남산을 개관한 신세계조선호텔은 오는 2017년 말 신세계백화점 본점 인근에 호텔을 연다. 외국계인 프랑스의 호텔 체인 루브르호텔 그룹도 4성급 호텔 브랜드인 '골든 튤립엠호텔'을 내년 1월 개관할 예정이다.

이처럼 특급호텔이 신규 호텔 늘리기에 나선 이유는 늘어나는 중국인 관광객 수요를 맞출 수 있다고 보기 때문이다. 특히 이들은 특급호텔에 비해 숙박료는 낮지만 깔끔하고 세련된 숙소를 선호하고 있다. 호텔업계 관계자는 "중국인 관광객뿐 아니라 내국인들의 호텔수요가 다양해지고 있다."며 "합리적인 가격과 특급호텔 못지않은 서비스로 호텔경쟁이 심화하고 있다."고 말했다.

자료 | jabiu@newsis.com

6 국제회의업의 창업

(1) 국제회의업의 개념

국제회의업의 법률적 정의를 살펴보면, "국제회의라 함은 상당수의 외국인이 참가하는 회의(세미나, 토론회, 전시회 등을 포함한다)로서 대통령령으로 정하는 종류와 규모에 해당하는 것"을 말한다.

(2) 국제회의의 종류

국제회의의 종류는 매우 다양한 편이라고 할 수 있는데, 주요한 국제회의의 형태별 분류와 의미는 다음과 같다.

- 컨벤션 : 회의분야에서 가장 널리 사용되는 용어로 정보전달을 목적으로 하는 정기집회
- 컨퍼런스 : 공식적인 상호 의견교환 및 공통적인 관심사를 토의하기 위해 두 명 이상의 사람들이 모이는 회의
- 콩그레스 : 컨퍼런스와 유사하며 종종 과학자집단이나 의사집단에서 사용
- 심포지엄 : 제시된 안건에 대해 전문가들이 청중 앞에서 벌이는 공개토론회
- 강연회 : 심포지엄에 비해 더욱 형식적이며 한 연사가 강단에서 청중들에게 연설
- 포럼 : 패널리스트나 연사의 주도하에 이루어지는 토론회
- 세미나 : 대면토의로 이루어지는 소규모의 비형식적 모임
- 워크숍 : 특정분야에 종사하는 비교적 소규모 집단의 사람들을 위한 간단하고 집중적인 교육프로그램
- 클리닉 : 주로 교육활동에 사용되는 형태의 모임
- 단기강습회 : 주로 업계 내에서 이루어지는 것으로, 좀더 심도 있는 교육의

기회를 제공

- 패널 : 어떤 주제에 대하여 다양한 의견을 가진 전문가들이 사회자의 주도하에 서로 다른 분야에서의 전문가적 견해를 발표하는 공개토론회

(3) 국제회의업의 업무

국제회의업의 주요 업무 흐름은 다음과 같다.(김영규, p.195 참조)

표 8.1 국제회의업 주요 업무

시 기	추진 업무
회의 2~5년 전	• 조직위원회 결성 • 행사 주제 선정 • 개최일자, 기간 선정 • 회의 참가규모 파악 • 참가자 성향 파악 • 장소(회의장, 숙박호텔, 전시장) 선정 • 예산편성 및 등록비, 전시 참가비 설정 • 자금 모금계획 작성 • 프로그램(안) 작성 • 공식 로고, 심벌 제작
회의 12개월 전	• 위원회별 기본계획 작성 • 연사 및 초청인사 선정 • 업무 체크리스트 작성 • 공식 항공사, 여행사 선정 • 행사안내 홍보물, 등록서 제작, 발송 • 전시업체 모집 • 자금확보 시장(후원기관 선정 및 접촉) • 시청각 기자재 임대업체, 운소업체, 이벤트사 등 관련업체와 가계약
회의 10개월 전	• 전시부스 판매, 광고 및 후원기관 모집 현황 체크 • 기브어웨이(Giveaway) 주문 • 사전등록 개시 • 유력매체의 광고 게재면 확보
회의 6개월 전	• 등록절차 및 방침 결정 • 등록정보 관리용 데이터베이스 구축 • 홍보제작물 디자인 확정 • 보도자료 배포 • 운송업체, 시청각 기자재 임대업체, 이벤트사, 장치업체 등과 계약 체결

시 기	추진 업무
회의 4개월 전	• 홍보물 2차 발송 • 명찰 제작 • 프로그램 디자인 검토 • 사진사, 비디오업자 선정
회의 3개월 전	• 게시판, 티켓 등 각종 제작물 발주초청 연사용 항공, 숙박 예약 및 확인서 발송 • VIP 에스코트 지정 • 메뉴 선정 • 모든 계약사항 재확인 • 호텔, 여행사, 항공사 등의 예약현황 점검 시작
회의 2개월 전	• 회의 기자재 준비, 회의실 도면 작성 • 프로그램 제작 • 초청연사 선물 · 상장 · 상패 등 제 운영요원용 지침서 작성 • 인원고용계획 결정(기간, 인원수, 고용비)
회의 1개월 전	• 초청인사 항공권 발송 • 참가자 및 전시업체 리스트 제작 • 모든 용역업체(여행사, 운송업체, 장치업체 등)의 준비사항 재확인 • 보도자료 배포 • 요원교육
회의 1주일 전	• 운송업체에 최종 스케줄 전달 • 회의장으로 사무국 이전 • 회의자료 도착 확인
회의 1일 전	• 식음료 주문량 재확인 • 행사용품 목록 작성 • 현장요원 교육 • 등록 데스크 운영 개시 • 총 리허설
각 회의 전	• 회의실 배치상태 점검 • 마이크 및 시청각 기자재 점검 • 각종 배포물, 설문지, 기타자료 비치
회의 종결 후	• 각종 비용 지불 • 수입, 지출 결산보고 • 후원업체에 감사장 발송 • 참가자 설문서 집계 • 행사결과 보고서 발간 • 조직위원회 해산

(4) 창업과 국제회의업

다른 호스피탈리티 서비스 산업과 마찬가지로 국제회의업도 개인이 직접 창업을 하는 것은 매우 어려운 일이라고 할 수 있으며, 한 국제회의에서 부분적으로 하청을 받아서 창업을 하는 것은 개인기업 차원에서도 가능하다.

CASE 코엑스, 글로벌 마이스산업으로 리브랜딩

국내 최대 컨벤션센터 코엑스 노사가 30년 만에 처음으로 내년 임금인상을 유보하기로 합의했다. 창사 30주년을 맞아 '글로벌마이스(MICE) 기업'이란 새로운 브랜드 정체성을 세우기 위한 의지의 표명이다. 마이스는 회의(Meeting), 포상관광(Incentive), 컨벤션(Convention), 전시회(Exhibition)의 영문 앞 글자를 따 만든 말로, 이들 서비스를 아우르는 산업을 의미한다. 관광객 1인이 380만 원 경제효과를 부르는 미래 신성장 동력으로 주목받고 있다.

10일 서울 코엑스에서 기자들과 만난 변보경 코엑스 사장은 "내년부터 전 세계를 무대로 하는 마이스(MICE)기업으로 다시 태어나겠다."고 선언하며 "지난 8일 코엑스 임원진과 노조가 마주앉아 회의를 벌인 결과, 내년도 임금인상 유보분 등 6억 원을 모두 마이스산업 수출에 쏟자고 뜻을 모았다."고 밝혔다. 서울 삼성동에 복합쇼핑몰 '코엑스몰'을 소유한 코엑스는 시설관리와 임대사업을 하는 회사란 이미지가 강하다. 하지만 연매출 430억 원 중 실제 수익은 마이스 관련사업(270억 원)에서 올리고 있다. 그래도 세계 최대전시회 전문 회사인 영국의 리드 엑시비션이 매년 1조 원을 벌어들이는 것에 비하면 갈 길이 멀다. 지난 2013년까지 수익성 높은 사업에서 성공을 거두지 못해 적자를 면치 못하다가 지난해 흑자로 전환한 것을 계기로, 코엑스는 '글로벌 마이스기업'으로서의 도약을 시도하고 있다. 코엑스는 전시사업 해외 주최·수출을 확대하기 위해 전담조직(해외사업팀)을 꾸렸다. 지난 6월 베트남 현지사무소를 세워 인도차이나 반도 사업 기반을 마련한데 이어, 내년 11월엔 중국 청두에서 1,000여 개 기업이 참가하는 '프리미엄 생활소비재대전'을 개최한다. 코엑스는 또 '글로벌 마이스시티 네트워크'를 만들어 수도권에 비해 관련 행사 인프라가 부족한 13개 지방 주요도시(공주, 정선, 여수 등)에서의 마이스산업 개발을 지원할 예정이다. 지방 전시회 해외 마케팅과 비즈니스 미팅 알선 등에도 앞장서 전국 각지에 마이스산업을 뿌리내리게 한다는 계획이다.

변 사장은 "단순한 돈벌이 계획이 아니다."라며 "세계시장 점유율 20%대에 불과한 한국 마이스산업을 일으키고 중소기업들이 해외로 나가는 교두보를 마련하겠다는 대의를 앞세우겠다."고 강조했다.

자료 | 중앙일보, 2015년 12월 10일

7 리조트업의 창업

1) 리조트의 정의

리조트는 사람들을 위해 휴양 및 휴식을 제공할 목적으로 일상 생활권을 벗어나 자연경관이 좋은 지역에 위치하며, 레크리에이션 및 여가활동을 위한 다양한 시설을 갖춘 종합단지Complex를 의미한다.

리조트산업은 리조트의 기능과 시설에 관련되는 산업 등을 포함하는데, 여기에는 리조트생활에 필수적인 숙박, 식음료, 레크리에이션 업종이 포함된다. 레크리에이션의 대표적 시설로는 스키, 골프, 수영, 보트계류 및 선착시설Marina, 사우나, 각종 오락 및 유흥시설이 있고, 숙박시설로는 호텔, 콘도, 유스호스텔이 있으며, 레스토랑, 바 등 식음료시설을 갖추고 있다.

영국의 『옥스퍼드사전』에 의하면, 리조트를 'a plce often visited for a particular purpose'로 해석하고 있는데, 이를 설명하면 "특별한 목적(휴가, 건강회복 등)을 위해 사람들이 찾아가는 곳으로서 종합레크리에이션 센터 또는 종합관광지라고 부를 수 있는 장소"를 의미한다.

미국의 『웹스터사전』에 의하면, 'a place to which people go often or generally, esp. one for rest or recreation, as on a vacation'으로 해석하고 있는데, 이는 "사람들이 휴가 시, 휴식과 레크리에이션을 위해 많이 방문하는 곳"으로 정의할 수 있다.

비슷한 의미로 사용되고 있는 리조트타운Resort Town이나 리조트랜드Resort Land의 의미는 "어느 기간 일상생활 권을 떠나서 자연자원의 혜택을 받는 지역에 보양을 목적으로 체재하는 사람들을 위해 다양한 선택권이 부여되는 여가활동을 위한 제반시설이 계획적으로 구비되어 있는 곳"이라고 할 수 있는데, 이 같은 의미는 레저시설이 비교적 집약되어 단지적인 성격을 띤 지구라고 할 수 있다.

이와 같이 리조트를 사전적 의미로 해석할 때는 '자주 가는 곳'이라는 정도로 포괄적으로 해석할 수 있으며, 프랑스에서는 통상적으로 '방문한다'라는 의미 정도로 해석되고 있다. 특히, 리조트의 발생지역인 프랑스에서는 북으로 갈수록 연간 일조시간이 짧아지기 때문에, 여름이 되면 태양을 찾아서 남유럽 방면으로 대이동을 하는 습관이 있다. 여기에서는 여러 가지 다양한 레저시설이 있는 것도 아니고, 일광욕을 즐기든지 또는 때때로 가벼운 스포츠를 하는 정도이다. 일광욕 그 자체가 귀중하기 때문에 의외로 리조트의 첫 출발은 프랑스인들의 단순한 일광욕이었는지도 모른다.

이상의 리조트에 관한 기존의 개념상의 정의들을 종합하여, 본서에서는 리조트를 "자연경관이 수려한 일정규모의 지역에 관광객의 욕구를 충족시킬 수 있는 현대적 복합시설이 갖추어진 지역으로서, 인간심신의 휴양 및 에너지의 재충전을 목적으로 개발된 활동 중심의 체류형 종합휴양지"라고 정의하고자 한다.

2) 규정상의 정의

(1) 일본의 「종합휴양지역정비법」

일본의 「종합휴양지역정비법」(일명 리조트법)에 규정되어 있는 리조트의 정의를 살펴보면, 리조트란 "양호한 자연조건을 가진 토지를 포함한 상당 규모(15ha)의 지역으로, 국민이 여가 등을 이용하여 체재하면서 스포츠, 레크리에이션, 교양문화 활동, 휴양, 집회 등의 다양한 활동을 할 수 있도록 가능한 중점정비지역(약 3ha)이 수 개소 정도 존재해 그것이 상호간에 연결되어 유기적인 연대를 가지는 일체적인 지역"으로 규정하고 있다.

이 정의에 의하면, 리조트는 ① 체재성, ② 자연성, ③ 휴양성(보양성), ④ 다기능성, ⑤ 광역성 등의 요건을 겸비하고 있어야 하는 것으로 해석하고 있다. 즉 하나의 요건만 만족시켰다고 해서 모두 리조트라 할 수 없는 것이다.

(2) 한국의 「관광진흥법」

우리나라의 경우, 법 규정상 리조트라는 개념에 정확히 상응하는 규정은 없으나, 유사한 개념으로 「관광진흥법」에서 규정하는 종합휴양업에 의해 종합관광지 또는 종합휴양지라는 용어들로 정의할 수 있다.

종합휴양업이란 "국민의 건전한 여가선용을 위해 일정한 장소(원칙적으로 165,000m^2 이상)에 민족문화 자원의 소개시설, 유희 오락시설, 식음시설, 숙박시설, 기타 유양시설 등을 복합하여 운영하는 사업"으로 규정하고 있다.

진정한 리조트의 요건을 갖추기 위해서는 사실 관광지나 관광단지로 지정을 받아야 하지만, 그 규정상 여러 시설이 요구되어 초기투자 등의 문제로 인해 국내 리조트의 대부분은 사업시행 시 관광지나 관광단지로 지정받지 않고 있다.

여름철 리조트와 겨울철 리조트가 주류인 우리나라의 경우, 리조트단지라기보다는 건축물 위주의 스포츠클럽하우스 성격이 강하다. 이러한 것들은 시설별로 개별법에 의해 허가를 받고 사업추진 시에 「관광진흥법」에서 규정하는 종합휴양업이나 전문휴양업으로 등록을 하는 경우가 많다는 것이다. 즉 체육시설과 휴양시설 등을 주기능 시설로 사업허가를 받고, 그 이외의 부기능 시설로 관광시설을 다시 허가받아 집합화하면 리조트로의 기능을 갖춘 관광사업 또는 휴양시설지가 되는 것이다. 이런 경우는 우리나라에서 가장 흔하게 사용되어지는 방법이기도 하다.

스키장의 경우, 스키시설을 주기능으로 하고 골프시설, 콘도미니엄, 휴양시설 등을 부기능으로 함으로써 '단지화' 하는 경우인데, 각 개별시설을 해당법에 의해 사업승인을 받아서 단지화하거나 「관광진흥법」에 의해 종합휴양업이나 전문휴양업으로 사업승인을 받은 경우이다.

우리나라의 골프장은 체재라는 조건과 다기능이라는 조건이 없고, 테마파크는 체재, 자연, 휴양의 기능이 부족하며, 카지노는 자연, 다기능의 기능이 부족하다. 또한 청소년수련시설은 휴양의 기능이 부족하며, 노인복지시설은 자연,

다기능, 광역화의 기능이 부족하다고 할 수 있다. 스키장과 온천단지의 경우에는 이러한 요건들을 충족하고 있다고 할 수 있다. 왜냐하면, 스키장과 온천단지는 체재, 자연, 휴양, 다기능, 광역화라는 조건을 충족하고 있기 때문이다.

일본에서 리조트가 빠르게 발전하게 된 원인 중 하나는 우리보다 스키와 온천문화가 잘 발달되어 있기 때문이다. 스키장과 온천단지 이외의 시설들도 복합적으로 집단화한다면 그러한 부족한 기능들이 상호 보완적으로 상쇄될 수 있기 때문에 리조트로서 그 기능이 유지될 수 있다고 할 것이다.

리조트산업의 창업은 초기 투자비용이 비교적 많이 드는 편이기 때문에, 개인기업이 창업을 하는 경우에는 매우 드문 편이다.

CHAPTER 09

창업과 마케팅

1 마케팅의 개념

현재 우리가 살아가고 있는 시대를 마케팅의 시대라고 할 만큼 모든 분야에 있어서 마케팅의 중요성은 점점 증가하고 있다. 특히, 글로벌화와 정보화의 확산으로 전 세계의 모든 사람과 소셜 네트워크 시스템을 통해 커뮤니케이션이 가능해지면서 마케팅에 관한 비중은 이전에 비해 더욱 증가하고 있다.

마케팅에 대한 정의는 1960년 미국마케팅협회AMA : American Marketing Association에서 처음 공식적으로 제기되었으며, 여러 가지 환경의 변화와 학문적으로 마케팅이 발전하는 과정에서 마케팅에 대한 정의도 변화를 가져왔다. 현재 가장 일반적으로 사용되고 있는 마케팅에 대한 정의는 1985년 미국마케팅협회에서 발표한 아래의 정의이다.

> "마케팅이란, 개인과 조직의 목표를 만족시켜 주는 교환을 창조하기 위해 아이디어, 재화, 서비스에 대한 개념, 가격, 촉진, 유통을 계획하고 집행하는 과정이다."
> Marketing is the process of planning and executing the conception, pricing, promotion, and distribution of idea, goods, and services to create exchange that satisfy individual and organization objectives.

최근에는 스마트폰을 기반으로 한 다양한 애플리케이션 사용의 일반화로 인해 마케팅의 개념에서 모바일 마케팅이 차지하는 비중이 급속하게 증가하고 있으며, 이러한 경향은 향후 더욱 가속화 될 것으로 예측된다.

호텔마케팅과 객실영업의 관점에서도 이러한 마케팅 트렌드로 인해 고객들 입장에서는 더욱 편리하게 전 세계 모든 호텔의 객실요금 및 객실과 관련된 정보를 비교할 수 있기 때문에, 호텔의 입장에서는 더욱 치열한 마케팅 환경에 노출되었다고 할 수 있다.

따라서 호텔마케팅 및 객실영업 업무와 관련하여 호텔의 마케터들은 자사의 객실영업 및 마케팅과 관련된 정보뿐만 아니라 경쟁호텔의 객실상황과 마케팅 전략 등 더욱 확인해야 할 정보가 많아졌다.

2 마케팅 개념의 발전과정

마케팅 개념의 발전과정은 생산 개념, 제품 개념, 판매 개념, 마케팅 개념, 사회적 마케팅 개념의 다섯 단계 발전과정을 보이고 있다.

1) 생산 개념

제품의 공급이 수요에 비해 부족한 시장 환경 하에서는, 제품은 만들기만 하면 판매가 된다거나 소비자들에게 저렴한 가격으로 원하는 만큼 구매할 수 있게 해주는 것이 마케팅의 중요한 기능 중 하나라고 생각하는 견해가 있다.

이와 같이 소비자들의 수요와 욕구충족을 위해 생산성 향상과 원가절감에 초점을 맞추어야 한다는 생산지향적인 마케팅 이념을 '생산 개념Production Concept'이라고 한다. 이러한 상황 하에서는 기업들이 우선적으로 생산을 증가시킬 수 있는 방법을 찾는 데에 주력하게 된다.

2) 제품 개념

'제품 개념Product Concept'은 소비자들이 우수한 품질의 제품을 선호할 것으로 보고, 최고품질의 제품생산에 주력하는 제품지향적 마케팅 이념을 의미한다. 제품 개념에 입각한 기업의 시장 활동은, 기본적으로 잘 만들어진 우수한 제품은 소비자들의 만족도가 상당히 높을 것이라는 가정 하에 이루어지며, 그렇기 때문에 이러한 기업의 마케팅 활동은 기업의 연구개발 부서에서 제품을 개발하고 생산 부서에서 생산된 제품을 시장에 판매만 하는 것이다.

3) 판매 개념

'판매 개념Selling Concept'이란, 판매기능을 가장 중요시하는 기업의 이념으로, 이러한 기업은 어떤 제품이든 충분한 판매노력을 기울이면 판매량을 늘릴 수 있고, 소비자들은 기업이 많은 판매와 촉진활동을 하지 않으면 많은 구매를 하지 않는다고 가정한다. 따라서 판매 개념을 중요시하는 기업들은 판매와 촉진활동에 초점을 맞추게 되는데, 이 개념이 주장하는 근거는 소비자들에게 판매 및 촉진활동을 하지 않으면 제품의 존재를 알지 못하며 많이 구입하지 않는다.

이와 같이 소비자 중심이 아닌 판매자 중심의 시장 개념에 따라 활동하는 기업은 판매 자체가 목적이기 때문에, 소비자의 구매 후 만족 여부에는 관심가지는 것이 어렵다.

4) 마케팅 개념

'마케팅 개념Marketing Concept'은 판매 개념 다음에 나타난 개념으로서, 기업의 목표달성 여부는 시장에 있는 소비자의 욕구를 파악하고 이들에게 만족을 전달해 주는 활동을 얼마나 경쟁자보다 효율적으로 수행할 수 있느냐에 달렸다고 보는 이념을 의미한다.

판매 개념과 마케팅 개념의 차이점은, 판매 개념은 판매자의 욕구에 초점이 맞추어져 있지만, 마케팅 개념은 구매자의 필요와 욕구에 초점을 맞춘다는 점이다. 다시 말해, 판매 지향적 기업은 제품을 현금으로 바꾸려는 판매자의 욕구에 초점이 맞추어져 있는 반면, 마케팅 개념에 입각한 기업은 제품의 생산, 유통, 소비와 관련된 모든 활동에 있어서 소비자의 필요와 욕구를 만족시키는 데에 초점을 두고 있다는 것이다. 또한 마케팅 개념은 제품생산에서부터 유통,

판매 후 관리까지 통합적 마케팅을 통해 소비자들의 필요와 욕구를 최대한 충족시키는 것을 마케팅 활동에 있어서 가장 중요한 과제로 본다.

5) 사회적 마케팅 개념

'사회적 마케팅 개념Societal Marketing Concept'은 소비자들의 단기적인 욕구와 만족을 충족시키는 것도 중요하지만, 사회 전체적인 이익과 복지의 증진도 매우 중요하다고 보는 마케팅 이념을 의미한다.

최근, 기업들은 기업을 둘러싸고 있는 여러 가지 환경의 변화들로 인해 마케팅 활동의 의사결정 시 사회의 관심사를 함께 고려해야 할 필요가 있는데, 이렇게 사회적 마케팅 개념에 입각한 기업은 기업의 이윤추구, 소비자의 필요 및 욕구충족과 더불어 사회전체의 이익과 복지도 조화롭게 고려해야 한다. 최근 자연환경 문제를 고려하여 공해를 줄이는 제품생산과 기업의 공해방지시설 설치 등을 강조하는 그린마케팅Green Marketing 등도 사회적 마케팅 개념의 한 예라고 할 수 있다.

3 마케팅믹스

마케팅믹스Marketing Mix란, 마케팅 프로그램과 전략개발을 위해 사용할 수 있는 통제 가능한 마케팅 도구들의 집합을 말하며, 마케팅믹스의 결과로 얻어진 최종 의사결정의 내용을 '마케팅 프로그램Marketing Program'이라고 한다.

고객의 욕구를 충족시켜 주는 교환을 창출하기 위해서는 마케팅 전략을 수립하고 그에 따라 마케팅 활동을 수행해야 하는데, 마케팅 전략의 핵심은 표적시장을 선정하고 그 시장의 고객욕구를 충족시키는 마케팅믹스를 개발하는 것이다. 마케팅믹스는 제품Product, 가격Price, 유통Place, 촉진Promotion 등 네 가지 요소로 구성되어지며, 모두 영어 알파벳 'P'로 시작되기 때문에 4P's라고도 한다.

마케팅믹스Marketing Mix의 구성요소들 상호간에는 서로 영향을 미치게 되며, 이들 4개의 요소를 어떻게 조합하느냐에 따라서 마케팅 성과는 많은 차이를 나타낼 수 있다.

1) 제품

'제품Product'은 교환을 위해 시장에 제공되는 제품, 서비스, 아이디어, 장소 등 교환 제공물로써 품질, 기능, 디자인, 브랜드 등 제품의 구성요소들이 마케팅믹스 전략의 도구로 사용된다. 따라서 호텔에서 객실영업 부서에서 객실영업 업무를 담당하는 직원들은 자사의 호텔객실이라는 상품을 최대한 판매하는 것이 가장 큰 목표 설정이 될 수 있다.

2) 가격

'가격Price'은 제품의 거래조건을 구성하는 것으로서 제품과 서비스의 효용 및 가치를 금액으로 표시한 것이다. 객실영업에 있어서 가격이란, 매우 중요한 부분이라고 할 수 있는데, 호텔 객실의 가격은 다양한 요인에 의해 형성될 수 있지만, 일반적으로 호텔의 브랜드와 접근성이 가장 많은 영향을 미친다. 호텔의 브랜드와 관련해서는 일반적으로 큰 규모의 호텔체인 기업들은 일반적으로 한 브랜드가 아닌 복수의 브랜드를 보유하는 멀티브랜드 전략Multibrand Strategy을 구사하는데, 같은 기업의 복수 브랜드는 더 고급스러움을 추구하여 가격 형성이 높게 된 브랜드와 그렇지 않은 브랜드가 공존한다고 할 수 있다. 예를 들면, 일반적으로 동일한 조건 하에서 Hyatt Corporation의 Grand Hyatt라는 브랜드가 더 고급스러움을 추구하는 브랜드인 Park Hyatt보다 가격이 저렴하다고 할 수 있다.

다음은 가격 형성과 관련하여 접근성의 비중을 들 수 있는데, 특히 교통의 편리성은 호텔 객실의 가격을 형성하는데 매우 중요한 요소가 될 수 있다.

3) 유통

'유통Channel'이란, 생산된 제품이나 서비스를 소비자에게 이전하는 과정을 의미하며, 유통경로란 제품이나 서비스를 생산자로부터 소비자에게 이전되어가는 과정에 거치게 되는 경로를 의미하는 것으로, 이 과정에 참여하는 모든 개인 및 조직의 집합체로 구성되어진다. 유통은 유통기관, 유통경로, 유통방식 등이 전략수단으로 사용된다.

4) 촉진

'촉진Promotion'은 소비자와 커뮤니케이션을 하기 위해 사용하는 수단들인 광고, 판매촉진, 인적판매, 홍보 등이 마케팅믹스 전략의 수단으로 작용된다. 촉진과 관련해서는 모든 산업이 마찬가지겠지만, 스마트폰을 기반으로 한 정보화의 발전으로 인해 호텔객실의 영업 및 예약 관련된 부분에서도 오프라인적인 촉진보다는 모바일을 이용한 촉진의 영향이 매우 크다. 이러한 경향은 향후 더욱 가속화될 것으로 예측된다.

4 창업과 제품전략

1) 제품의 개념

'제품Product'이란, 소비자의 필요Needs와 욕구Wants를 충족시켜 줄 수 있는 모든 것을 의미하는 것으로, 유형적 제품, 무형적 서비스, 사람, 관광지와 같은 장소 등을 모두 포함한다. 제품이 소비자의 욕구를 충족시켜 줄 수 있는 것은 그 제품이 지니고 있는 속성 때문인데, 이러한 제품의 속성들은 핵심 제품Core Product, 유형 제품Tangible Product, 확장 제품Augmented Product 세 가지 차원들로 구성된다.

2) 제품의 구성요소

소비자들은 자신의 욕구를 충족시키기 위해 제품을 구입하게 되는데, 실제로 소비자들이 원하는 것은 구매하는 제품으로부터 얻게 되는 혜택의 조합이라고 할 수 있다. 동일한 제품에 대해서도 소비자들마다 얻는 혜택이 다르기 때문에 마케팅 관리자들은 제품을 구성하는 요소들을 효과적으로 통합하여야 한다. 제품을 구성하는 요소들은 품질, 디자인, 상표, 포장으로 분류할 수 있다.

(1) 품질

품질이란, 특정제품이 그 기능을 수행할 수 있는 능력을 말하는 것으로, 품질의 측정에 사용되는 구성요소로는 다음과 같은 것들이 있다.(David A. Garvin, "Competing on the Eight Dimensions of Quality", Harvard Business Review, November / December 1987, pp.101-109)

(2) 디자인

제품 디자인은 자사의 제품을 차별화할 수 있는 하나의 수단이 될 수 있을 뿐만 아니라, 탁월하고 우수한 디자인은 소비자에게 더 많은 구매의 유인을 제공할 수 있다. 제품 디자인에는 색, 크기, 형태, 재료, 무게 등이 포함되며, 제품 사용의 편리성과 유용성도 제고해야 한다. 최근 디자인의 중요성은 더욱 부각되고 있으며, 소비자의 편리성을 높은 디자인을 가진 제품의 성공 확률은 더욱 높아진다.

(3) 상표

상표Brand란, 특정 판매업자의 제품이나 서비스를 다른 판매업자들로부터 식별하고 차별화시키기 위해 사용되는 명칭, 말, 상징, 기호, 디자인, 로고와 이들의 결합체라고 정의할 수 있다. 또한 상표의 개념으로는 상표명, 상표마크, 등록상표 등이 있다.

상표명Brand Name은 코카콜라, 폴로 등과 같이 상표 중에 말로 발음하고 나타낼 수 있는 문자, 단어, 숫자 부분을 말하며, 상표마크Brand Mark는 폴로의 말과 같이 상표 중에 상징, 디자인, 독특한 색상이나 문자와 같이 인식은 되지만 말로 표현할 수 없는 부분을 말한다. 등록상표Trade Mark는 그 상표의 독점적 사용이 법적으로 보장되어 보호받을 수 있는 상표를 의미한다.

(4) 포장

일반적인 포장의 기능에는 제품의 소비가 완료될 때까지 내용물을 보호하는 보호기능과 보관기능, 사용의 편리성을 높여주는 기능, 촉진기능, 그리고 제품 폐기를 용이하게 해주는 기능 등이 있다. 이렇게 포장은 여러 가지 기능을 가지고 있지만, 최근에는 포장이 마케팅 수단으로서 수행하는 기능이 보다 중시되고 있는 경향을 보이고 있다.

3) 제품의 분류

제품은 크게 소비재와 산업재로 구분되는데, 소비재는 소비자가 최종 소비를 위해 구매하는 제품이며, 산업재는 다른 제품의 생산이나 사업을 위해 구매되는 제품을 의미한다.

소비재는 소비자의 쇼핑 습관에 따라 편의품, 선매품, 전문품, 미탐색품 등으로 분류한다. 편의품Convenience Goods은 소비자가 최소의 노력으로 자주 구매하는 제품을 의미하며, 다시 필수품Staple Goods, 긴급품Emergency Goods, 충동품Impulse

Goods으로 분류한다. 선매품Shopping Goods이란, 소비자가 가격, 품질, 디자인 등을 평가해서 탐색한 후 구매되는 제품을 말한다. 선매품은 편의품보다 구매빈도는 낮지만 가격이 높은 편이다. 전문품Specialty Goods은 소비자가 제품을 구매할 때 많은 탐색노력을 기울이는 제품을 말한다. 전문품은 일반적으로 상표 인지도와 상표 충성도가 높으며, 대표적인 전문품으로는 고가의 자동차와 시계들을 예로 들 수 있다. 미탐색품Unsought Goods이란, 소비자들이 평소에 거의 제품 탐색의도를 보이지 않는 제품을 말한다.

4) 호스피탈리티 서비스의 분류

서비스는 핵심서비스와 부가서비스로 구분되는데, '핵심서비스Core Service'란 서비스 상품의 판매에 있어 주된 요소가 되는 서비스를 말하며, '부가서비스Supplementary Service'는 핵심서비스를 판매하기 위해 보조적인 역할을 하는 서비스를 말한다.

예를 들어, 호텔에서 제공하는 핵심서비스는 숙박 및 식음료 판매와 관련된 서비스이며, 부가서비스란 종사원의 친절, 호텔 내 · 외의 정보 제공, 비즈니스와 관련된 편의 제공 등이라 할 수 있다. 하지만 관광기업의 핵심서비스는 거의 비슷하기 때문에, 핵심서비스만으로는 경쟁기업과 차별화하기 어려운 것이 사실이다. 따라서 부가서비스 측면의 차별화를 시도하는 것이 보다 유용하다.

- 숙박상품 : 관광호텔, 수상관광호텔, 가족호텔, 한국전통호텔, 콘도미니엄, 모텔, 여관, 유스호스텔, 방갈로, 펜션 등의 객실상품을 말한다.
- 식음료상품 : 호텔 레스토랑 및 주장, 관광식당, 일반음식점, 유흥음식점, 간이음식점 등에서 제공하는 음식과 음료 등의 상품을 말한다.
- 교통상품 : 항공기, 선박, 유람선, 버스, 기차 등의 객석 및 렌터카 등의 상품을 말한다.

- 관광편의품 : 관광활동에 필요한 물품, 즉 모자, 의복, 선글라스 등의 상품을 말한다.
- 쇼핑상품 : 기념품, 토산품, 특산품 등의 상품을 말한다.
- 관광명소상품 : 박물관, 전시관, 기념관, 문화유적지, 명승지, 휴양지, 민속촌, 주제공원, 생태관광지, 재래시장, 건축물, 자연 그 자체 및 형상물 등을 이용한 상품을 말한다.
- 관광활동상품 : 온천, 스포츠활동, 전통체험(김치, 도자기 등), 카지노 등의 체험상품을 말한다.
- 관광이벤트상품 : 축제, 공연, 스포츠경기, 박람회 등의 이벤트적 상품을 말한다.
- 기타 : 기후, 친절성, 이미지, 민족성, 신기성 등을 관광상품화 한 것을 말한다.

5) 제품수명주기

(1) 제품수명주기의 개념

제품수명주기Product Life Cycle란, 새로운 제품이 개발되어 시장에 출시된 이후 성장하다가 일정기간을 경과한 후에 쇠퇴되어 시장에서 사라지기까지의 과정을 의미한다. 다시 말하면, 특정제품이 개발되어 시장에서 출시된 이후 시간이 경과함에 따라 매출액과 이익이 변화해 가는 과정을 나타낸 것이다.

(2) 제품수명주기의 단계별 특성 및 전략

제품수명주기는 도입기 · 성장기 · 성숙기 · 쇠퇴기로 나눌 수 있는데, 각 단계별 특성은 다음과 같다.

① 도입기 : 도입기Introduction Stage는 특정제품이 처음으로 시장에 출시되어 소비자가 구매하게 되는 단계로, 기업은 시장 개척자로서 계획된 제품

포지셔닝 전략에 따라 마케팅믹스 전략 등을 실행한다.

② 성장기 : 성장기Growth Stage에는 매출액이 증대되어 이익이 증가하지만, 높은 시장점유율을 유지하기 위해 촉진 및 유통에 많은 자금이 투입되는 시기이다.

③ 성숙기 : 성숙기Maturity Stage에 들어서면 매출액이 감소하기 시작하기 때문에, 기업은 시장과 제품 및 마케팅믹스 등에 변화를 주어 확보한 시장을 방어하게 된다.

④ 쇠퇴기 : 쇠퇴기Decline Stage에는 기술혁신, 경쟁심화 등으로 매출액이 감소한다.

(3) 호텔관광지의 수명주기

Burtler는 1980년 상품수명주기와 유사한 호텔관광지의 수명주기를 제시하였는데, 상품수명주기에서의 상품판매량은 관광객 수로, 시장의 진화과정은 관광지의 물리적 시설이나 행정조직과 같은 관광지의 개발과정으로 대치된 것이다. 이러한 관광지의 수명주기는 관광지의 질과 양이라는 시장진화와도 관련시켜 설명할 수 있는데, 관광지의 수명주기는 탐색기 · 몰입기 · 강화기 · 정체기 · 쇠퇴기로 구분할 수 있다. 각 단계별 특징을 살펴보면, 다음과 같다.

① 탐색기 : 호텔관광수명주기의 첫 번째 단계인 탐색기는 단체관광을 싫어하는 소수의 모험적 관광객들이 지역을 방문하고, 접근방법과 편의시절의 부족으로 관광객 수가 제한되는 시기이다.

② 몰입기 : 몰입기는 관광객을 위한 시설이 일부 개발되고 광고도 함에 따라 관광객 수가 증가하는 시기로, 성수기와 주요 관광객 밀집지역이 형성되며, 공공부문은 기반시설을 제공해야 할 책임을 느끼게 되는 시기이다.

③ 개발기 : 개발기는 관광객이 대량으로 유입되며, 관광지에 대한 통제가 지

역주민의 손을 벗어나고, 외부기업이 현대적 시설을 개발하기 시작하면서 관광조직이 변화하는 시기이다.

④ 강화기 : 강화기는 관광객 수가 증가하나 증가율이 저하되기 시작하는 시기이다. 관광지는 완전히 성숙한 관광사업의 일부로 존재한다.

⑤ 정체기 : 정체기에 오면 관광객 수가 최고치에 도달하고, 이제 지역은 더 이상 인기가 없어진다. 보수적 여행자들 중 반복 방문객이 주요 관광객이다.

⑥ 쇠퇴기 : 주말이나 당일 여행객 같은 지리적으로 근접한 소수의 관광객만이 이 지역을 방문한다.

6) 신제품 개발

기업이 신제품을 얻을 수 있는 방법은 크게 두 가지로 나누어 볼 수 있는데, 첫 번째는 신제품을 보유하고 있거나 신제품 개발에 적극적인 기업을 인수 · 합병하는 방법이고, 두 번째는 기업 내부적으로 연구개발 부서에 의한 신제품개발이다.

(1) 신제품 개발의 의의

다양한 소비자들의 욕구를 충족시키기 위해서 기업들은 제품차별화Product Differentiation 전략으로서 신제품을 개발한다. 또한 상황에 따라서는 기존제품을 계획적으로 진부화시키기 위해서 신제품을 개발하기도 한다. 신제품은 시초제품 · 혁신제품 · 수정제품 · 신상표 등의 유형이 있는데, 시초제품은 핵심기능을 최초로 제공하는 제품을 의미하며, 혁신제품은 핵심기능이 혁신적으로 변화된 제품을 의미한다. 수정제품은 핵심기능이나 부수적 기능이 수정된 제품이며, 신상표는 똑같은 기능의 제품을 상표와 포장만 바꾼 제품이다. 신제품이 시장에서 성공하기란 매우 어렵기 때문에, 기업의 입장에서 신제품 개발전략은 매우 위험도가 큰 전략이다.

(2) 신제품의 성공요인

① 소비자 관련요인

신제품이 시장에서 성공하기 위해서는 가장 먼저 소비자의 필요에 적합해야 하는데, 그러기 위해서는 표적 고객의 선택이 정확해야 한다. 또한 제품의 테이스팅, 출시 및 수명주기의 관리에 있어서도 고객의 필요를 해결하기 위한 제품의 편익이 소비자에게 적절하게 제공되고 있는지를 주기적으로 점검하는 것이 필요하다. 또 다른 소비자 관련 요인으로는 소비자에게 가격에 비하여 높은 효용을 줄 수 있는 제품이어야 한다.

② 기술 관련 요인

신제품의 성공 요인 중 기술관련 요인이란, 자사의 신제품이 경쟁사에 비해 독점적 기술우위를 가지고 있는 것도 중요하지만, 그보다도 소비자들이 원하는 편익을 제공할 수 있는 능력을 의미한다고 할 수 있다. 물론 다른 경쟁기업과 비교하여 독점적 기술우위를 보유하게 되면, 그 신제품은 시장에서 성공할 확률이 더 높겠지만 소비자들이 원하는 편익이 무엇인지 파악을 하지 못하게 되면 그 성공확률은 낮아지게 된다.

③ 시장 환경 관련 요인

일반적으로 신제품 중 성장잠재력이 큰 제품은 시장에서 성공할 확률이 높다고 할 수 있다. 성장잠재력이 큰 제품은 제품수명주기 상 성장기에 있는 제품을 말하며, 신제품의 진부화 속도, 전체 잠재시장의 크기 등을 모두 고려하여 성장 잠재력을 판단하여야 한다.

④ 기업 내부 요인

로버트Robert에 의하면, 신제품 들 중에서 독특한 기술을 가지고 기존 제품과의 관련성이 높은 시장에 진입했을 때는 67%의 성공률을 보였으며, 독특한 기술은 있으나 관련성이 낮은 시장에 진출한 경우에는 25%, 독특하지 않은 기술을 이용하여 관련성 없는 시장에 진입한 경우에는 극히 낮은 성공확률을 보였고, 독특하지 않은 기술로 관련성이 높은 시장에 진입한 경우 25%의 성공률을 보였다. 따라서 독특한 기술처럼 강점을 가지고 있으며 기존 제품과의 관련성이 높은 시장에 진출한 경우가 가장 성공 가능성이 크다고 할 수 있다.

그 외에도 신제품을 성공시키기 위한 기업 내부적 조건들 중에서 중요한 것들로는 최고경영인의 지원, 신제품 개발과 관련된 기능부서들 사이의 원활한 의사소통, 신제품을 성공시키려는 강력한 의지를 가진 임직원, 효과적인 신제품 개발조직 등을 들 수 있다.

⑤ 신제품 개발기간 및 출시의 타이밍

많은 제품들이 제품수명주기가 빨라지면서 진부화 속도가 빨라지고 있는데, 좋은 아이디어라고 하더라도 제품출시의 적기를 놓치면 시장에서 성공하기 어렵다. 특히 하이테크 제품일수록 출시의 타이밍이 더욱 중요하다고 할 수 있다. 한편, 아직 성숙되지 않은 시장에 신제품을 출시하여 실해하는 사례도 많이 있는데, 예를 들어, 1970년대에 맥도날드Mcdonald's가 우리나라에 진출을 시도하였으나 실패한 사례가 좋은 예가 될 수 있다.

(3) 신제품의 실패 원인

해마다 많은 신제품들이 시장에 출시되지만, 그 중 많은 수가 실패하고 만다. 성공한 제품과 실패한 제품을 구별하는 기준은 다양하지만, 일반적으로 신제품이 시장에서 실패하는 이유는 다음과 같다.

① 소비자 관련 요인

신제품이 실패하는 여러 요인 중에서 가장 일반적인 요인은 신제품이 기존 제품과의 차별화된 독특한 편익을 소비자들에게 제공하지 못하는 경우이다.

모방전략Me-too Strategy에 의해 출시된 신제품이 시장의 기존제품을 따라 잡는 것은 아주 힘든 일이다. 또한 독특한 편익은 있으나 소비자들의 기호가 바뀌어 더 이상 그 편익을 높이 사주지 않게 되는 경우도 있다.

따라서 신제품이 시장에서 실패할 확률을 줄이기 위해서 가장 필요한 노력은 기존 제품과는 차별화되면서도 소비자들이 원하는 독특한 편익을 찾아내어 이를 제공할 수 있도록 제품을 설계하는 일이다.

② 마케팅 전략 관련 요인

신제품의 성공은 정확한 표적시장의 선정과 그에 적합한 포지셔닝을 필요로 한다. 물리적으로는 훌륭한 제품을 만들어 놓고서도 마케팅 전략상의 실수로 인해 신제품이 실패하는 경우도 자주 볼 수 있다. 신제품의 실패 확률을 줄이기 위해서는 시장세분화가 올바르게 되어 있는가 하는 점과, 표적고객들에게 파고들 수 있는 포지셔닝이 이루어져 있는가를 면밀히 검토해야 한다.

③ 마케팅과 유통자원의 부족

신제품이 성공하기 위해 필요한 광고, 판촉, 유통상의 지원이 불충분해서 실패하는 신제품들을 볼 수 있는데, 특히 사내 영업조직이나 유통경로 구성원들을 설득하는데 실패하여, 신제품을 취급하는 것을 회피할 경우 신제품이 시장에서 성공을 거두기가 어렵게 된다.

④ 사내조직 관련 요인

신제품의 성공을 위해서는 전사적인 품질에 대한 인식과 고객지향적인 기업문화가 필요할 뿐만 아니라 기업 내의 마케팅 부문, 연구개발 부문, 생산 부문, 영업 부문 구성원들의 노력과 협조가 필요하다. 기업 내부적으로 위에서 언급된 부서의 협조가 부족하면 신제품은 시장에서 성공확률이 낮아진다.

⑤ 기타 요인

위에서 언급된 요인들 이외에도 기술개발과 관련된 요인, 신제품 출시의 타이밍, 수요예측의 실패, 경쟁기업에 대한 정보부재 기업을 둘러싸고 있는 외부환경 등에 의해 신제품이 시장에서 실패할 수 있다.

(4) 신제품의 분류

신제품 개발은 크게 세 가지 형태의 기본적인 아이디어로부터 시작된다. 첫 번째 경우는, 모방적 개발로서 실질적으로 유사한 제품 혹은 혜택을 근거로 개발을 하게 된다. 두 번째 경우는, 경쟁 우위적Competitive Advantage 개발로서 제품특성을 중심으로 한 제품 개선, 제품 차별화에 그 근거를 두게 된다. 세 번째 경우는, 신벤처적New Venture 개발로서 혁신적 기능, 특성, 혜택에 근거한 개발을 의미한다. 진정한 의미의 신제품이란, 혁신Innovation을 통한 '전혀 새로운' 제품을 의미한다. 그러나 지구상 신제품의 대다수는 모방적 신제품으로서, 그 사이에는 다음과 같은 여러 개념의 신제품 형태가 존재한다.

① 모방적Imitative 신제품

기존제품의 디자인 혹은 특성에 대한 복제를 기본으로 하고 있는 신제품을 말한다. 이러한 제품을 시장에 신규 진출시키는 기업들은 기존 디자인과 특성에 대한 약간의 수정을 도모하거나, 거의 동일한 제품에 대해 낮은 가격을 신제품 개발의 근간으로 하고 있다.

② 적응적 혁신Adaptive Innovation에 의한 신제품

제품의 독특한 특성을 중심으로 제품 개선이 실질적으로 이루어진 신제품이나, 기술적으로 평가한다면 신규혜택이 부가되지 않은 경우에 해당된다. Apple과 Windows의 Interface로 인해 컴퓨터의 작동이 보다 쉽고 효율적으로 개선되었으나, 컴퓨터로부터 얻을 수 있는 새로운 혜택이 부가되지 않은 경우가 좋은

예라고 할 수 있다.

③ 선구적 혁신Pioneering Innovation에 의한 신제품

제품의 형태 혹은 기능이 창조됨에 따라 신규 혜택이 부가된 경우의 신제품을 의미한다. Proctor & Gamble의 충치예방 기능을 갖춘 크러스트 치약과 1회용 기저귀가 과거 선구적 혁신제품에 해당될 수 있으며, 호텔산업에서 탄생되었던 Conference 호텔, All-suite 호텔, B&BBed and Breakfas 등이 좋은 예가 되고 있다.

④ 완전한 혁신Breakthrough Innovation에 의한 신제품

완전한 혁신이란 '전혀 새로운', 진정한 의미의 혁신을 의미하며, 이전에 존재하지 않았던 기술적 · 기능적 쿠데타에 의한 신제품이 여기에 해당된다. 환대산업에서의 근접한 사례는 Taco Bell의 K-minus 프로젝트에 의한 주방의 소멸이다.(정규엽, 2004, pp.391-392)

(5) 신제품 개발과정

신제품 개발과정은 아이디어 창출Idea Generation, 아이디어 채택Idea Screening, 사업 분석Business Analysis, 제품개념 개발Product Concept Development, 제품개념 테스트Product Concept Test, 제품 테스트Product Test, 마케팅믹스 계획Marketing Mix Planning, 시험 마케팅Test Marketing, 상업화Commercialization의 단계를 거친다.

아이디어는 기업내부 자료는 물론 경쟁사, 고객 등 다양한 경로를 통해서 창출될 수 있으며, 창출된 아이디어 중 기업이 목표로 하는 매출액과 시장점유율 및 기업의 이용 가능한 자원 등을 고려하여 채택하게 된다.

그 다음 단계가 사업성 분석인데, 사업성 분석이란 채택한 아이디어가 상품화되었을 때 비용 및 이익을 예측하는 것을 의미한다. 그 다음 제품 콘셉트를 개발하고 콘셉트에 대한 테스트를 실시한다.

그 다음 제품개발 단계에서 제품 출시에 문제가 없다고 판단되는 제품에 대해서 시험적으로 판매해 보는 시험마케팅을 실시한다. 시험마케팅을 통해서 기업들은 경쟁사의 제품과 비교해 매출액과 표적시장 및 고개들의 반응 등을 파악하게 된다.

(6) 신제품 확산과정

신제품이 시장에 출시되면 제품출시 후 일정기간이 흐른 다음 구매가 이루어지게 되는데, 이와 같이 특정제품이 전체목표 시장에 퍼져나가는 것을 신제품 확산과정이라고 한다.

신제품 확산은 신제품의 이점 등 신제품 자체, 구전이나 대중매체를 통한 정보의 원천, 의사전달을 촉진시키는 여러 상황요인들에 의해서 영향을 받는다.

Berkpwitz, Kerin, Rudelius의 연구를 기초로 해서 신제품 채택 시기를 중심으로 표적시장 소비자들을 분류하면, 혁신자Innovators, 조기수용자Early Adopters, 조기다수자Early Majority, 후기다수자Late Majority, 최종수용자Laggard로 분류할 수 있다. 혁신자에 속한 소비자들은 모험적이며 정보를 폭넓게 이용하는 사람들이고, 가격에 민감하게 대응하지 않기 때문에 기업들은 초기 고가격전략Skimming Strategy을 많이 활용한다.

조기수용자에 속한 소비자들은 소속집단의 지도자로서 교육수준이 높은 편이며, 특정제품에 대한 의견선도자Opinion Leader로서 소속집단에 영향을 미친다. 조기다수자들은 심사숙고형으로써 많은 비공식적인 사회생활을 하고 있는 사람들이며, 후기다수자들은 목표시장의 50% 이상이 신제품을 구입한 이후 비로소 구입하는 집단이다. 최종수용자에 포함된 소비자들은 변화를 싫어하고 부채를 두려워하는 사람들로서 혁신자가 또 다른 신제품을 수용하기 시작할 때 비로소 신제품을 구입하는 사람들이다.

5 제품전략

1) 제품믹스전략

(1) 제품믹스의 개념

특정기업이 판매하는 모든 제품라인Product Line 및 품목을 제품믹스Product Mix라고 하며, 제품믹스는 넓이Width, 깊이Depth, 길이Length의 세 가지 중요한 차원으로 구성된다.

제품믹스의 넓이란, 기업이 가지고 있는 전체의 제품라인의 수를 말하며, 제품믹스의 길이란 제품믹스 내에 있는 전체 제품의 수를 말하고, 제품믹스의 깊이란 특정 제품라인 내에 있는 한 제품이 창출해 내는 품목의 수를 의미한다.

제품라인은 특정기업이 보유한 제품믹스 중 물리적 특징이나 사용상의 용도, 유통경로가 비슷하여 동일한 마케팅 전략을 적용시킬 수 있는 제품의 집합을 말한다.

(2) 확대전략

확대전략은 제품라인의 길이를 확대하는 전략과 기존 제품라인에 새로운 제품라인을 추가시키는 전략이 있다. 제품라인을 확대하는 전략은 크게 하향 확대전략, 상향 확대전략, 양면 확대전략 등 세 가지로 나누어 볼 수 있다.

먼저, 하향 확대전략Downward Stretch은 고급품을 취급하던 기업이 품질과 가격면에서 다소 떨어지는 제품으로 확대해 나가는 전략을 말한다. 두 번째로, 상향 확대전략Upward Stretch은 저품질 · 저가격 제품으로 생산해오던 기업이 고품질 · 고가격의 제품을 추가시키는 전략을 의미한다. 상향 확대전략은 높은 마진과 기업의 포지셔닝 등의 이점을 추구할 수 있지만, 시장에서의 경쟁이 치열해지고, 소비자들의 신뢰도를 얻기가 쉽지 않은 어려움에 직면할 수 있다. 마지막으로, 양면 확대전략은 중품질 · 중가격을 취급한 기업이 고품질 · 고가격 제품과 저품질 · 저가격 제품을 모두 생산해 내는 전략을 말한다.

(3) 축소전략

제품라인의 축소는 기업의 생산능력이 부족할 때와 제품라인의 확대전략이 실패하여 보다 합리적인 경영이 이루어져야 할 경우에 사용하는 전략이다. 또한 특정 제품라인의 매출이 부진한 경우, 특정 제품라인의 시장이 축소된 경우 등에도 사용되는 전략이다.

2) 제품전략

제품전략은 기업의 투자목적과 밀접한 관계가 있는데, 수익성의 관점에서 볼 때 원가절감 전략과 제품개선 전략으로 나누어 볼 수 있다.

(1) 원가절감 전략

기업은 제품믹스 내에서의 다양성 축소와 가치분석 등을 통한 원가절감으로 수익을 창출할 수가 있다. 기업의 제품이 크기, 색상, 형태 등 제품의 다양화가 클 경우 생산 비용과 마케팅 비용이 커지게 된다. 기업은 이러한 다양성 축소를 통해서 원가를 절감할 수 있다. 가치분석이란, 특정제품의 기능, 원료, 제조공정, 원가분석 등을 통해서 제품원가를 절감시키는 방법을 말한다.

(2) 제품개선 전략

기업이 제품을 개선시키는 방법은 많이 있지만, 제품의 특징 · 품질 · 스타일을 통해서 제품을 개선시킬 수 있다. 먼저 특징은 기초제품에 대한 물리적 · 기능적 특성과 구성요인으로 소비자 선호를 유발시킬 뿐만 아니라 기업에 적극적인 이미지를 부여하는 탄력적이고 차별적인 경쟁도구로 이용할 수 있다.

품질적인 측면에서는 기업이 주장하는 최고의 품질보다는 소비자가 지각하는 품질이 더 중요하다고 할 수 있다. 또한 기업은 제품 스타일을 변경하여 제품의 기능을 향상시키기도 하지만, 기존제품의 스타일을 의도적으로 변경하여 새로운 구매를 유도할 수 있다.

(3) 상표 전략

상표를 사용한 전략은 개별상표 전략, 공동상표 전략, 혼합상표 전략, 상표확장 전략 등으로 나눌 수 있다.

첫째, 개별상표 전략은 현대자동차의 에쿠스, 소나타, 아반테 등과 같이 각각의 품목에 상표를 붙이는 전략을 말한다. 개별상표 전략은 각 상표품을 통해 소매점의 넓은 진열공간을 확보할 수 있어 경쟁제품의 진입을 제한시킬 수 있으며, 특정상표가 시장에서 소비자들의 호응을 얻지 못하더라도 다른 상표품에 파급효과가 거의 없다는 장점이 있지만, 각 품목마다 마케팅 활동을 해야 하기 때문에 마케팅 비용이 많이 드는 단점도 있다.

둘째, 공동상표 전략은 특정 제조업자가 생산하는 모든 제품들에 대하여 같은 상표를 부착하는 전략을 말하는데, 마케팅 비용은 개별상표 전략에 비해 적게 들지만 부정적인 효과가 상표 전체에 영향을 미칠 수 있는 위험성이 높은 단점이 있다.

셋째, 혼합상표 전략은 개별상표 전략과 공동상표 전략을 동시에 사용하는 전략으로 혼합상표 전략이 성공하면 양쪽의 장점만 사용할 수 있지만, 소비자의 입장에서 개별상표와 공동상표를 모두 기억하기가 쉽지 않다는 단점이 있다.

마지막으로, 상표확장 전략이란 기업이 신제품에 대해서 기존의 성공한 상표를 사용하는 전략을 말하는 것인데, 상표확장 전략을 통해서 신제품에 기존의 성공한 상표명을 적용함으로써 시장진입을 용이하게 할 수 있고, 광고 및 판촉 등 마케팅 비용을 줄이고 상표 이미지를 강화시킬 수 있다. 그러나 신제품이 실패하는 경우, 기존제품에도 부정적인 영향을 미치게 될 수 있다. 또한 지나친 상표확장 전략은 기존제품이 이미 소비자에게 심어놓은 그 제품만의 독특한 포지션에 영향을 줄 우려도 있다.

6 가격전략

1) 가격전략의 이해

(1) 가격의 개념

일반적으로 가격Price이란, 제품을 구입하고 그 대가로 지불하는 화폐가치를 의미하는데, 소비자의 입장에서 보면 가격은 소비자가 재화나 서비스를 획득 또는 사용을 통해서 얻게 되는 가치에 대해서 지불하는 대가라고 할 수 있다. 그러므로 가격은 제품의 교환가치로 볼 수 있으며, 좀더 구체적으로 말하면 구매자들이 특정제품을 구매함으로써 얻게 되는 효용에 부여된 가치이다.

가격은 일반적인 제품가격 외에 여러 가지 다른 형태나 명칭으로 나타날 수 있는데, 일정기간 건물의 사용에 따른 임대료, 학교에서의 등록금, 직장인의 월급, 은행의 대출이자 등은 모두 가격의 의미를 담고 있다.

(2) 가격의 중요성

가격은 소비자의 입장에서 제품을 선택할 때 가장 중요한 결정요인 중 하나로 작용하기 때문에, 마케팅관리자들 입장에서는 가격을 결정하는 것이 가장 중요한 문제 중 하나가 된다.

기업이 마케팅믹스로 사용하는 도구들 중 가격은 경쟁에 가장 민감한 특성을 가지고 있기 때문에, 기업의 입장에서 즉각적인 효과가 발생한다. 그러므로 가격은 가장 강력한 경쟁도구로의 사용이 가능하지만 경쟁기업의 즉각적인 모방이 가능하다는 단점을 가지고 있다.

만약 자사가 경쟁우위 확보를 위해 가격을 인하하였는데, 경쟁사가 모방을 하게 되면 기업은 가격인하를 통해 기대했던 목표 달성을 이루기 어렵고 수익성의 감소만 가져오게 된다. 특히 서비스기업들의 경우는 수요가 피크일 때 수요를 감소시키기 위해 가격을 올리기도 하며, 수요가 적을 때는 가격을 아주 낮게 책정하기도 하는데, 영화관의 조조 할인, 항공사의 비수기 할인 등이 그 예이다. 이처럼 가격은 서비스 마케팅의 7P믹스 중에서 다른 믹스와는 달리 쉽게 변화시킬 수 있고, 가장 빨리 변화의 결과를 얻을 수 있다.

이러한 서비스 가격이란, 위에서 언급된 대로 시장에서 제품의 교환가치이며, 구체적으로 구매자들이 특정제품을 구매함으로써 얻게 되는 효용에 부여된 가치라고 할 수 있다. 서비스 산업에서 제시되는 가격은 서비스의 종류에 따라 매우 다양하게 불리어진다.

일반적으로 소비자들은 서비스와 제품의 가격을 판단할 때에는 각자가 가지는 고유한 특성 때문에 양자를 다소 다르게 파악한다. 이러한 차이점이 발생하는 데는 크게 다음과 같은 세 가지의 이유를 들 수 있다.

- 소비자들이 서비스에 대한 준거가격을 부정확하게 알고 있거나 제한적 정보만을 가지고 있기 때문이다.
- 서비스가 갖는 무형성 때문에 소비자는 가격을 통해 품질을 판단하는 경향이 있다.
- 서비스에서는 금전적 가격뿐만 아니라 비금전적 요소인 시간, 노력 등이 소비자에게 더욱 중요할 수 있기 때문이다.

2) 가격결정 요인

기업이 자사의 제품이나 서비스에 대해서 가격을 결정할 때는 기업의 가격

목표, 제품에 대한 수요, 원가구조, 경쟁상황, 정부정책 등을 고려해야 한다.

(1) 기업의 가격목표

기업이 가격을 통해서 어떠한 목표를 추구하는지가 가장 먼저 자사의 제품 가격을 결정하는 요인으로 작용하게 된다. 이때 가격목표는 단독적으로 결정되어지기보다는 다른 마케팅믹스 변수들과의 관계를 고려하여 결정되어야 하기 때문에, 그 기업의 마케팅 전략 목표에 따라서 기업의 가격목표가 정해지게 된다.

(2) 제품에 대한 수요

제품에 대한 소비자들의 수요에 따라서 가격결정은 달라지는데, 예상되는 수요량이 얼마나 되며, 수요의 가격탄력성이 어느 정도인가에 따라 가격결정에 많은 영향을 미칠 수 있다.

(3) 원가구조

기업의 원가구조는 가격의 하한선을 결정하게 하는데, 기업은 생산, 유통, 판매 등에 소요되는 비용을 충당하고 투입한 노력과 위험에 비추어 적당한 이익이 보장되는 가격을 결정하게 된다. 기업이 고려해야 할 원가에는 크게 고정비와 변동비 두 가지가 있는데, 고정비는 새안 및 판매수입에 관계없이 발생하는 비용으로서, 예를 들면 임대료, 직원들의 급여 등이 포함된다. 변동비는 생산수준에 따라 변화하는 비용을 말한다. 원가구조는 생산 및 마케팅과 관련하여 아래와 같은 개념으로 파악할 수 있다.

① 총고정비

총고정비Total Fixed Cost는 생산, 판매되는 양에 관계없이 일정하게 발생하는 비용으로 임대료, 종업원들의 급여, 보험료, 공장 및 설비의 감가상각비 등이 있다.

② 평균고정비

평균고정비Average Fixed Cost는 제품 한 단위에 할당된 고정비용으로 총고정비용을 총제품 단위로 나누어 계산한다.

③ 변동비

변동비Variable Cost는 생산에 직결되는 직접 노무비와 자재비를 의미한다.

④ 평균변동비

평균변동비Average Variable Cost는 생산된 제품단위 당 변동비로서 총변동비를 총제품수로 나눈 것이다.

⑤ 총비용

총비용Total Cost은 총고정비와 변동비의 합계를 말한다.

⑥ 한계비용

한계비용Marginal Cost은 추가적으로 한 단위를 생산·판매함으로써 발생하는 총비용의 증가분이다. 보통 한계비용은 생산량이 적은 수준에서는 급격히 감소하나, 일정량 수준 이후에는 추가적 한 단위의 총변동비의 증가만큼 다시 증가하게 된다.

(4) 경쟁상황

기업은 경쟁기업의 가격과 품질을 파악한 후 자사의 가격결정의 가이드라인으로 사용할 수 있는데, 예를 들면, 자사제품과 경쟁제품의 품질이 비슷한 경우 자사제품의 가격은 경쟁제품과 비슷한 선에서 결정되어야 하며, 자사제품의 품질이 경쟁제품보다 떨어지면 가격도 낮게 책정해야 하며, 자사제품의 품질이 경쟁제품보다 높다고 판단이 되면 경쟁제품보다 가격을 높게 책정할 수 있게 된다. 또한 경쟁기업의 가격을 평가할 때에는 아래와 같은 점들을 고려해야 한다.

- 산업 내에 얼마나 많은 경쟁자가 있는가? 여기에는 대체제의 생산업자도 포함하여 분석해야 한다.
- 그들의 시장점유율과 시장은 어떠한가?
- 그들의 자금동원 능력 및 경영 능력은 어떠하며, 지금까지 이 제품에 어느 정도 투자하여 왔는가?
- 자사와 비교하여 그들의 원가구조는 어떠한가?
- 지금까지 어떠한 가격체계를 유지하여 왔는가?
- 소비자들은 경쟁제품에 어떠한 반응을 하는가?

한편, 경쟁상황과 고려하여 가격결정 시 경쟁자들도 자사의 가격변화에 대응하여 그들의 가격을 변화시킬 수 있다는 점을 고려해야 하기 때문에, 가격결정시에는 자사의 가격변화에 대한 경쟁기업들의 반응도 같이 고려해야 한다.

(5) 정부정책

가격결정은 항상 기업의 의지대로만 되는 것이 아니라 특별한 상황 하에서는 정부의 정책이나 법적 규제에 의해서 제품의 가격결정이 큰 영향을 받게 된다. 우리나라의 경우, 1981년 「공정거래법」 제정 이전까지는 정부의 개입이 매우 직접적인 형태로 나타났기 때문에 주요한 공산품 가격인상을 위해서는 사전에 정부의 허가가 필요했다. 이러한 상황 하에서의 가격인상은 원가인상 요인이 있다고 판단되었을 때에만 가능했기 때문에 상당한 부작용이 초래되었으며, 기업의 입장에서는 이러한 문제해결을 위해 신제품을 개발하거나 기존

제품의 품질을 저하시키는 방법을 사용하였다.

이러한 경우, 직접적으로 제품을 사용하는 소비자의 입장에서 품질이 저하된 제품을 사용하게 되고, 국산품의 품질향상이나 기술적인 면에서 문제가 발생되었다. 이와 같이 상황에 따라서는 가격에 대한 정부의 직접적인 규제가 가격의 수급조절 기능을 약화시키고 여러 가지 문제점을 야기시킬 수도 있다.

3) 가격결정 방법

(1) 원가 중심 가격결정법

원가를 중심으로 가격을 결정하는 방법에는 원가가산법Markup or Cost Plus Pricing과 목표수익률법Target Profit Pricing이 있다. 원가가산법은 가장 일반적으로 쓰이는 방법으로 원가에 표준이익을 가산하여 가격을 결정하는 방법이다. 목표수익률법은 일정한 표준생산량 하에서의 총원가에 예정된 수익률을 가산함으로써 가격을 결정하는 방법이다. 목표수익률법은 손익분기점Break-even Point을 이용하여 가격을 결정한다.

(2) 수요 중심 가격결정법

수요 중심 가격결정법이란, 기업이 제품을 생산하는데 들어간 원가가 아니라 소비자가 인식하는 제품의 가치에 따라 가격을 결정하는 방법이다. 이 방법은 소비자가 인식하는 가치에 따라 가격이 결정되는 방법이기 때문에 소비자들의 가치인식의 파악을 위해 일반적으로 소비자 조사를 실시한다.

(3) 경쟁 중심 가격결정법

경쟁 중심 가격결정법이란, 경쟁기업의 가격을 검토한 후 그 가격을 기준으로 자사의 가격을 결정하는 방법이다. 따라서 기업은 경쟁기업의 가격과 비교한 후 시가가격, 저가격, 중가격, 고가격 중 하나를 선택하게 되는데, 여기서 시가

가격이란 가격변화에 가장 영향력을 가진 선도기업이 결정한 가격을 의미한다.

4) 가격전략

가격전략은 기업의 현재와 미래의 경쟁상황을 분석해 보았을 때, 어떤 전략이 가장 효율적인지에 의해서 결정되는데, 기업의 마케팅 목표 및 마케팅믹스와 연관지어 결정해야 한다. 이러한 상황에서 단순히 고가격전략, 중가격전략, 저가격전략은 의미가 크지 않기 때문에 경쟁상황 등을 고려하여 상대적 고가격전략, 대등가격전략, 상대적 저가격전략으로 나누어서 생각할 수 있다.

(1) 상대적 고가격전략

상대적 고가격전략Premium Pricing Strategy은 자사제품의 가격을 경쟁기업 제품의 가격보다 높게 책정하는 전략으로, 자사의 제품이 그 시장에서 우수하거나 명성이 높을 때 사용이 가능하다. 상대적 고가격전략은 이미지를 중시하는 고가의류 제품이나 전문품 등에서 일반적으로 나타나며, 소비자가 가격에 의해서 제품의 품질을 평가하는 경향이 강하거나 제품이 개인의 사회적 지위나 명예, 건강 등의 상징적 의미를 갖는 경우에 자주 사용되는 가격전략이다.(채서일, 2004, p.360)

(2) 대등가격전략

대등가격전략Parity Pricing Strategy이란, 기업이 경쟁기업 제품의 가격과 동일하거나 거의 비슷한 수준으로 가격을 책정하는 전략을 말한다. 대등가격전략은 시장의 수요가 가격에 대해 탄력적이지 않고, 경쟁기업의 가격인하에 대해서 동일한 수준의 가격으로 대응이 가능할 때 사용된다. 기업이 대등가격전략을 구사할 때는 마케팅 전략에서 가격이 차지하는 비중이 그만큼 줄어들고 제품, 유통, 촉진과 같은 다른 마케팅믹스 요소들이 보다 더 중요한 역할을 하게 된다.

(3) 상대적 저가격전략

상대적 저가격전략Value Pricing Strategy이란, 경쟁기업보다 낮은 가격을 책정함으로써 철저하게 생산규모와 판매량을 늘리는데 목적이 있을 경우 사용되는 가격전략의 유형이다. 상대적 저가격전략은 수요의 탄력성이 높아 소비자가 가격에 대해 민감한 반응을 보일 때나 자사가 진출하려고 하는 시장에 경쟁기업의 수가 너무 많을 경우에 사용될 수 있으며, 이 전략을 구사하려면 경쟁기업들에 비해서 원가구조상의 우위를 가지고 있어야 한다.

7 유통전략의 이해

유통Distribution이란, 생산된 제품이나 서비스를 소비자에게 이전하는 과정을 의미하며, 유통산업이란, 도매상과 소매상 및 물적 유통기관 등과 같이 유통기능을 수행하고 지원하는 유통기구들의 집합을 말한다. 유통경로Channel of Distribution란 제조업자 → 도매상 → 소매상 → 소비자 형태와 같이 제품이나 서비스가 생산자로부터 소비자에게 이전되어 가는 과정에 거치는 경로이며, 이때의 유통경로는 제품, 가격, 촉진과 함께 마케팅믹스 구성요소의 하나가 된다.

유통경로는 다른 마케팅믹스에 비해서 상대적으로 낮은 탄력성을 가지고 있기 때문에 변화시키는 것이 쉽지 않아 유통경로의 선정은 매우 중요하다고 할 수 있다.

1) 유통경로의 기능

유통경로의 기능으로는 교환과정의 촉진, 소비자와 판매자의 연결, 고객서비스 제공 등이 있다. 위에서 언급된 유통경로의 기능 중 가장 중요한 기능은 교환과정의 촉진이라고 할 수 있는데, 유통경로는 교환과정에서부터 발생되었고 시장의 상황이 복잡해질수록 교환과정 역시 복잡해지게 된다.

유통경로의 다른 기능으로 소비자와 판매자의 연결기능이 있는데, 잠재고객의 위치를 정확하게 알 수 없는 제조업자들은 중간상들을 통해서 보다 많은 잠재고객에게까지 접근이 가능하게 되었으며, 고객도 자신이 구매하고자 하는 제품을 획득하기 위한 탐색 비용을 절감할 수 있게 되었다.

유통경로의 기능 중 고객서비스 제공 기능은 애프터서비스 제공과 더불어 제품의 배달, 설치 등에 관한 서비스를 제공한다.

8 유통경로 전략

1) 유통경로 구조의 결정

제조업자가 선택할 수 있는 유통경로의 형태는 제품의 유형에 따라 달라지는데, 가장 기본적인 형태는 소비재와 산업재로 나누어서 분류하는 경우이다.

(1) 소비재 유통경로

소비재의 유통경로는 유통경로 내에 개입되는 중간상의 수에 따라 네 가지 유형으로 분류할 수 있는데, 제조업자가 소비자에게 직접 판매하는 경우, 소매상이 하나만 있는 경우, 도매상과 소매상을 사용하는 경우, 도매상·중간도매상·소매상을 사용하는 경우로 분류할 수 있다.

(2) 산업재 유통경로

제조업자는 산업재 소비자에게 직접 판매하기 위해 자사의 판매원을 이용하거나, 산업재 소비자에게 판매하는 산업재 중간상에게 판매할 수 있다. 또한 제조업자는 제조업자의 대리상이나 자체 판매점포를 통해서 소비자에게 판매할 수 있으며 산업재 중간상을 통해서도 판매할 수 있다.

9 멀티마케팅 전략

멀티마케팅Multi-marketing이란, 기업이 여러 개의 점포, 상품 · 서비스 혹은 시장들을 대상으로 하거나, 아니면 이들을 결합시켜 고객들에게 상품을 배분하거나 서비스를 제공하는 것을 의미한다.

멀티마케팅 전략은 복수점포 전략, 복수서비스 전략, 복수시장 전략, 복수점포/복수서비스 전략, 복수점포/복수시장 전략, 복수서비스/복수시장 전략, 복수점포/복수서비스/복수시장 전략 등으로 나눌 수 있다.

첫째, 복수점포 전략Multi-site Strategy은 유통성장 전략 중 가장 일반적인 형태로, 기업의 제품을 복수의 점포들을 통해서 제공하는 전략을 말한다. 단독점포에서 제공되는 제품에는 성장의 한계가 있기 때문에 기업들은 복수점포 전략을 구사한다.

둘째, 복수서비스 전략Multi-service Strategy은 서비스기업이 기존에 제공 중인 서비스 상품에 새로운 서비스를 추가하는 것을 말하는데, 시장상황에 따라서 유통점포를 확장하는 대신에 제공되는 서비스 종류를 확장하는 것이 더 효율적일 때가 있기 때문에 기업들은 복수서비스 전략을 구사하게 된다. 복수서비스 전략을 구사하면서 조심해야 할 점은 효율성의 감소인데, 새로운 서비스를 추가시키게 되면 추가적인 인적 · 물적 자원이 필요하게 되기 때문에 기존에 제공되는 서비스의 효율성이 저하될 우려가 생기게 된다.

셋째, 복수시장 전략Multi-segment Strategy은 기존의 서비스를 새로운 시장에까지 확대하여 제공하는 전략을 말하며, 서비스시설 역량에 비하여 수요가 많지 않은 서비스기업에 효과적인 전략이다.

넷째, 복수점포/복수서비스 전략은 기존점포에서 새로운 서비스를 제공함으로써 지속적으로 매출을 증대시키고자 할 때 구사하는 전략으로, 대부분의 서비스기업들은 처음에는 복수점포 전략을 구사하다가 시장이 포화상태에 이르게 되면 복수점포/복수서비스 전략을 구사하게 된다.

다섯째, 복수점포/복수시장 전략은 세분된 시장별로 유통점포들을 개설하고자 할 때 큰 효과를 거둘 수 있는 전략이다.

여섯째, 복수서비스/복수시장 전략은 특정시장에 있는 고객들이 서로 다른 부분들을 사용할 수 있어야 하며, 세분시장에 대해서 서로 다른 핵심서비스를 제공할 수 있어야 그 효과를 극대화할 수 있다.

마지막으로, 복수점포/복수서비스/복수시장 전략을 처음부터 채택하는 기업은 많지 않지만, 시간이 경과함에 따라 자연발생적으로 이 전략을 구사하게 된다. 복수점포/복수서비스/복수시장 전략은 멀티마케팅의 세 가지 요소인 점포, 서비스, 시장을 하나로 통합한 유통경로 전략이다.

10 촉진전략

1) 촉진의 개념

촉진Promotion이란, 기업의 제품이나 서비스를 주어진 가격에 구매하거나 구매를 계속하도록 유도할 목적으로 제품 또는 서비스의 성능이나 가치에 대하여 현재 및 잠재고객을 대상으로 정보를 제공하거나 설득하는 것과 관련된 마케팅 노력의 일체를 의미한다.(Robertson, 1971, pp.43-44; 김종의 외, 2003, p.284 재인용) 즉 촉진이란, 마케터가 자사의 제품이나 서비스를 경쟁기업의 제품이나 서비스보다 우수하다는 것을 고객들에게 알려서 그들로 하여금 제품을 구매하도록 유도하기 위해 판촉, 광고, 홍보 등의 수단을 활용하여 정보를 제공하고 설득하는 종합적인 활동을 의미한다. 위에서 설명한 바와 같이 촉진은 일종의 커뮤니케이션이며, 이러한 촉진수단으로는 광고, PR, 인적판매, 판매촉진 등이 있다.

촉진전략은 '푸시전략Push Strategy'과 '풀전략Pull Strategy'으로 분류할 수 있다. 푸시전략은 제조업자가 중간상을 대상으로 적극적인 촉진전략을 사용하여 도매상이나 소매상들이 자사의 제품을 적극적으로 판매하도록 유도하는 전략이며, 푸시전략에서는 중간상 판촉의 중요성이 증가하게 된다. 풀전략이란, 최종소비자들을 대상으로 적극적인 촉진을 사용하여 소비자가 자사의 제품이나 서비스를 적극적으로 찾게 함으로써 중간상들이 자발적으로 자사의 제품을 취급하게 만드는 전략을 말한다.

2) 촉진의 기능

(1) 정보제공

잠재고객이 어떤 제품을 구매하려면 우선 그 제품에 대한 지식을 필요로 하기 때문에, 정보제공Informing은 촉진의 가장 기본적이고 중요한 기능이라고 할 수 있다. 정보제공적 촉진기능은 기업이 신제품을 출시하여 본원적 수요를 창출하고자 하는 경우에 특히 중요시되는데, 신제품을 출시한 기업은 제품의 구매를 촉구하기보다는 그 제품의 존재가치나 특성 또는 경쟁제품보다 우수함을 알려주는 촉진활동을 하게 된다. 예를 들어, 새로운 영화에 대해 광고하는 두 가지 주요한 이유는 잠재관객에게 그 영화를 알리는 것과, 언제 극장에서 상영될 것인가를 알리는 것이라고 할 수 있다.

(2) 설득

설득Persuading이란, 소비자의 구매행동에 영향을 끼칠 목적으로 긍정적이고 호의적인 소비자 태도를 개발하거나 재강화하기 위해 노력하는 촉진활동을 의미한다. 경쟁기업이 자사와 유사한 제품을 공급하고 있는 경쟁적 시장상황이라면, 마케터는 자사제품의 비교우위적 특성을 부각시켜 표적고객들로 하여금 자사의 제품을 구매하도록 설득하여야 한다.

(3) 회상

소비자들이 자사상표에 대하여 잘 알고 있으면서 긍정적일 경우, 촉진의 주요한 목표는 회상Reminding이 된다. 그 이유는 소비자가 자사의 제품에 대한 선호도가 높더라도 경쟁기업의 여러 촉진도구에 끌릴 수 있기 때문에, 소비자에게 자사제품의 장점을 회상시키고 소비자들이 올바른 선택을 하고 있다는 것을 다시 확인시키기 위해서이다. 회상 기능은 주로 제품수명주기 상 성숙기 제품의 중요한 촉진목표가 된다.

3) 촉진수단

(1) 광고

광고는 영어로 'Advertising'인데, 이 말은 라틴어의 'adverter'라는 말에서 나온 것으로 '돌아보게 하다', '주의를 돌리다', '마음을 어디로 향하게 하다'라는 뜻을 가지고 있다.

위에서 언급된 영어의 의미 외에도 독일어, 불어 등을 종합해 볼 때, 광고라는 말을 어원적으로 종합해 보면, "반복하여 부르짖어서 주의를 끌어 마음을 향하게 하는 것"이라고 할 수 있다.

이 같은 광고의 어원적인 뜻은, 오늘날 광고가 소비자들의 주의를 끌기 위해 갖가지 광고기법을 동원하는 것과 무관하지 않다. 그런데 라틴어 'adverter'에서 유래한 영어의 'Advertising'은 광고세계가 복잡해짐에 따라 'Advertisement', 'Commercial'로 세분화되어 그 의미를 조금씩 달리하고 있다. 'Advertising'은 광고행위 또는 광고과정을 뜻하고, 'Advertisement'는 광고물 또는 광고메시지를 지칭한다. 즉 'Advertisement'는 'Advertising'의 하위개념으로서 'Advertising'의 일부를 말한다. 그래서 일반적으로 광고라고 하면, 대개는 영어의 Advertising의 의미를 일컫는다.

'Commercial'은 상업방송 광고의 메시지를 지칭할 때에 쓰이지만, 대개는 방송광고를 지칭할 때에 쓰이는 말이다. 우리나라 말로 '광고'는 사전적 의미로 '널리 알리다'라는 뜻을 지니고 있지만, 좁은 의미로는 광고작품 또는 광고 메시지를 지칭하는 것으로 'Advertisement'의 의미로 쓰이기도 하고, 또 광고활동 또는 광고행위라는 넓은 뜻의 'Advertising'으로 쓰이기도 해, 흔히 광고라고 지칭할 경우 이 두 가지 이중적인 뜻을 가지고 있다.(송용섭 외, 1989, pp.46-47)

광고의 정의

일반적으로 광고(Advertising)란, 자신의 이름을 밝힌 광고주가 사람의 대화가 아닌 정보전달의 매체를 이용하여 어떤 상품(서비스, 생각, 사람, 조직단체 등 포함)을 특정 대상에게 소개하거나 판매를 촉진하는 활동으로 정의할 수 있는데, 여러 학자들에 의해서 다양하게 정의되고 있다.

(2) 광고의 구성요소

모든 광고에는 광고의 주체, 초점, 대상, 매체, 목적 등이 있어야 한다.

① 광고의 주체

모든 광고에는 광고의 주체가 있어야 하는데, 이를 광고주라 한다. 광고주는 광고에서 선전하는 상품의 소유자이며 광고비를 부담하는 당사자이다.

② 광고의 초점

모든 광고에는 초점이 있어야 하는데, 일반적으로 초점이란 상품 자체를 의미하며, 더 정확하게 말하면 상품에 대해 알리고자 하는 내용을 의미한다.

③ 광고의 대상

모든 광고에는 대상이 있어야 하는데, 광고의 대상을 표적 청중이라고 한다. 그 표적 청중이 정해져야만 적합한 메시지와 매체가 정해질 수 있다.

④ 광고매체

마케터는 수많은 소비자와 직접 커뮤니케이션을 할 수 없기 때문에 이를 가능하게 하는 연결고리가 필요하다.

⑤ 광고의 목적

모든 광고는 사용하는 목적이 있어야 하며, 또한 그 성과에 대한 평가가 필요하다. 광고는 상품을 소개하거나 판매를 촉진하기 위해 사용되는데, 광고의 효과는 상당히 다양하므로 다목적으로 사용이 가능하고 각 목적별로 어느 정도의 효과 측정이 가능하다.

(3) 광고의 기능

광고는 마케팅 커뮤니케이션 활동의 하나로서 상품에 관한 여러 가지 정보를 전달하고 직접적으로 판매를 촉진하는 것을 기본기능으로 한다. 하지만 광고주는 상품을 소개하거나 판매를 촉진하는 과정에서 다양한 마케팅적 · 경제적 · 사회적 · 문화적 기능을 수행하게 된다.(한민희 · 장대련, 2002, pp.13-18)

① 마케팅적 기능

첫째, 광고는 소비자를 교육하는 기능을 하는데, 고객의 학습을 필요로 하는 새로운 상품의 광고나 사회적으로 바람직한 운동을 전개하는 광고에는 고객을 교육하려는 내용이 많이 포함된다.

둘째, 광고는 상품의 가치를 증가시키는 기능을 하는데, 특히 광고는 무형적인 측면의 상품가치 증가에 기여한다. 예를 들어, 상품의 중요한 가치 중 하나가 브랜드인데, 광고는 소비자가 느끼는 브랜드에 관련된 상징적인 가치를 높여줄 때가 많다.

셋째, 광고는 새로운 정보를 창출하며, 넷째, 광고는 유통측면에서 판로를 확보하는데 도움을 준다. 특히 신상품의 경우 광고를 많이 하는 것은 소비자를 상점으로 끌어당김으로써 소매상에서 그 상품을 진열하도록 촉진하는 계기가 될 수 있다. 또한 아래에 설명되어 있는 경제적 · 사회적 · 문화적 기능들도 대부분 마케팅 차원에서 활용될 수 있는 것이다.

② 경제적 기능

광고의 경제적 기능을 살펴보면, 첫째, 광고는 대량생산을 촉진하여 경제성장에 기여한다. 둘째, 광고는 자원의 분배에 영향을 미치는데, 광고는 기업의 수익성이 높은 사업부문에 자원을 보다 집중시키는 측면이 있으며, 경제성이 부족한 사회적 필수재의 경우 자원분배를 더욱 어렵게 만드는 측면도 있다. 또한 광고는 상품을 차별화함으로써 기업의 독점력을 높이는 역할도 한다.

③ 사회적 기능

사회적인 측면에서 광고는 사회 마케팅Social Marketing의 수단으로 활용되어 사회변화에 중요한 영향력을 행사한다. 광고는 한 사회에 존재하는 여러 가지 가치관을 반영하면서 그 가치관을 더욱 강화시킬 수도 있고, 약화시킬 수도 있다. 예를 들면, 해외 유명제품의 광고는 소비자들로 하여금 해외 유명제품을 선호하는 경향을 야기시킬 수 있다. 둘째, 광고는 제조업체에게 소비자와 직접적으로 의사소통할 수 있는 경로를 제공한다.

④ 문화적 기능

광고는 문화를 상품화시키는 중요한 수단이 될 수 있다. 관광은 문화를 상품화하는 대표적인 예로서 광고에 크게 의존하는 상품이다. 또한 광고는 서로 다른 문화권 간의 상호 영향을 조장하는 역할을 한다. 광고는 특히 서구세계의 소비문화를 세계 전역에 일방적으로 전파하여 여러 문제를 야기시키기도 한다. 우리는 소비문화 외에도 다른 문화권 간의 영향을 광고에서 볼 수 있다.

(4) 광고의 종류

광고의 종류는 매우 다양한데, 최근에는 빠르게 변화하는 정보통신기술 환경의 영향으로 인터넷광고와 관련된 부분이 매우 중요한 부분이 되고 있으며, 분류기준과 세부적인 분류는 다음과 같다.

① 광고매체

광고주는 광고매체를 선정하기 위해 광고의 목적, 메시지 요건, 구매결정의 시기와 장소, 비용 등을 신중하게 고려해야 한다.

② 국제광고

해외마케팅에서 중요한 것이 국제커뮤니케이션 전략인데, 국내와 국제커뮤니케이션을 5W 모형을 놓고 비교했을 때 아래와 같은 차이점이 있을 수 있다.

○ Who

모든 커뮤니케이션은 주체가 있어야 하는데, 여기서 고려해야 할 점은 주체에 대한 인지도가 국가마다 다르기 때문에 국내에서 인지도가 높은 기업이 해외에서는 인지도가 낮을 수 있다는 점이다. 그렇기 때문에 해외에서 마케팅 활동을 수행할 때는 그 브랜드가 잘 알려져 있는지와 브랜드명이 기억하기가 용이한지를 반드시 검증해야 한다.

○ What

모든 커뮤니케이션은 전달하고자 하는 핵심사항이 있어야 한다. 국제커뮤니케이션 전략에서 고려할 점은 국가별로 매체의 특성이 다르고 이에 따라 커뮤니케이션 여건이 많이 다를 수 있다는 것이다. 예를 들어, 국가마다 TV광고의 길이가 다르기 때문에 광고의 길이가 매우 짧은 경우 What의 선택은 중요해진다.

한국의 광고 길이는 대개 15초이므로 제품의 여러 사항 중 무엇을 강조할 것인지를 숙고하여 간결하게 표현해야 한다. 반면, 60초 광고를 할 수 있는 시장에서는 더 깊이 있는 소재를 다룰 수 있다. 또한 국제마케팅을 수행할 때 여러 국가에 대해 동일한 커뮤니케이션 전략을 강조할 것인지, 아니면 서로 다른 메시지를 사용할 것인지를 잘 선택해야 한다. 현대자동차가 한국에서는 업계의 선두주자이기 때문에 이에 맞는 이미지 광고를 할 수 있지만, 외국에서는 후발주자인 위치에 있으므로 더 공격적인 메시지를 전달해야 한다.(한민희 · 장대련, 2002, pp.372-373)

○ Whom

모든 커뮤니케이션에는 대화의 상대가 있어야 하는데, 국내시장의 대상과 해외시장의 대상은 달라질 수 있다. 예를 들어, Virginia Slims 담배는 미국에서는 여자들을 겨냥하고 있지만, 한국에서는 반대로 남자들을 겨냥하고 있다.

○ Which

Whom과 연관되어 있는 문제가 Which Medium이기 때문에 표적청중이 정립되면 이에 맞는 매체가 선택되어야 한다. 따라서 청중과 매체의 성격을 일치시키는 것이 중요하다.

○ What Effect

모든 커뮤니케이션은 정확한 목적을 위해 집행되어야 하고, 집행 이후 목적들이 제대로 달성되었는지 그 효과를 검증해야 한다.

4) 홍보, PR

(1) 홍보

홍보Publicity란, 대가를 지불하지 않고 TV, 라디오, 신문, 매체 등의 비인적 매체를 이용하여 제품 및 서비스에 관한 소식을 고객에게 제공하는 활동을 말한다.

홍보는 다음과 같은 특성을 가지고 있다. 첫째, 홍보는 비용을 기업이 부담하지 않고 매체회사가 부담함으로써 무료로 이루어진다. 둘째, 매체회사의 주관 하에 뉴스 형태로 정보가 제공되기 때문에 광고와 비교해서 훨씬 소비자들의 신뢰도가 높다. 셋째, 매체의 사정에 따라 모든 것이 결정되고 진행되기 때문에, 뉴스 형태로 제공되는 자사 관련 기사내용이나 정보 제공시간 등에 대해 통제의 어려움이 있다.

관광기업의 홍보대상과 관련하여 홍보의 대상을 호텔과 항공사의 예를 들어 살펴보면 다음과 같다.(이정학, 2003, p.208)

(2) PR

PRPublic Relations은 기업 이미지를 제고시킬 목적으로 각종 간행물을 발행하고, 자선단체를 지원하며, 지역사회 봉사활동을 하는 등 고객뿐만 아니라 일반 대중에게 직 · 간접의 편익과 혜택을 제공하는 활동을 말한다. PR의 궁극적인 목적은 이미지 제고를 통해서 자사제품이나 브랜드의 선호도를 높이려는 데에 있다.

5) 인적판매

(1) 인적판매의 개념

인적판매Personal Selling란, 판매원을 통해 잠재고객에게 제품에 대한 정보를 제공하고 구매하도록 설득하는 촉진수단으로 방문판매나 점원의 구매권유 행위가 그 대표적인 예이다.

일반적으로 인적판매의 목적은 예상고객을 찾고, 그들에게 구매하도록 확신시키며, 구매결과에 대해 만족감을 갖도록 하는 데에 있다. 대부분의 잠재구매자들은 제품을 구매하기 전에 정보를 탐색하기 때문에, 판매원은 먼저 그들의 정보욕구를 확인한 다음 관련되는 정보를 제공해야 한다.

(2) 인적판매의 장점 및 단점

인적판매는 다음과 같은 장점과 단점을 가지고 있다.

① 장점

- 고객과 판매원이 양방향 커뮤니케이션Two-ways Communication을 하기 때문에 고객이 많은 정보를 접할 수 있다.
- 다른 촉진도구들과 비교할 때보다 효과적으로 표적시장의 핵심고객을 겨냥할 수 있다.
- 고객과 판매자 사이의 적극적인 상호작용이 일어나기 때문에, 특정한 고객의 욕구에 유연성 있게 대처할 수 있다.
- 고객반응에 대해서 즉각적인 피드백이 이루어질 수 있으며, 고객들과 장기적인 관계를 구축할 수 있다.

② 단점

- 판매원이 접촉할 수 있는 고객의 수가 한정되어 있기 때문에, 촉진의 속도가 매우 느린 편이다.
- 고객 한 명에 대해서 많은 촉진비용이 사용된다.
- 유능한 판매원을 선발, 교육, 훈련하는데 많은 비용이 들며, 유능한 판매원을 확보해서 유지하는 데에 어려움이 따른다.

(3) 인적판매 과정

판매원의 판매과정은 크게 준비단계, 설득단계, 거래 및 고객관리단계 등 3단계로 구성되어 있다.

먼저, 준비단계는 예상고객을 탐색하고 이들에 대한 사전정보를 수집한 후 이들에게 접근할 방법을 모색하는 단계인데, 판매원은 시간과 노력을 절약하기 위해 예상고객을 사전에 가능한 한 정확하게 선별하는 것이 중요하다. 설득단계는 잠재고객에게 접근하여 제품을 소개하고 구매를 설득하는 단계이며, 거래 및 고객관리단계는 고객과의 거래를 성사시키고 고객이 구매 후 만족하도록 지속적으로 고객을 관리하는 단계를 말한다.

6) 판매촉진

(1) 판매촉진의 개념

판매촉진Sales Promotion이란, 기업이 소비자들의 즉각적인 반응을 유발시켜 단기적으로 매출을 증대시키기 위해 사용하는 모든 수단을 의미한다. 판매촉진은 제조업자, 중간상, 비영리조직을 포함한 모든 조직에서 이루어지고 있으며, 일반적으로 제조업자 판매촉진은 소비자 판촉, 중간상 판촉, 판매원 판촉으로 구분되지만 판매원 판촉은 실질적으로 판매원 관리에 포함되기 때문에, 정확하게 말하자면 제조업자 판매촉진이라고는 볼 수 없다.

(2) 소비자 판매촉진

소비자 판매촉진의 목적은 대량구매와 충동구매를 자극하고 비사용자의 시험사용을 유도할 뿐만 아니라, 경쟁제품을 사용하는 고객을 자사의 고객으로 전환시키려는 목적을 가지고 진행된다. 소비자 판매촉진 기법들로는 견본, 쿠폰, 프리미엄, 현금환불, 소액할인, 무료시용, 연계촉진 등이 있다.

① 견본

견본Sample은 소비자에게 특정 제품을 무료로 제공하는 것을 말하는데, 신제품 도입 시에 가장 효과적인 판촉수단이지만 가장 비용이 많이 드는 판촉수단 중 하나이다.

② 쿠폰

쿠폰Coupon은 소비자가 특정 제품을 구매할 때 할인혜택을 받는 것을 말하는데, 일반적으로 성숙기 시장에서 효과적이고 도입기나 성장기에 새로운 상표의 조기사용을 유도하는 데에 효과적이다.

③ 프리미엄

프리미엄Premium이란, 경품을 의미하는 것으로 특정한 제품이나 서비스의 구매를 위한 자극제로서 구매자에게 사례의 뜻으로, 무료 또는 염가로 제공되는 제품이나 서비스를 말한다. 프리미엄은 신제품보다 기존 제품에 대해서 경쟁자의 침투를 막기 위한 목적으로 많이 사용된다.

④ 현금환불

현금환불Cash Refund Offers이란, 소비자가 제품을 구입 시에 가격인하를 하는 것이 아니라, 구매 후 가격인하를 제공하는 것을 의미한다.

⑤ 소액할인

소액할인Cent off Deal이란, 할인가격 촉진이라고도 하며 정가에서 일정한 비율이 할인된 가격을 포장에 표시하여 판매하는 것을 말한다. 소액할인은 잠재적 고객의 시용(試用)을 증가시키거나 경쟁자의 활동에 대한 대응목적으로 활용된다.

⑥ 무료시용

무료시용Free Trial이란, 잠재구매자들의 구매자극을 목적으로 무료로 제품을 시용(試用)할 수 있도록 초대하는 방법이다.

⑦ 연계촉진

연계촉진Tie-in-promotion이란, 둘 이상의 기업이나 상표를 통해 그들의 소비자에 대한 판매력을 강화하기 위해 서로의 기업이나 상표에 대하여 서로 공유하며 사용할 수 있는 쿠폰, 환불 등의 판매촉진 수단을 서로 공동으로 사용하는 것을 말한다.

(3) 중간상 판매촉진

중간상 판매촉진Trade Promotion은 유통업자나 중간상 및 소매상들에게 제조업자가 자사제품이나 서비스에 대한 거래량, 거래액, 거래규모를 증대시키거나 신규거래를 하기 위한 목적으로 실시된다. 중간상 판매촉진 기법에는 다음과 같은 것들이 있다.(채서일, 2004, p.466)

① 구매공제

제조업자가 특정기간 동안에 자사의 특정제품을 구매하는 중간상에게 구매량 당 일정액의 금액을 할인해 주는 제도로써, 중간상으로 하여금 다량구매를 유도하거나 평상시에는 구매하지 않는 새로운 제품을 구매하도록 하기 위한 목적으로 사용되는 동기부여의 한 수단이다.

② 상품공제

상품공제란, 제조업자가 자신의 제품특징이나 성능 및 효용을 부가해 준 중간상에게 제품을 추가적으로 제공하는 것과 같은 보상책의 일환이다.

③ **광고공제**

광고공제란, 제조업자가 자사제품의 광고에 기여한 중간상에게 제공하는 보상을 말한다.

④ **후원금**

제조업자가 일정량 이상을 구매한 중간상에게 자사상품의 판매에 노력하도록 현금현물을 제공하는 것을 말한다.

CHAPTER 10

창업과 인적자원관리

1인기업이 아닌 이상 창업가의 입장에서 보면 채용관리가 매우 중요한 부분이라고 할 수 있으며, 특히 성과 평가가 상대적으로 용이한 제조업과 관련된 부분이 아니라 호스피탈리티 서비스기업의 경우는 직원의 채용이 서비스기업의 경쟁력을 좌우할 수 있는 중요한 자원이 된다고 할 수 있다.

물적자원, 인적자원, 자본, 정보 등과 같은 경영의 구성요소들을 이용하여 창업경영을 해야 하는 창업가 중에서, 창업의 경험이 없는 창업가들의 경우는 더욱 어려움에 부딪힐 수 있다.

1 창업과 인적자원 계획수립의 이해

창업을 위해서는 인적자원의 계획 수립이 필요한데, 인적자원 계획 수립은 인적자원 활용계획, 인적자원 수급계획, 인적자원 개발계획 등으로 나누어 볼 수 있다.

먼저 인적자원의 활용계획에서는, 창업 시 채용한 인적자원들의 핵심역량과 담당업무에 대한 적정성을 수립하는 부분이며, 인적자원 수급계획은 필요한 인적자원을 어떻게 채용할 것인가의 문제라고 할 수 있다. 인적자원 개발계획은 핵심인력들의 능력을 어떻게 극대화시킬 것인가의 문제이다.

다시 말하면, 창업에 있어서 기업의 인적자원 관리부분에서 채용, 교육훈련 및 개발, 보상에 해당하는 부분이 중요하다는 의미이다. 또한 규모가 작은 개인기업 창업의 인적자원관리에서 중요하게 고려해야 할 사항은 인적자원들의 이직관리와 관련된 부분인데, 대기업의 경우는 인적자원관리시스템을 통해서 인적자원의 원활한 보충이 가능하지만, 규모가 작은 개인기업의 경우는 상대적으로 이러한 시스템이 취약하기 때문에 미리 어려움을 대비하는 것이 필요한 부분이다.

2 채용관리

직무가 설계되고 어떤 직무에 어떤 사람이 어느 정도 필요한가가 정해지면, 거기에 알맞은 인적자원을 구해서 배치하면 되는 이러한 과정을 인력의 채용 혹은 충원Staffing이라고 한다.

구체적으로 인력을 모집한 후에 여러 가지 도구를 가지고 각각의 지원자를 평가하여 적합한 인력을 선발하고 그들을 필요한 직무에 배치하기까지가 채용관리의 대상이 된다.

미국인사관리협회Society for Human Resources Management의 조사에 의하면, 대부분의 기업들은 인적자원관리와 관련한 활동 중 인력 채용관리활동에 가장 많은 시간과 비용을 들이는 것으로 나타났다.

기업의 채용전략은 개인은 물론 기업과 사회에도 많은 영향을 미친다고 할 수 있는데, 기업 입장에서는 기업의 장기적인 전략을 수립하고 목표를 달성하기 위해서 채용전략이 꼭 필요한 부분이고, 개인적으로도 기업인 인적자원들을 채용하지 않으면 일자리를 얻지 못하게 된다. 또한 기업의 채용전략은 사회적으로도 많은 영향을 미치게 되는데, 기업의 채용전략이 제대로 실행되지 못하면 노동시장에 인력이 남아돌아 실업률이 상승하게 되고 사회적으로도 여러 가지 문제점이 발생하게 된다.

기업의 채용관리는 크게 모집과 선발과정으로 나누어 생각해 볼 수 있다.

1) 모집

(1) 모집의 개념

모집Recruitment은 기업이 인적자원의 선발을 전제로 지원자를 모으는 과정으로 정의할 수 있는데, 이러한 모집활동은 기업이 인적자원을 기업 외부에서 모으는 방법인 '외부모집'과 기업 내부의 직원들을 대상으로 지원자를 모으는 '내부모집'으로 구분할 수 있다.

이러한 모집은 상당히 중요한 과정이라 할 수 있는데, 모집방법에 따라 지원자의 자격요건이 달라지며 궁극적으로는 신입직원의 자격수준에 영향을 미치게 된다. 모집을 잘못하여 지원자의 수가 적으면 선발수준을 낮출 수밖에 없고, 향후 신규 종업원을 교육시키고 훈련하는 데에 초과비용을 지불해야 한다. 또한 모집 시기에 우수한 인력이 지원을 하지 않으며 인력채용을 하기 위해 많은 선발노력을 해야 한다. 이에 따른 비용과 시간이 더 투자되게 되어 결국 전체적으로 보면 기업이 많은 희생을 감수해야 한다.

따라서 우수한 인력을 선발하려면 효율적인 모집이 선행되어야 하는데, 이를 위해서는 모집 방법과 모집 절차가 적절하게 이루어져야 한다. 먼저 내부모집을 할 것인지 외부모집을 할 것인지를 결정해야 하고, 모집대상의 능력이나 자격을 고려해야 한다. 많은 지원자를 확보하려면 어떤 광고매체를 활용할 것인지도 중요한 변수가 되며, 모집 시기에도 관심을 기울여야 한다.

모집 시기와 관련해서는 조직 외부로부터 인원을 충원하는 과정은 일반적으로 어느 정도는 시간이 필요하다. 따라서 기업들은 상당한 시간적 여유를 가지고 모집활동을 하는 것이 일반적이며, 언제 모집활동을 시작하는 것이 적절한가를 판단하기 위해서는 시간경과 자료Time Lapse Data를 사용하는 것이 효율적이다. 시간경과 자료란, 외부 충원과정상 발생하는 주요 의사결정 단계 사이에 소요되는 평균시간을 의미한다.

한편, 이러한 조건 하에서도 모집인원이 많지 않으면 모집전략을 다시 한 번 점검해 보고 전반적인 인적자원관리 전략도 확인해 볼 필요가 있다.

위에서 언급된 모집방법 중 내부모집과 외부모집에 따른 장 · 단점은 아래와 같다.

(2) 모집방법

① 모집방법의 선택

기업이 모집방법을 선택할 때는 어떠한 방법이 합리적인 기간과 비용한계에서 조직에 필요한 인력의 숫자와 수준 높은 인적자원을 창출할 가능성이 있는지를 고려해야 한다.

o 노동력의 공급량

모집방법에 따라 창출되는 지원자의 수가 달라질 수 있는데, 광고 같은 모집방법은 다수의 지원자가 생긴다. 만약, 기업이 다수의 인력을 필요로 할 경우에는 광고와 같은 광범위한 매체가 적절하다. 이러한 인적자원관리와 창업과의 관계도 정보화로 인해 많은 변화를 겪고 있는 것이다.

o 노동력의 질

모집과정에 있어서 양질의 지원자 확보에 관심이 큰 조직은, 특정 기능을 집중적으로 훈련시키고 개발하는 학교에서 집중적으로 모집활동을 하는 것이 바람직하다.

o 모집방법의 가용성 여부

기업의 모집방법에 영향을 주는 요인으로 모집방법의 가용성이 있는데, 기업은 모집방법으로 항상 모든 모집방법을 사용하는 데는 어려움이 따른다. 따라서 상황에 맞게 가장 적당한 모집방법을 사용하게 된다.

o 예산

모집방법에 따라 소요되는 비용도 차이가 크다고 할 수 있는데, 이러한 예산의 제약으로 인해서 기업은 상황에 맞는 적당한 모집방법을 사용하게 된다.

② 모집 유형

o 내부모집

내부모집이란, 내부 노동시장에서 지원자를 모집하는 방법으로 사내에 모집 공고Job Posting System를 내고 기존의 사원들이 응모하면 선발, 이동, 승진, 배치하는 모집방법이다.

예를 들어, 호텔기업에서도 프런트 부서에 근무하다가 식음료 부서로 이동된다거나, 벨 업무를 수행하다가 프런트 부서로 이동하는 등 내부모집이 일어날 수 있다. 내부모집은 기업과 종업원 모두 서로를 잘 알고 충분한 검토를 통해서 지원자들을 적재적소에 배치할 수 있는 장점이 있다고 할 수 있다. 또한 기업의 입장에서는 내부모집을 통해서 외부모집 비용을 절감할 수 있고, 내부적으로 조직의 문화를 잘 이해하고 있는 내부인을 채용함으로써 교육훈련 비용도 절감할 수 있다. 하지만 규모가 작은 개인기업의 경우에는 기업의 인적자원의 숫자가 많지 않은 경우가 일반적이기 때문에, 내부모집에는 많은 어려움이 따를 수 있다.

o 외부모집

외부모집은 지원자를 외부에서 모으는 모집방법을 말하며, 모집방법으로는 모집광고를 통한 방법, 기업을 대신하여 헤드헌터 등 외부기관을 통해서 모집하는 방법, 대학교 등의 교육기관과 연계하여 모집하는 방법, 일정기간 동안의 인턴십 등을 통한 후 모집하는 방법 등이 있다.

일반적으로 창업가가 위와 같은 외부모집 방법으로 인적자원의 채용관리가 이루어진다면, 어느 정도 시스템이 구축된 규모가 일정규모 이상의 기업이라 할 수 있다.

내부모집과 외부모집을 비교하여 장 · 단점을 분석하면 아래 표와 같다.

표 10.1 모집방법의 장 · 단점 비교

모집방법	내부모집	외부모집
장 점	• 사기가 높아짐 • 능력개발 • 모집비용 절감 • 평가의 정확성이 높아짐	• 새로운 분위기 유발 • 인재채용의 폭이 넓어짐 • 교육 및 훈련비 절감
단 점	• 모집범위의 제한성 • 탈락자들의 불만이 고조될 수 있음 • 경쟁이 과다해질 수 있음 • 전환배치(Transfer) 시 교육비 상승	• 적응기간이 필요함 • 내부직원들의 사기가 저하됨 • 잘못된 평가가 있을 수 있음

2) 선발

(1) 선발의 개념

선발Selection이란, 모집된 지원자들에 관한 정보를 수집하며 자격심사를 하고 최적격자를 확정하는 과정이라고 할 수 있다. 따라서 직원들의 선발 절차를 살펴보면, 모집에서 시작하여 서류 및 자격심사 과정과 면접을 거쳐 선발하고 선발된 인적자원들을 교육하는 과정을 거치게 된다. 선발은 경제적인 관점과 전략적인 관점에서 기업에 많은 영향을 미치므로, 기업의 입장에서는 선발의 의사결정에 신중을 기해야 한다.

이렇게 새로운 인력을 선발할 때는 효율성, 형평성, 적합성 등을 고려해서 선발해야 하는데, 효율성이란 선발된 인원들이 기업에 입사해서 공헌도가 최소한 기업에서 보상하는 비용보다는 커야 한다는 의미이다.

형평성이란 모든 지원자들에게 동등한 기회를 부여해야 한다는 의미이고, 적합성이란 기업의 전략이나 목표에 적합한 인력을 선발해야 한다는 의미이다. 기업은 직무분석을 통하여 직무를 수행하는데 필요한 지식Knowledge, 스킬Skill, 능력Ability을 식별할 수 있는데, 이러한 자료를 분석함으로써 지원자를 측정하고 평가하여 조직의 개인과 직무의 적합도Job Fit 상승을 달성할 수 있다.

기업들은 조직요건에 맞는 인적자원을 선발하고자 하는데, 기업에 따라 차이는 있을 수 있지만, 일반적으로 기업들은 자사의 가치관이나 문화에 적합한 인적자원을 선발하려는 경향이 강하다.

Marriott Corporation은 자사에서는 종업원들에게 어떠한 직무든지 수행할 수 있도록 훈련시킬 수 있지만, 친절한 태도를 갖게 하기 위해서는 채용 및 선발에서부터 시작되어야 한다고 하는데, 이를 통해 신입사원 선발의 중요성을 알 수 있다.

(2) 선발도구

기업에서는 인력을 선발하는 선발도구로서 서류전형, 시험, 면접 등의 방법을 사용한다.

① 서류전형

일반적으로 기업들은 새로운 인력확보를 위한 선발도구로서 서류전형을 실시하는데, 서류전형이란 기업들이 지원자들로부터 확보하는 이력서, 자기소개서, 졸업증명서, 자격증, 추천서 등을 기초로 인력을 선발하는 도구 중 하나이다.

② 시험

기업에서 많이 실시하는 선발시험 유형으로는 성격검사, 능력검사, 지능검사, 적성검사 등이 있다. 성격검사를 통해서 기업들은 지원자의 성격과 맡은 직무와의 관계를 파악하며, 능력검사를 통해서 지원자의 일반적인 능력과 과업과 관련된 전문적인 능력을 파악하게 된다. 지능검사를 통해서 지원자의 지적능력을 파악하며, 적성검사를 통해서 선발 후 지원자들을 배치할 때 적성을 최대한 고려하게 된다.

③ 면접

면접Interview을 통해서 지원자의 성격, 외모, 지원동기 등 지원서나 선발시험을 통해서 잘 파악하지 못한 지원자의 특성을 파악하는 과정이라고 할 수 있다.

면접의 유형은 '구조적 면접'과 '비구조적 면접'으로 나눌 수 있는데, 구조적 면접이란 직무에 관한 전문능력 파악을 위해 질문사항을 미리 준비하여 하기 때문에 비전문가도 면접관으로 역할을 할 수 있다. 비구조적 면접이란 질문 내용이 준비되지 않은 상황에서 면접이 진행되기 때문에, 면접 후 평가에 관한 부분에 신경을 많이 써야 하는 부분을 고려해야 한다.

면접의 유형으로는 집단 면접, 위원회 면접, 스트레스 면접, 상황 면접 등이 있으며 각각의 설명은 다음과 같다.

ㅇ 집단 면접

집단 면접이란, 복수의 지원자들을 면접하는 방법으로 다수의 지원자들을 비교 평가하면서 진행되며, 시간이 절약되지만 개인의 특성을 자세하게 파악하기는 힘든 단점이 있다.

ㅇ 위원회 면접

여러 명의 면접관이 한 명의 지원자를 대상으로 집중적인 질문을 하고, 평가시에도 면접관 전원이 토론을 하면서 평가를 한다.

ㅇ 스트레스 면접

면접관들이 지원자의 약점 등 스트레스를 주고, 그 상황에서 지원자의 반응을 살피는 형태의 면접이다.

ㅇ 상황 면접

기업에 취업한 후 일어날 수 있는 상황을 설정한 후, 지원자의 대응능력을 살피는 형태의 면접을 말한다.

이밖에도 최근에는 여러 형태의 면접들이 진행되고 있다.

○ 면접관이 주의해야 할 점
- 부정적인 측면에 과도하게 집착하지 말아야 한다.
- 앞 · 뒤의 사람과 비교하는 대조오류를 범하지 말아야 한다.
- 첫인상이나 초반면접에서 성급하게 판단하지 말아야 한다.
- 직무와 무관한 사항들에 집착하지 말아야 한다.
- 몸가짐이나 옷차림 등 비언어적 단서에 치우치지 말아야 한다.

○ 응시자가 주의해야 할 점
- 기업에 대한 사전지식을 입수해야 한다.
- 자신의 표현에 대한 준비와 훈련이 필요하다.
- 복장과 예의를 갖추어야 한다.
- 어투와 대화법을 신경 써야 한다.
- 본인의 질문과 요구사항을 정확하게 제시한다.

일반적인 면접의 단계는 아래의 표와 같다.

표 10.2 전형적인 선발면접 단계

단 계	지원자	면접자
1. 사전단계	• 복장검토 • 현장도착 • 대기 중 면접 준비물 검토	• 이력서 검토 • 면접지침 검토 • 질문사항 준비
2. 인사 및 분위기 형성	• 인사 • 요청 시 착석 • 좋은 인상	• 인사 • 착석요구 • 적절한 화제로 분위기 이완

단 계	지원자	면접자
3. 직무관련 질문	• 교육배경 제시 • 작업경험 제시 • 개인적 스킬과 능력 설명 • 직무에 대한 적적한 동기 제공	• 교육배경 요청 • 근무경험에 대한 관련된 세부사항 요청 • 특수한 스킬과 능력 논의 • 지원자의 근무동기 파악
4. 지원자 질문에 대한 답변	• 임금 및 복지후생 질문 • 승진기회 및 조직문화 등 질문	• 조직 입장에서 지원자 질문 응답 • 조직에 대한 긍정적 인상을 주기 위한 시도
5. 마무리	• 면접자로부터 종료되었다는 신호를 기다림 • 다음 단계 논의	• 면접이 거의 종료되어간다는 것을 보여줌 • 다음단계는 무엇이 될지 설명 • 일어서서 인사

자료 : Tullar, 1989, 황규대, 2008, p.204에서 재인용

3) 채용형태의 변화

최근 경영환경의 변화로 채용형태의 변화가 여러 부분에 걸쳐서 일어나고 있는데, 이러한 변화 중에서 가장 두드러진 부분이 아웃소싱과 비정규직의 증가라고 할 수 있다.

(1) 아웃소싱

아웃소싱Outsourcing이란, 기업이 수행하는 여러 가지 다양한 활동 중 전략적으로 중요하면서도 가장 잘할 수 있는 분야나 핵심역량에 모든 자원을 집중시키고, 나머지 업무에 대해서는 그 업무 분야에 전문적인 외부의 우수 기업에게 맡기거나 조달하는 것을 의미한다. 이러한 아웃소싱은 기업의 핵심역량을 핵심 부분에 집중하면서 외부의 전문 분야의 도움을 얻어 자사의 경쟁력을 높이기 위한 경영혁신운동의 일환이라고 할 수 있다.

아웃소싱은 흔히 외부조달, 외부화란 용어로도 사용되고 있으며, 최근 많은 기업들이 실시하고 있는 상황이다. 아웃소싱의 유사개념으로는 하청, 외주, 인

력파견, 업무대행 등이 있다.

하청이란, 업무의 일부를 외부에 위임하는 것으로, 부품과 기능의 일부를 외부 기업에 발주하는 것이 포함된다. 하청은 넓은 의미에서 아웃소싱의 일부라고 할 수 있지만, 기획 등 업무의 핵심적인 부분은 발주한 기업에 있다는 점에서는 아웃소싱과는 약간의 차이가 있다.

외주란, 기업의 외부자원 활용이라는 점에서 아웃소싱 개념에 일치하기는 하나, 외주는 하청과 업무대행 등을 포함하는 포괄적인 개념이다.

인력파견이란, 업무를 지원할 목적으로 인력을 지원하는 것인데, 인력의 공급업체는 업무의 운영과 설계를 하지 않으며 업무의 수행과 관리만을 책임지는 것을 말한다.

아웃소싱의 장 · 단점은 다음과 같다.

① 아웃소싱의 장점

핵심사업에 주력

핵심사업은 자사가 다른 기업보다 상대적인 우위에 있으므로 내부인력을 활용하는 것이 외부인력을 사용하는 것보다 효율성이 더 크지만, 비핵심사업은 부가가치가 낮아서 인건비를 감당하는 것도 어려울 때가 있으므로, 이러한 핵심사업을 더 잘하는 기업에 위탁하여 성과만을 활용하면 더 경제적일 수 있다. 간단히 말하면, 아웃소싱을 하는 이유는 주력업무에 경영자원을 집중하여 핵심역량을 강화하기 위해서이며, 아웃소싱은 인력과 자금이라는 관리의 기초자원을 재분배하며, 결과적으로 보다 적절한 자원배분이 가능하도록 한다.

인력관리의 유연성

최근에는 급속한 경영환경의 변화로 인해 정규인력만 채용하여 기업을 운영하는데, 매우 어려움이 많이 따른다. 그런데 아웃소싱은 일반적으로 한시적 계약을 하기 때문에 기업이 인적자원관리 정책을 유지하는데 유연성을 제공한다. 하지만 아웃소싱 인력 근로자의 입장에서 보면, 미래를 예측하기가 어렵고 고용에 대한 안정성이 떨어지기 때문에, 아웃소싱이 결코 바람직한 방법은 아닐 수 있다.

○ 노동자 요구감소

최근 들어, 근로자의 요구가 다양해지고 있어서 기업이 많은 부담을 안게 되는데, 그 결과 많은 기업들이 아웃소싱으로 그러한 부담에서 벗어나려는 경향을 보이고 있다. 그 이유는 아웃소싱을 제공해 주는 인력기관들은 노동자를 임시직 혹은 비정규직으로 고용하는 경우가 많아서, 정규직보다 사용자에 대한 요구가 한정되어 있기 때문이다.

○ 신규사업 진출

경영환경의 변화로 사업 분야가 다양해지기 때문에, 기업은 경험과 전문적인 지식이 없는 사업에 투자 시에 종업원을 자사의 인원들로만 확충하기보다는 위험관리의 차원에서 그 사업 분야에서 경쟁력 있는 기업의 인적자원들로 구성하려는 경향이 나타날 수 있다. 이러한 이유로 아웃소싱이 활성화된다고 할 수 있다.

○ 조직 활성화

아웃소싱을 조직적인 관점에서 살펴보면, 단순하고 반복적인 업무를 외부에 맡기기 때문에 기업조직이 슬림화되는 장점이 있다. 따라서 아웃소싱을 통해서 의사결정의 속도가 빨라지고 커뮤니케이션이 활발해지기 때문에 조직이 활성화된다. 또한 유연성 있는 고용 형태와 직무급 등의 급여체제도 실현 가능하게 된다.

○ 비용절감

비용적인 측면에서도 아웃소싱은 고정비가 변동비가 되어 매출변동에 따라

비용절감이 가능해지도록 운영할 수 있기 때문에, 사업 초기 진입 시에 투자되는 막대한 초기 투자비용을 절감할 수 있는 장점이 있다.

② 아웃소싱의 단점

○ 관리적 요소

아웃소싱의 단점 중 관리적인 요소와 관련된 부분은 첫째, 통제와 유연성의 문제를 들 수 있는데, 기업의 관리자 관점에서 아웃소싱은 자사의 직원들이 아니기 때문에 인적자원들의 통제와 유연성에 문제가 생길 수 있다. 둘째, 장기적인 관점에서 발주기업의 관리자들은 자신들의 경력진로를 외부의 아웃소싱 인력에 의해 위협받을 수 있다는 점이다. 셋째, 근로자들로부터 고용안정, 몰입도 감소 및 정규직 근로자들과의 갈등요소가 존재한다.

○ 비용적인 요소

아웃소싱 업자와의 의사소통과 의견조정을 하기 위한 조정시간이 증가함에 따라, 조정비용의 증가와 잠재비용의 발생 문제가 생겨 날 수 있다.

○ 갈등 요소

발주기업의 목표와 아웃소싱 업체의 목표가 서로 다르기 때문에 문제가 발생할 수 있는데, 이런 경우에 두 번째 요소인 조정기간과 조정비용이 증가할 수 있고, 아웃소싱 업체와 발주기업 간의 보안과 기밀에 대한 문제가 발생되어 서로 상호 보완적인 관계에 좋지 않은 영향을 미칠 수 있다.

(2) 비정규직

최근 가장 이슈가 되고 있는 부분이 비정규직 문제라고 할 수 있다. 비정규직 고용의 증가 이유는 정규직에 비해 낮은 임금수준과 해고와 선발의 용이성 때문이다. 또한 갈수록 심화되는 취업난과 구직난 등으로 인해 비정규직이라도 취업하려고 하는 근로자들이 증가하는 것도 비정규직이 증가하는 주된 이유 중 하나이다.

비정규직의 근로 유형으로는 파트타임 사원, 파견근로자, 계약직 사원, 도급 근로자 등을 들 수 있는데, 파트타임 사원은 정규직보다 근로시간이 적으므로, 파견근로자는 인력 파견업체에서 채용하여 요구하는 기업에 일정기간 파견 근무토록 한다. 계약직 사원은 채용 시에 고용기간을 보통 1년에서 3년 정도 정해 놓고 근무를 하게 된다. 도급 근로자는 계약 당사자 일방이 어느 한 가지 단위의 일을 완성해 줄 것을 약속하고, 그 일이 완성되면 보수를 지급하는 동시에 계약이 완료되는 형태의 비정규직이다.

Hospitality
SERVICE
Start-up

CHAPTER 11

호스피탈리티 서비스창업 경영전략

호스피탈리티 서비스의 대표적인 산업이 관광사업이라고 할 수 있는데, 이 장에서는 관광사업을 예로 들어 호스피탈리티 서비스창업의 경영전략을 살펴본다.

1 관광사업의 특성

1) 복합성

관광사업의 특성 중 복합성은 사업주체의 복합성과 사업 내용의 복합성으로 나눌 수 있다. 사업주체의 복합성이란, 관광사업은 그 주체가 공적기관 및 민간기업 등 다양하다는 것을 의미한다. 또한 다른 산업과 비교할 때 공적기관과 민간기업이 서로 역할을 분담하여 추진하는 부분이 더 많다는 것을 의미한다. 일반적으로 관광지의 유지 및 관리는 공공기관이 담당하고 관광지의 숙박 및 여행관련 사업은 민간기업이 담당한다.

사업 내용의 복합성이란, 관광사업의 내용이 여러 부분으로 나누어져 있는 것을 의미하는데, 여러 관련 업종이 모여져 하나의 관광사업을 존재시키고 있다는 의미이다. 즉 숙박업, 여행업, 음식업, 교통업, 기념품업 등등 여러 사업이 모여서 하나의 관광사업을 성립시키고 있다.

2) 입지의존성

관광사업은 관광자원에 대한 입지의존도가 절대적이기 때문에, 입지의존성이 높은 산업이라고 할 수 있다. 그렇기 때문에 모든 관광지는 유형과 무형의 관광자원을 소재로 각기 특색 있는 관광지를 형성하고 있지만, 관광지의 유형,

기후조건, 관광자원의 우열, 개발추진 상황, 접근의 용이성 등과 같은 입지적 요인과 관광시장의 규모와 체제여부 등과 같은 경영적 환경, 관광객들의 소비 성향과 계층 등과 같은 수요의 질에 의해서 많은 영향을 받는다. 특히 관광사업은 경영적 · 산업적 성격이 불연속 생산 활동형, 생산과 소비의 동시 완결형, 노동장비율의 상승이라는 특성을 가지고 있기 때문에, 입지의존성은 더욱 높아진다.

(1) 불연속 생산활동형

관광사업에 있어 관광객의 소비활동은 계절별, 월별, 주별, 시간별 등에 따라 변동의 차이가 클 뿐 아니라 경기변동, 기후, 관광객의 임의적인 행동에 따라 불연속적인 생산활동이 불가피하기 때문에 불연속 생산활동형이다.

(2) 생산과 소비의 동시완결형

관광사업은 관광상품의 저장이 불가능하기 때문에, 생산과 소비가 동시에 이루어지는 생산과 소비의 동시완결형이다. 즉 경영상의 탄력성이 없는 사업이다.

(3) 노동장비율의 상승

관광사업은 소비자들의 다양한 욕구에 부응하기 위해서 관광사업체의 규모가 커지고 고급화되면서 노동장비율이 상승하는 추세를 보이고 있다.

3) 서비스성

관광사업은 관광객을 위해 운송 · 숙박 · 식사 · 운동 · 오락 · 휴양 또는 용역을 제공하거나, 기타 관광에 부수되는 시설을 갖추어 이를 이용하게 하는 업을 말하는데, 관광사업에서 편리하고 안락한 시설과 더불어 가장 중요한 부분 중 하나는 관광사업 종사원들이 수준 높은 서비스를 제공하는 일이다.

4) 공익성

관광사업의 특성 중 공익성은 관광사업이 공적·사적 여러 관련 사업으로 이루어진 복합체라는 관점에서 볼 때, 민간기업들도 이윤추구만을 목적으로 할 것이 아니라 수익성과 공익성을 공동으로 추구할 것을 요구하고 있다는 것을 의미한다.

관광사업의 공익성은 사회·문화적인 측면과 경제적인 측면으로 나누어 볼 수 있다. 먼저, 사회·문화적인 측면을 살펴보면, 국위선양, 국제친선 증진, 국제문화 교류, 세계평화에의 기여 등 국제관광 부문과 국민보건 향상, 근로의욕 고취, 교양의 향상 등과 같은 국민관광 부문적인 측면이 있다. 경제적인 측면을 살펴보면, 외화획득, 경제발전, 기술협력과 국제무역증진 효과 등의 국민경제적인 측면과 소득효과, 고용효과, 산업기반시설 정비효과, 지역개발효과 등의 지역경제적인 측면을 들 수 있다.

5) 변동성

관광욕구는 생활에 있어 필수적이라기보다는 임의적인 성격을 가지고 있기 때문에, 관광사업은 외부와의 변화에 민감하게 반응한다.

관광사업의 변동성은 사회적·경제적·자연적 요인으로 나눌 수 있다. 사회적 요인은 사회정세의 변화, 국제정세의 변화, 정치불안·폭동·질병 발생 등과 같이 신변의 안전에 불안을 주는 요인들이다. 경제적 요인은 경제불황, 소득상황, 환율의 등락, 운임의 변동, 외화사용 제한조치 등의 요인을 말한다. 자연적 요인은 기후변화, 지진, 태풍, 해일, 혹서, 혹한 등이 있다.

2 관광사업의 발전요인

1) 가처분소득의 증대

산업기술의 발달로 대량생산, 대량소비가 이루어지면서 세계 여러 나라의 경제가 성장하게 되었다. 이러한 경제적 성장으로 인해 세계 여러 나라의 국민소득이 향상되었으며, 개인의 가처분소득Disposal Income도 증가하게 되었다. 이러한 개인의 가처분소득의 증가는 전반적인 생활수준의 향상과 관광산업을 포함한 문화관련 비용의 증가로 이어지게 되었으며, 이러한 영향으로 관광산업은 더욱더 발전하고 있으며, 향후 현재보다 더 높은 성장률을 보일 것으로 예측된다.

2) 여가시간의 증대

인터넷을 중심으로 한 정보통신기술과 다른 산업기술의 발달로 모든 산업에 있어 업무 자동화의 비율이 증가하고 있다. 이러한 업무의 자동화는 근로자들의 근로시간 단축으로 이어지게 되었고, 또한 대부분의 선진국들이 실시하고 있는 주 5일제의 영향으로 여가시간은 더욱 증가하고 있다. 이렇게 늘어나는 여가시간은 자연스럽게 관광산업을 발전시키는 요인으로 작용하고 있다.

3) 교통수단의 발달

교통수단의 발달 또한 관광사업의 주요한 발전요인 중 하나라고 할 수 있다. 특히, 항공산업의 발달이 관광사업의 발전에 있어서 가장 결정적으로 많은 기여를 했다고 할 수 있는데, 제2차 세계대전 이후 항공산업은 기술적으로 고속성, 안정성, 쾌적성, 경제성의 향상과 대량 운송능력을 보유하게 되었다. 또한 항공사들은 기내서비스 및 다양한 촉진전략에도 고객들을 세심하게 배려함으로써 고객들의 해외여행 욕구를 증가시켜 관광사업 발전에 기여하고 있다.

4) 라이프스타일의 변화

라이프스타일이란, 개인의 가치관 · 행동 · 관심 · 의견 등을 표현하는 생활패턴을 의미하는 것인데, 최근 현대인들이 추구하는 가치관이 삶의 질Quality of Life 향상에 많은 비중을 두고 있다. 이렇게 삶의 질 향상을 추구하는 가치관을 지닌 개인의 증가는 다른 국가를 여행하여 지식과 견문을 넓혀 자기발전을 꾀하려는 욕구 증대로 이어진다. 이러한 개인들의 라이프스타일의 변화로 인해 관광산업은 더욱 발전하고 있고, 향후에 이러한 추세는 더욱 가속화 될 것으로 예측된다.

5) 글로벌화의 가속화

글로벌화Globalization 또는 우리말로 세계화에 대한 정의는 다양하지만, 일반적으로 기업이 개별국가 시장에 대해 각각 다른 전략을 취하기보다는 전 세계 시장을 하나의 시장으로 보고 통합된 전략을 수립하는 것을 의미한다.

이러한 글로벌화의 영향으로 국가별로 나누어졌던 국경의 의미가 약해지고 제품 · 기술 · 서비스 등이 세계 각국으로 자유롭게 이동하게 되었다. 또한 이러한 글로벌화로 인해 인적자원과 자본의 이동도 자유로워지고 이러한 현상을 자연스럽게 국제관광에도 촉진하게 되었으며, 이로 인해 국제관광을 중심으로 한 관광산업은 더욱더 발전할 것이다.

3 거시환경 분석

거시환경은 호스피탈리티 서비스 기업의 전략과 직접적으로 관련이 있으며 고객, 경쟁자, 산업구조에까지 영향을 미치는 가장 근본적인 요인이라고 할 수 있다. 거시환경의 변화는 고객의 욕구를 변화시킬 수 있을 뿐만 아니라 산업의 구조를 변화시키고 경쟁자들의 대응전략까지 변화시킬 수 있는 매우 중요한 부분이다. 거시환경에서 경제적 환경은 전체시장 규모에 대한 직접적인 영향을 미치며, 사회 · 문화적인 환경은 새로운 수요로 인한 신규시장을 창출할 수 있다.

1) 인구통계적 환경

인구통계적 환경Demographical Environment이란, 인구와 이와 관련된 모든 특성에 관한 통계학적 연구를 말하며, 인종 · 직업 · 연령 · 성별 등이 여기에 속한다.

2) 경제적 환경

경제적 환경Economical Environment이란, 기업의 생산 활동이나 소비자의 구매력과 관련된 다양한 요인들을 의미한다. 경제호황기Prosperity와 침체기Recession 등의 경제주기, 경제성장률, 1인당 국민소득, 금리, 인플레이션, 환율, 주식시세 등에 따라서 기업들의 마케팅활동은 영향을 받게 된다.

3) 사회 · 문화적 환경

사회 · 문화적 환경Sociocultural Environment이란, 문화적 관습과 가치관, 소비자행동, 소비자의 신념이나 선호도 등으로 마케팅활동에 있어서 매우 중요한 영향을 미치는 환경이다. 특히 최근에는 사회 · 문화적 환경이 급변하기 때문에, 기업의 입장에서는 마케팅활동을 하는데 있어 어려움이 많아지고 있다.

4) 기술적 환경

기술적 환경Technological Environment이란, 최근의 마케팅 환경 가운데 가장 빠르게 변화하고 있는 부분으로, 기업은 기술혁신을 통해서 성장할 수 있으며, 새로운 기술은 새로운 기업들에게 새로운 시장기회를 제공한다.

5) 정치 · 법률적 환경

정치 · 법률적 환경Political-legal Environment이란, 정부의 정책과 법률이나 조세제도 및 정치단체나 시민단체와 관련된 환경을 의미한다. 특히 정치 · 법률적 환경에서는 정부의 기능이 중요하게 작용하는데, 정부는 정책이나 법을 통해서 기업 활동을 지원하는 기능과 규제하는 기능을 수행하게 된다. 정부의 지원기능Supportive Function이란, 정부가 기업이 단독으로 수행하기 어려운 일들을 정부의 고유권한이나 책임을 수행함으로써 기업을 도와주는 기능을 말한다. 또한 정부의 규제기능이란, 각종 조사 · 감독기능과 독점방지 등을 의미한다. 특히, 글로벌 창업과 관련하여 창업 진출국의 정치 · 법률적 환경을 파악하는 것은 매우 중요한 부분이다.

4 경쟁자 분석

1) 경쟁의 의미

마케팅 전략을 펼치는 기업은 경쟁자의 정의가 간단하지는 않지만, 중요한 점은 기존의 경쟁자만 경쟁자가 아니라 잠재경쟁자를 항상 의식해야 한다는 것이다. 또한 시장을 제품이 아닌 고객의 관점에서 정의할 때 타제품의 경쟁도 생각해야 하는데, 이처럼 경쟁의 중요한 의미는 제품이나 기술에 있어서 얼마나 비슷한가가 아니라, 궁극적으로 소비자로부터 비슷한 반응을 유발시키는 정도라 할 수 있다.

다시 말하면, 두 가지 제품이 서로 다르더라도 소비자 입장에서 같은 욕구를 충족한다고 인식된다면 그 두 제품은 경쟁제품이라고 여겨질 수 있다. 이와 같이 경쟁에 있어서 주요한 원인은 대체성Substitutability이라 할 수 있다.

2) 경쟁자 분석요인

기업과 기업제품의 경쟁대상이 확인된 다음, 여러 경쟁자에 대하여 다각적인 분석이 이루어져야 한다. Aaker(2001)는 다음과 같은 사항에 대한 분석을 통하여 경쟁자의 강점과 약점이 파악될 수 있다고 주장하였다. 또한 이러한 분석은 향후 생각할 수 있는 기회와 위협을 예측하는데 유용할 수 있으며, 자사의 향방에 대한 경쟁자의 반응도 어느 정도 예측이 가능할 수도 있다.

(1) 일반 외형 특징

경쟁자의 일반 외형 특징은 측정이 쉬운 변수들을 의미한다. 대개 경쟁사의 매출, 성장률, 그리고 자산규모 등은 여러 재무제표를 통하여 확인할 수 있지만, 시장 점유율과 수익성은 상대적으로 측정이 어려울 수 있다.

시장 점유율은 시장의 지배력을 의미하므로 이를 측정하는 것이 중요하며, 경쟁사의 성장률은 경쟁사의 미래 패턴을 암시하므로 이 변수의 측정도 마찬가지로 필히 있어야 한다. 경쟁사의 수익성은 경쟁사 원가분석으로 간접적으로 추정이 될 수 있는데, 수익성이 높은 기업일수록 자본부담이 적어지고 자급자족한 경영과 마케팅이 가능해진다. 뿐만 아니라 기존 또는 계열사업을 확장하는데 추가로 투자할 수 있는 여력이 있다.

(2) 이미지와 포지셔닝

기업과 기업의 브랜드들은 오랜 역사를 통하여 소비자들 마음속에서 어떠한 성격을 지닐 수 있다. 이러한 성격은 반드시 좋은 것만은 아니며, 하나의 경쟁 포인트가 될 수도 있다. 기업 입장에서는 활동하는 무대에서 소비자가 고려하는 여러 브랜드가 각각 어떠한 연상Association을 지니고 있는지 파악할 필요가 있고, 이러한 기반을 이용해서 자사 브랜드의 이점과 경쟁사의 단점을 부각시킬 필요가 있다.

(3) 경쟁자의 목적과 의지

기업은 시장에서 경쟁기업과 비교해서 높은 가치를 제공할 수 있을 때 경쟁우위를 갖게 되는데, 고객들이 자사가 제공하는 제품과 서비스 가치를 경쟁기업의 제품과 서비스에 비해서 높게 평가해 주고 기업의 입장에서 충분한 이익이 창출될 만큼 높은 가격을 지불하려고 할 때 경쟁우위를 확보할 수 있다. 이러한 경쟁우위를 확보하기 위해서 경쟁자의 목적과 의지분석은 한 시장에서 경쟁자의 현재뿐만 아니라 미래의 지속적인 관여를 예측하는 데에 유용하다.

가령 경쟁사의 여러 외형 목표달성 여부 혹은 그 달성 정도에 따라 사업유지 혹은 폐업이 결정될 수 있다. 물론 기업은 경쟁사의 성향을 잘 감지하여 경쟁사의 향방을 예측해야 한다. 이를테면, 어떤 경쟁사는 목표달성 부진으로 인해 폐업을 결정할 수도 있겠지만, 다른 경쟁사는 오히려 더 많은 투자를 불사할 수도 있다. 이 때문에 단순한 정량적인 목표분석만이 아닌 정성적인 경쟁사의 의지에 대한 분석이 불가피하다. 특히 여러 관련된 사업을 펼치는 경쟁사일수록 일부 사업에 대해서 적자를 감당하려는 의지가 강한데, 이는 다른 사업의 재정상태가 문제가 없거나 아니면 그 적자사업이 재무보다 다른 측면, 가령 기술학습 차원에서 도움이 되기 때문이다.

예컨대, 웬만한 한국 반도체회사들은 미국 실리콘밸리에 현지법인을 두고 있는데, 그 목적은 매출보다 기술학습이 더 강하다. 이처럼 경쟁사 목적과 의지분석에는 사업부 차원에서만 이행하는 것보다는 경쟁사 모기업까지 포함하여 여러 계열사에 대한 역할 분담이 무엇인지 추정하는 것이 중요하다.

(4) 현재와 과거전략

경쟁사의 전략 연혁Strategy History이 그 회사의 향후 행동을 예측할 수 있는 중요한 근거가 될 수 있다. 사람 개개인은 성장과정이 있고 그 과정이 한 개인의 생활패턴을 말해주듯이, 기업도 전략 연혁이 한 기업의 현재 뿐만이 아닌 미래 경쟁패턴을 말해주게 된다.

Aaker(2001)는 어떤 사업에 대한 경쟁사의 과거 실패는 그 사업에 대한 기피 성향으로 향후 나타날 수 있다고 주장하였다.

(5) 조직과 문화

마케팅 전략에 경쟁사 조직과 문화에 대한 분석이 흔하지 않지만, 때로는 중요할 수 있다. 위에서 언급된 전략 연혁은 겉으로 나타난 경쟁사의 행동을 보여주지만, 경쟁사의 조직과 문화는 그 행동 이면에 존재하는 경쟁사의 성향을 말한다. 기업의 조직과 더불어 중요한 기업의 특징이 조직문화인데, 이는 경쟁사 내부에 공유하는 가치, 공유하는 규범, 그리고 공유하는 상징과 상징적 활동에 의해 형성된다.

Miles와 Snow(1978)는 경쟁과 관련하여 기업의 조직문화와 형태를 네 가지로 구분하였다. 첫째 유형은 탐색형Prospector으로, 이들은 신규시장을 선점하지만 이를 오랫동안 지탱하지 못하는 경쟁문화를 의미한다. 둘째 유형은 방어형Defender으로, 이들은 안정적인 시장에서 확고한 일부분만을 한결 같이 지키는 문화를 의미한다. 셋째 유형은 분석형Analyzer으로, 이들은 주력사업을 지키면서 고성장 신규사업을 탐구하려는 문화를 의미한다. 마지막으로, 넷째 유형은 수

동형Reactor으로, 이들은 뚜렷한 전략이 없는 관계로 성과가 부진한 경쟁사를 뜻하며, 자원부족으로 신규사업 개발도 피하는 문화를 의미한다.

(6) 원가구조

경쟁사의 원가구조 분석은 경쟁사의 원가우위 전략의 향방은 물론 경쟁사의 수익과 관련된 시사점도 제공한다. 뿐만 아니라 경쟁사 가격전략 분석에 중요한 기반이 될 수 있다.

예를 들어, 자본집약적 산업에서는 감가상각이 거의 다 된 경쟁사를 아주 위협적인 경쟁사로 취급한다. 그 이유는 고정비용에 대한 부담이 없으므로 변동비용 위주의 가격책정을 펼칠 수 있기 때문이다.

경쟁사의 정확한 원가정보는 쉽게 얻기 힘들지만 간접적으로 추정될 수 있다. 가령 산업, 그리고 자사에서 관행적으로 소요되는 인건비, 자본비, 물류비, 원자재 등을 토대로 경쟁사의 여러 상황여건에 적용 또는 수정하여 경쟁사의 원가를 추정할 수 있다.

(7) 철수장벽

시장에 진입하는 진입장벽 뿐만 아니라 철수장벽은 자사뿐만 아니라 경쟁사의 이동성을 좌우하는 요소로 대두되는데, 철수가 어려운 상황일수록 경쟁이 심화될 수 있고 경쟁사의 반응이 격해질 수 있다.

경쟁사가 직면하는 철수장벽의 형태는 아주 다양하다.(Porter, 1980) 특유한 자산을 보유한 경쟁사는 이를 다른 사업으로 전향할 수 없으므로 사업부진에도 불구하고 버티게 된다. 또한 여러 종류의 고정비용이 높은 경쟁사일수록 철수가 어려워진다.

예컨대, 특정사업에 관련된 전문 장기계약 인력이 많은 경쟁사는 사업전환이 어려워진다. 또한 정성적으로 애착이 강한 사업일수록 경쟁사는 철수를 고사하게 된다.

5 시장분석

일반적으로 시장분석을 실시하게 되는 목적 중 하나는, 현재의 경쟁자 및 잠재적 진입자가 특정산업에 대해 느끼는 매력도를 측정하는 것인데, 시장분석은 특정시장에 참가한 기업의 장기적 투자수익률로 측정될 수 있는 시장의 이익 잠재력이 바로 시장의 매력도를 의미한다.

1) 시장규모

시장규모는 자사제품의 판매가 얼마나 될 수 있을 것인가를 결정짓는 가장 기본적인 요소로, 일반적으로 큰 규모의 시장은 작은 규모의 시장에 비해 더 많은 이윤창출의 기회를 제공하기 때문에 그만큼 시장에 대한 매력도가 높다. 그러나 큰 규모의 매력도를 지닌 시장일수록 그만큼 경쟁은 더 치열하게 된다.

창업 시 창업아이템의 시장 규모는 창업의 성공과 실패를 좌우하는 매우 중요한 요소가 될 수 있는데, 이를 분석하는 방법은 동종업계나 유사업계의 총매출 규모를 분석하여 시장의 규모를 추정할 수 있다.

2) 시장성장률

시장성장률이 높은 시장은 잠재적으로 기업들이 이윤창출의 기회가 더 많기 때문에 매력적으로 느끼지만, 많은 기업의 시장진입으로 인해 그만큼 경쟁은 더욱 치열하게 된다.

3) 제품수명주기 단계

일반적으로 제품수명주기Product Life Cycle는 도입기, 성장기, 성숙기, 쇠퇴기로 나누어지는데, 도입기는 초기단계로서 판매가 낮은 속도로 증가하는 단계이며, 성장기는 제품의 판매가 급속히 증가하는 단계이고, 성숙기는 제품의 판매증가가 둔화되지만 판매가 최고조에 달하며, 쇠퇴기에는 판매가 감소하는 시기이다. 일반적으로 기업들에게는 성장기에 해당하는 시장이 매력적이지만 반드시 그렇지만은 않다.

그러므로 각 제품수명주기의 단계별로 시장의 매력도가 고정되어진 것은 아니며, 같은 단계에 있는 시장이라도 그 세부상황과 기업의 사정에 따라 매력도는 달라질 수 있기 때문에, 각 기업은 현재 시장이 제품수명주기 상에 속한 단계와 현재 자사가 보유한 기술 및 제품의 특징을 함께 고려하여 시장의 매력도를 평가해야 한다.

4) 수익성

수익성Profitability은 시장마다 차이가 있는데, 시장에 따른 수익성의 차이는 그 산업의 생산방식이 노동집약적, 자본집약적, 경쟁강도, 제조기술 등에 의해서 유발된다. 위의 요소들을 평가해서 수익성이 높은 시장은 매력도가 높은 시장이라 할 수 있다.

5) 판매의 주기성

호텔관광시장의 경우, 성수기와 비수기가 뚜렷하게 구별되어 매출액이 규칙적인 주기를 보이면서 오르락내리락 하게 된다. 이렇게 판매의 주기성이 다른 산업보다 높은 시장은 일반적으로 다른 산업에 비해 매력도가 떨어지게 된다. 물론 기업은 이러한 시장의 주기성을 먼저 파악한 후, 자사의 능력 및 환경과 맞는지 평가해야 한다.

6 내부환경 분석

내부환경 분석이란, 자사의 성과수준, 강점과 약점, 그리고 한계점 등을 파악하는 과정으로, 시장분석이나 경쟁자분석에 비해 접근 가능한 정보의 양이 많으므로 보다 심층적으로 상황을 분석하는 것이 가능하다.

자사분석의 내용은 다음과 같은 사항들이 포함된다.

1) 자사분석 내용

(1) 성과분석

일반적으로 자사분석은 성과분석을 기초로 하게 되며, 이러한 분석을 통해서 기존의 사용하고 있는 전략을 검토하고 전략의 수정여부를 결정하게 된다. 성과분석은 기업의 장기적 혹은 단기적 사업목표를 고려해서 분석되어야 하며 그 목표에 따라서 성과측정의 해석이 달라져야 한다.

(2) 원가분석

기업이 시장에서 경쟁우위를 확보하는데 가장 중요한 요인 중 하나가 원가상의 우위를 확보하는 것이기 때문에, 자사분석에 있어서 원가분석을 하는 것은 매우 중요하다. 원가분석에는 현재의 원가구조와 원가수준을 파악하고, 미래의 원가구조와 원가수준 파악, 경쟁자가 비교한 현재 및 미래의 원가우위 지속여부 등을 파악하는 것이 포함된다.

(3) 강점과 약점

자사의 강점과 약점을 분석할 때 주요 경쟁자를 비교대상으로 하여 시장전략을 위한 자사의 강점과 약점이 평가되고 분석될 수 있다. 이러한 기업의 강점과 약점에 대한 분석은, 현재는 물론 앞으로 다가올 미래의 상황까지도 분석되어져야 하며, 현실적으로 마케팅, 재무, 인사, 생산 등의 경영기능을 중심으로 접근하는 것이 효과적이다.

(4) 기업 내부능력의 분석

기업은 원활한 마케팅활동의 수행을 위해 기업 내부의 생산, 인사, 연구개발, 관리 등 많은 다른 부서들과 긴밀한 관계를 유지해야 한다. 이와 같이 마케팅활동은 독립적인 기능이 아니라 기업 내의 다양한 부서들의 의사결정에 영향을 미치기 때문에, 기업 내 여러 부서의 내부능력을 분석하는 것이 중요하다.

(5) 과거와 현재의 전략

기업의 강점과 약점을 결정하기 위해서는 과거와 현재의 전략을 검토해야 하는데, 기업의 기본전략이 무엇인지를 이해하게 되면 조직의 강점과 약점이 무엇인지를 제대로 이해하는 데에 도움이 될 수 있다.

2) SWOT 분석

전략수립은 기회를 활용하고 위협을 회피하거나 새로운 기회로 변화시키기 위한 것이며, 환경변화에 따라 기회와 위협이 교차한다면 바람직한 전략대안을 어떻게 선택할 것인가 하는 문제가 제기되는데, 이러한 문제해결을 위해 조직능력의 관점에서 일정시점의 주요 환경요인을 기회와 위협으로 분류하고 이들을 전략적 관점에서 자사의 강 · 약점과 결합시켜 효과적인 전략을 수립하는 과정이 SWOT분석이다.

다시 말하면, SWOT 분석은 강점Strengths, 약점Weaknesses, 기회Opportunities, 위협Threats의 매트릭스를 통해서 바람직한 전략을 수립하는 과정을 의미한다.

7 전략의 개념

최근 우리는 여러 경로를 통해 주변에서 전략이라는 말을 많이 접하게 된다. 전략Strategy이란 용어의 어원은 'Strategos'라는 희랍어에서 시작되었는데, 원래의 의미는 장군이 갖추어야 할 기술이나 과학을 의미한다. 특히 기업에서는 경영전략이나 전략경영이라는 단어를 많이 사용하게 되는데, 조금 더 세부적으로 분류하면 마케팅 전략, 생산 전략, 재무 전략, 국제경영 전략 등으로 분류할 수 있다.

이처럼 여러 분야에서 전략에 대해서 사람들의 관심이 높아지고 있고, 그 중요성이 증대되고 있다. 경영 전략이란 "희소한 경영자원을 배분하여 기업에게 경쟁우위를 창출하고 유지시켜 줄 수 있는 주요한 의사결정"이라고 정의될 수 있다.

경영전략의 정의에서 중요한 단어는 '희소한' 경영자원을 배분한다는 사실이다. 만일 경영자원이 희소하지 않다면 전략을 논할 필요가 없지만 개인, 기업, 국가 등은 시간, 자금, 인력 등 희소한 경영자원을 배분해야 하는 의사결정에 직면하고 있다.

위에서 언급된 전략에 대한 정의를 살펴보면, 전략이란 기업의 목표를 달성하기 위해 계획하고 실행하는 의사결정이라는 점을 공통적으로 내포하고 있다. 또한 경영전략은 일반적으로 경쟁상황을 가정한다. 경쟁이 없는 상황에서는 전략을 논의할 필요가 없기 때문이다. 우리가 살고 있는 현대사회는 무한경쟁사회이기 때문에 경쟁은 필수적인 상황이라고 할 수 있다. 따라서 그만큼 전략에 대한 중요성도 커지게 된다.

8 전략의 계층구조

일반적으로 경영전략은 기업 수준에서의 전략을 의미하는데, 최근에는 기업의 조직구조가 복잡해지고 계층화됨으로써 기업 수준 전략Corporate Level Strategy, 사업부 수준 전략Business Unit Level Strategy, 제품 · 브랜드Product Brand Level Strategy 수준 전략 등 세 가지로 분류되고 있다.

1) 기업 수준 전략

기업 수준Corporate Level 전략은 끊임없이 변화하는 시장환경 속에서 기업의 사명과 목표를 달성하기 위해 기업이 가지고 있는 여러 가지 기능을 유기적으로 결합하여 경영자원의 효율적인 배분을 도모하고자 하는 관리과정을 말한다.

기업 수준에서 전략을 수립하기 위해 가장 핵심적으로 고려되는 사항은 그 기업이 경쟁하는 시장과 산업의 범위를 결정하는 것이다. 즉 기업 전략은 자사가 현재 가지고 있는 업의 범위를 조망하여 미래에 다가올 시장상황의 변화와 내부에 축적된 역량을 파악하여 향후 기업이 나아가야 할 거시적 방향을 설정하고 이에 따른 지침을 마련하는 것이라고 할 수 있다. 이를 위해 기업 수준에서 결정하는 사항들은 다각화, 기업 인수합병, 해외진출 등 기업이 참여하게 될 업의 범위와 규모에 관련된 것들이며, 자원의 획득, 기업이 사용할 신기술, 목표고객, 시너지효과의 극대화, 기업 활동의 통제방법 등의 사항도 다루어져야 한다.(한상만 외, 2004, p.13)

한편, Walker와 Boyd, Larreche는 기업 수준의 전략에서 필요한 요소를 다음과 같이 다섯 가지로 정리한다.

(1) Scope, Mission, Intent

- 사업영역을 어떻게 가져갈 것인가?
- 어떤 소비자를 대상으로 전략을 수립해야 하며, 이를 위해 활용해야 하는 기술은 무엇인가?
- 어떤 전략적 목표를 가지고 있어야 하는가?

(2) Objective

- 어떤 성과차원에 역량을 집중할 것인가?
- 어느 정도 수준의 성과가 목표로서 적절한가?
- 성과를 달성하기 위해 어느 정도의 시간을 투자할 것인가?

(3) Development Strategy

- 지속적인 성장을 하기 위해 어떤 방법을 취할 수 있을까?
- 목표로 하는 성장수준을 달성하기 위해 현재 보유한 업의 범위를 확장할 필요성이 있는가?
- 미래에 지속적인 성장을 하기 위해 새로운 사업으로 다각화를 추진해야 하는가, 아니면 카테고리 내에서의 다각화를 추진해야 하는가?

(4) Resource Allocation

- 최대의 성과를 달성하기 위해 각 사업부에 한정된 자원을 할당할 수 있는 방법은 무엇인가?
- 사업부 수준에서 결정된 각 전략들 중에 최대의 성과를 달성할 수 있게 만드는 대안은 어떤 것인가?

(5) Source of Synergy

- 각 사업부 간 어떤 역량이 공유되어야 하며 개발되어야 하는가?

- 효율성을 높이기 위해 각 사업부 간 공유할 수 있는 자산은 무엇인가?

2) 사업부 수준 전략

사업부란, 독자적인 사업전략을 가질 뿐만 아니라, 그 책임자가 판매와 이익에 대해 책임을 지는 조직단위를 말한다. 사업부 수준Business Unit Level의 전략은 자사의 사업부 단위의 경쟁전략을 수립하는 것으로, 사업부가 속해 있는 시장에서 경쟁우위를 확보하거나 유지할 수 있는 방법을 찾는 것을 그 목적으로 하고 있다. 즉 시장에서 어떠한 제품들을 판매할 것인가, 어떠한 세분고객을 대상으로 할 것인가, 혹은 사업부 내에 있는 각 기능들은 어떻게 관리되어야 할 것인가 등에 관련된 문제를 다루고 있으며, 어떻게 경쟁사와 경쟁할 것인가라는 방안에 대해 다루게 된다.

사업부 수준의 전략 목표는 기본적으로 기업 수준에 설정된 목표와 일관성을 가지고 있어야 하지만, 일관성을 확보한 뒤에는 사업부가 가지고 있는 독립적 위치와 권한을 이용함으로써 경쟁우위를 강화하여 표적시장에 대한 경쟁력을 제고하고, 강력한 마켓리더십을 구축하는 것을 원칙으로 한다. 또한 자사 사업부가 시장에서 필요한 역량을 모두 갖추지 못하더라도, 사업부의 핵심역량이 발휘될 수 있는 최적의 시장을 결정하고, 공략에 필요한 전략 프로그램을 설계하여, 특정산업 내에서 경쟁사보다 우수한 경쟁전략과 핵심역량을 구축하는 것이 매우 중요하다.

3) 제품 · 브랜드 수준의 전략

제품 · 브랜드 수준Product Brand Level의 전략이란, 좀더 구체적인 마케팅 목표를 달성하기 위해 취하는 기본 노선이며, 이러한 제품 · 브랜드 수준의 전략을 일반적으로 마케팅 전략이라고 한다.

마케팅 전략의 주요 목적은 표적시장에서 기업의 마케팅 목표를 달성하기 위해 마케팅 자원과 활동을 효과적으로 관리 · 수행해 나가는 것이다. 이를 위해 표적시장에 대한 정의와 차별화된 포지셔닝 전략의 수립, 마케팅 전략 실행을 위한 구체적인 마케팅믹스 요소의 관리 및 배분이 수행되어야 한다.

전략은 위에서 언급된 계층구조에 의해 서로 일관성 있게 수립되는 것이 중요하다. 만약 각 계층구조 간의 일관성이 결여된다면 전략의 방향성이 모호해짐에 따라 기업이 보유하고 있는 자원의 낭비를 초래할 수 있을 뿐만 아니라 기업의 생존에도 큰 영향을 미칠 수 있다.

Hospitality
SERVICE
Start-up

CHAPTER 12

글로벌 창업

1 글로벌화의 개념과 글로벌 창업

정보화와 글로벌화는 우리의 생활에 가장 많은 변화를 가져오고 있는 최신 트렌드라고 할 수 있으며, 이러한 트렌드들은 창업과 글로벌 창업에도 많은 영향을 미치고 있으며, 이러한 경향은 향후 더욱 가속화 될 것으로 예측되고 있다.

인터넷과 스마트폰을 기반으로 한 모바일 마케팅 등의 일반화로 인해, 이제 소비자들은 언제 어디서나 본인이 희망하는 제품이나 서비스를 구매할 수 있으며, 이러한 환경의 변화로 인해 누구나 본인의 의지만 있으면 큰 자본을 보유하지 않더라도 글로벌 창업이 가능해졌다.

이러한 글로벌 창업과 관련된 개념의 이해를 위해서는 글로벌화에 대한 이해가 선행되어야 하며, 규모가 큰 다국적기업Multinational Corporations의 해외진출과 1인기업 및 개인기업의 글로벌 창업의 메커니즘도 비교해 보는 것이 글로벌 창업에서 다룰 수 있는 중요한 주제 중 하나가 되었다.

최근 세계경제가 큰 변화를 겪고 있는데, 그 핵심적인 내용은 여러 가지 장벽에 의해 국가별로 운영되던 경제시스템이 국가별로 언어Language, 문화Culture, 거리Distance 등의 차이에도 불구하고 점점 하나의 경제시스템으로 통합되는 경향을 나타내고 있다. 이러한 현상 속에서 여러 국가들 간의 상호의존성도 점차 높아지고, 모든 산업은 더욱 빠른 속도로 글로벌화 되어가고 있으며 글로벌기업들은 서로 무한경쟁을 하고 있다.

'글로벌화Globalization' 또는 우리말로 '세계화'에 대한 정의는 다양하지만, 일반적으로 기업이 개별국가시장에 대해 각각 다른 전략을 취하기보다는 전 세계시장을 하나의 시장으로 보고 통합된 전략을 수립하는 것을 의미한다.(Porter, 1986; 장세진, 2004)

글로벌화는 시장의 글로벌화와 생산의 글로벌화 두 가지 주요한 부분으로 구성되어 있는데, '시장의 글로벌화'란 국가별로 나누어져 있던 시장을 하나의 거대한 글로벌시장으로 합병하는 것을 의미한다. '생산의 글로벌화'는 기업들이 노동력 · 토지 · 원자재 · 에너지 등의 생산요소들을 가격과 품질 측면에서 국가별 차이를 이용하여 제품과 서비스를 다른 지역에서 생산하는 경향을 나타내는 것을 의미하는데, 생산의 글로벌화가 일어나는 이유는 기업들이 경쟁기업들보다 경쟁우위를 확보하기 위해 낮은 비용 구조와 높은 품질을 소비자들에게 제공하기 위해 노력하기 때문이다.

글로벌화Globalization와 국제화Internalization를 비교해보면, 국제화는 국가 단위로 시장이 구성되었던 상황에서 한 국가에 있던 기업이 다른 국가로 진출하는 것을 의미했던 반면, 글로벌화는 국가별로 시장을 구분하는 의미가 없어졌다는 것이다. 글로벌화 된 환경 하에서는 제품 · 서비스 · 기술 등이 각 국가에서 국가로의 이동이 자유롭고 인적자원과 자본의 흐름도 자유롭다고 할 수 있다.

특히 글로벌화가 관광산업에 미치는 영향은 매우 크다고 말할 수 있는데, 글로벌화로 인해서 국제관광이 촉진되어 관련 산업들이 빠른 속도로 성장하고 있다. 이러한 글로벌 경영환경 하에서 국제관광과 관련된 기업인 호텔, 항공사, 외식업체, 여행사 등이 다국적기업화 되어가고 있다. 따라서 글로벌화는 일반적인 현상이 되었으며, 국제관광 경영적인 측면에서도 많은 국제관광 기업들이 급변하는 글로벌 경영환경에 적합한 경영전략을 수립하는 것이 필요하다.

2 창업과 글로벌화의 촉진요인

1) 글로벌 창업과 자본집약적인 생산방식

많은 우리나라 기업들이 해외로 진출하는 것을 일반화하고 있는데, 가장 큰 이유 중 하나가 우리나라 소비자들만을 대상으로 한 제품을 판매하게 되면 생산비용을 충당하기가 어렵다. 그만큼 이제는 글로벌화가 일반화되었고 글로벌 경영환경의 변화도 급속하게 일어나고 있다.

이러한 환경 하에서 최근 모든 산업의 생산방식에서 공통적으로 일어나는 현상 중 하나는 노동집약적인 생산시스템에서 자본집약적인 생산시스템으로의 전환 가속화를 들 수 있다.

이러한 현상은 생산 활동에 있어서 노동비용의 비중이 점차 감소하는 동시에 자본비용이 증가한다는 의미인데, 자본비용 증가의 주요한 이유는 연구개발 비용의 증가와 첨단 생산설비로 인한 비용 증가이다. 특히 이러한 현상은 정보통신Telecommunication과 생명공학Biotechnology 등의 첨단산업과 자동차 · 화학 등 생산비용이 많이 소요되는 산업에서 더욱 두드러지게 나타나고 있다. 이러한 생산활동 비용의 증가로 기업의 입장에서는 규모의 경제Economies of Scale를 이용한 대량생산을 하게 되고, 각 국가별 내수시장만으로는 대량생산된 제품의 수요가 한정되어 있기 때문에 전 세계시장으로의 제품판매를 모색하게 된다.

우리나라의 삼성전자나 현대 · 기아자동차가 세계 곳곳에 생산기지를 건설하고, 전 세계시장을 대상으로 자동차 판매에 힘쓰는 것이 좋은 예라고 할 수 있다.

이렇게 규모의 경제를 활용한 대기업들의 자본집약적인 생산방식은 글로벌 창업을 운영하고 있거나 미래의 글로벌 창업가들에게는 가까이 와 닿지 않을 수도 있지만, 1인기업이나 개인기업들도 이러한 같은 메커니즘을 작동하여 글로벌 창업에서 성공을 거둘 수 있는 기회는 얼마든지 있다고 할 수 있다.

다행히 정보화를 이용한 우리의 일상생활 변화로 인해 해외에서 소비자들이 원하는 제품이나 서비스를 직접 구매하는 것이 일반화되었으며, 이러한 제품이나 서비스 중에는 향후 가장 전망이 밝은 산업 중 하나인 호스피탈리티 서비스 산업과 관련된 부분의 창업도 가능하다.

2) 정보통신기술의 발전과 글로벌 창업

글로벌화를 촉진시키는 요인 중 하나는 기술의 발전인데, 특히 교통기술의 발전, 정보통신기술의 발전, 첨단산업기술의 발전 등을 이유로 들 수 있다.

먼저, 교통기술의 발전과정을 살펴보면, 제2차 세계대전 이후 항공산업기술의 발전과 컨테이너 운송의 도입으로 급격한 교통의 발전을 가져왔으며, 이러한 교통산업의 급속한 발전이 글로벌화를 더욱 촉진시키는 중요한 원인이 되었다. 또한 빠른 기술의 발전과 더불어 많은 연구개발R&D에 대한 투자가 글로벌화를 촉진시키는 원인이 되었다.

예를 들어, 첨단산업이라고 할 수 있는 전자, 통신, 컴퓨터, 의약품 제조산업 등에서는 총매출액에서 연구개발 비용이 차지하는 비율이 평균적으로는 7~8%, 높게는 15%까지도 소요되고 있는데, 이와 같이 연구개발 비용이 많이 투자되는 사업에서는 국내시장의 수요만으로는 그처럼 높은 연구개발비를 충당하기가 힘들다. 그렇기 때문에 위에서 언급된 첨단산업의 경우, 전 세계시장을 대상으로 신제품개발과 판매가 지속되어야 연구개발 비용을 충당할 수 있게 된다. 따라서 이렇게 첨단산업에 속해 있는 다국적기업들이 시장을 전 세계를 대상으로 하고 있기 때문에 글로벌화는 더욱 가속화되고 있다고 할 수 있다.

위에서 언급된 바와 같이, 이렇게 급변하는 경영환경 하에서도 규모가 작은 개인기업의 글로벌 창업과 관련된 전망이 밝은 이유는 인터넷과 스마트폰을 기반으로 한 정보통신기술의 발전이라고 할 수 있다.

정보통신기술의 활용은 물론 자본력을 기반으로 큰 규모의 사업을 하고 있는 대기업에게도 효용가치가 크지만, 영세한 글로벌 창업가들 대부분은 정보통신기술을 기반으로 하고 있다. 스마트폰의 다양한 애플리케이션을 기반으로 글로벌 창업가들의 표적시장Target Market은 이제 국내뿐만 아니라 전 세계를 무대로 창업할 수 있는 기회가 더욱 넓어지고 있다.

3) 전 세계 소비자 취향의 동질화로 인한 글로벌 창업의 긍정적인 효과

글로벌화의 가장 큰 요인 중 하나는, 이질적이었던 각국 소비자의 취향이 점점 동질화되어가고 있다는 점이다. 이렇게 전 세계 소비자의 수요와 구매 행태가 과거에 비해 동질화되어가고 있는 가장 큰 이유는, 인터넷을 중심으로 한 정보통신기술의 발전이라고 할 수 있다.

이와 같이 하루가 다르게 발전하고 있는 정보통신기술의 발전으로, 기업들은 전 세계를 단일시장으로 보고 빠른 시간 내에 전 세계 소비자들의 수요에 부응할 수 있는 제품을 만들어야 경쟁력을 가지고 생존할 수 있게 되었다.

여기서 한 가지 비교해야 할 점은, 최근 전 세계 소비자 취향의 동질화는 과거 국제화의 영향으로 선진국에서 먼저 개발된 제품이 점차 저개발국가로 이동되어 시차를 두고 전 세계 소비자 취향이 동질화되었던 이른바 제품수명주기이론Product Life Cycle Theory과는 다르다는 것이다. 예전에는 시차를 두고 전 세계 소비자 취향의 동질화가 있었던 것에 비해, 최근에는 인터넷의 일반화로 선진국과 후진국과의 약간의 시차는 있겠지만, 거의 비슷한 시기에 같은 제품이나 서비스에 대해서 전 세계의 모든 소비자들 취향이 동질화되었다고 할 수 있다.

또한 소비자 취향의 동질성이 비슷한 시기에 나타나는 다른 이유로, 전 세계 소비자들의 구매력 증대를 꼽을 수 있다. 개발도상국들의 경제적 발전이 국민들의 소득증대로 나타나고, 이러한 국민들의 소득증대가 선진국에서 생산되는 제품을 소비하려는 경향으로 나타나고 있다.

이러한 경향은 자본력이 대기업에 비해서 부족한 영세한 규모의 글로벌 창업가들에게 더욱 강점으로 작용할 수 있는데, 모든 경영의 기능에 투입되는 재무적인 부분에 대한 부담을 감소시킬 수 있다.

글로벌 창업이란, 말 그대로 창업가가 우리나라뿐만 아니라 2개 국가 이상의 소비자들을 대상으로 창업경영을 하는 것을 의미하는데, 2개 국가 이상에서 사업을 운영하는 다국적기업과 같은 개념이다. 또한 대부분이 이러한 글로벌 창업가들은 정보통신기술을 기반으로 하는 사업을 운영하고 있으며, 제조업보다는 서비스업에 중점을 두고 있다. 물론 페이스북, 구글 등과 같이 세계적인 정보통신기술을 기반으로 하는 글로벌 기업들도 있지만, 규모가 작은 글로벌 창업가들이 생존할 수 있는 틈새시장Niche Market도 분명히 존재하기 때문에, 향후 글로벌 창업과 관련된 수요는 빠르게 확산될 것으로 예측된다.

CASE 글로벌라이제이션

기업의 글로벌라이제이션(Globalization)이란, 기준으로 평가할 때 한국은 소수정예라는 특징을 가지고 있다. 글로벌 시장이란, 링에 오른 기업은 많지 않지만, 챔피언은 많이 배출했다는 얘기이다.

맥킨지가 2005년 말 기준으로 전 세계 시가총액 상위 2,000개 기업(G2000)을 글로벌 경쟁력에 따라 등급을 평가한 결과, 3.4%인 68개 기업이 최고 등급인 '글로벌 챔피언(Global Champion)'으로 분류됐다. 글로벌 챔피언은 과거 10년간의 경영성과, 진출지역 및 사업의 다각화 정도, 매출액·시가총액 등 다양한 항목에서 강력한 글로벌 위상을 갖고 있는 기업으로, MS(마이크로소프트)·GE(제너럴일렉트릭)·존슨앤존슨(Johnson & Johnson)·HSBC 등 내로라하는 서구기업들과 함께 인도 릴라이언스그룹(Reliance Group) 등 아시아기업들도 포함되어 있다.

소수정예 한국의 글로벌기업

조사결과를 들여다보면, 한국 입장에서 고무적인 현상과 우려스러운 대목이 한 가지씩 눈에 보인다. 먼저 고무적 현상은 한국이 경제규모에 비해 글로벌 챔피언을 많이 배출했다는 것이다. 세계 GDP에서 한국의 비중은 2% 남짓이지만, 글로벌 챔피언 중 4%(3개)를 한국 기업들이 차지했다. 실제로 GDP 1조 달러당 글로벌 챔피언의 수는 한국이 3.7개로, 미국(2.2개), 일본(0.7)개, 중국(0.4개) 등을 능가한다.

반면, 우려스러운 대목은 한국에 글로벌기업의 저변이 취약하다는 것이다. G2000 중 한국기업의 비중은 2%(41개)로 글로벌 챔피언(4%)의 절반 수준이다. 또 글로벌 챔피언의 다음 등급인 '글로벌 유망주(Global Contender)'로는 G2000 중 426개 기업이 선정되었는데, 이 중 한국기업의 비중은 2%(9개)에 그쳤다. 글로벌 유망주는 내수시장에서 강력한 경쟁력을 갖추고 있지만, 사업규모와 진출지역, 사업분야의 다양성 등에서 글로벌 챔피언만큼의 수준을 확보하지 못한 기업이다. 인도 복제약(Generic) 의약품시장의 선두주자인 란박시(Ranbaxy) 같은 기업들이 글로벌 유망주에 해당한다.

반면, 중국의 경우 글로벌 챔피언에서 차지하는 비중은 2%로 낮지만, 점진적으로 세계화를 진행하는 G2000이나 글로벌 유망주에서 차지하는 비중은 각각 4%로 한국보다 높다. 특히 중국과 인도 기업들이 빠른 속도로 글로벌화하고 있다는 점을 감안할 때, 한국의 소수정예주의가 오래 지속되기는 어려울 것으로 보인다. 단적인 예로, 해외 직접투자액의 경우, 한국은 2003년 34억 달러에서 2006년 71억 달러로 연평균 28% 증가하는데 그쳤지만, 중국과 인도는 같은 기간 연평균 77%, 68%가 급증했다.

글로벌라이제이션의 여섯 가지 과제

글로벌라이제이션은 한국 기업이 피할 수 없는 숙명적 도전이자 극복해야 할 과제다. 하지만 성공적으로 글로벌화 하는 것은 쉬운 일이 아니다. 실제로 성공보다는 실패의 사례가 더 많다. 글로벌화 추진과정에서 기업들이 직면하게 되는 주요 도전과제는 다음과 같다.

❶ '왜 글로벌인가?' 목표와 전략을 명확히 하라.

의외로 글로벌화를 주장하는 많은 기업들이 왜, 어디서, 어떻게, 언제 글로벌화할지에 대한 명확한 전략을 갖고 있지 않아 실패하곤 한다. 글로벌화를 추진하는 기업들은 다음과 같은 몇 가지 질문을 던져봐야 한다. 진출하려는 시장이 매력적인가, 새로운 사업을 구축할 것인가, 아니면 기존 업체를 인수할 것인가, 언제 어떻게 글로벌 전략을 실천에 옮길 것인가, 언제까지 임직원들의 역량을 글로벌 수준으로 키워야 하고 그를 위해 얼마만큼의 노력이 필요한가? 등이다. 한 발 더 나아가, 기업들은 R&D부터 판매까지 가치사슬(Value Chain)의 어떤 부분을 어느 지역에서 특화시킬 것인지를 고민해야 한다. 예컨대, 원가경쟁력이 중요하면 인건비·재료비·운송비 등이 싼 지역에, 기술경쟁력이 중요하면 인재선발과 활용이 유리한 곳에 거점을 두는 식이다. 의류업체 리앤펑(Li & Fung)은 37개국 7,500개의 협력기업 네트워크를 구축해 활용하고 있다. 방한복을 만들 때 직물공급은 중국, 디자인은 홍콩, 지퍼는 대만, 재봉작업은 방글라데시에서 이루어지는 식이다.

❷ 항상 M&A에 준비된 자세 갖춰야

HSBC와 미탈스틸 등 글로벌 챔피언의 약 65%는 인수합병(M&A)을 통한 성장에 크게 의존하고 있다. 반면, 한국 기업들은 글로벌 M&A에 소극적이다. 언제라도 M&A를 추진할 수 있는 철저한 준비가 되어있지 않을 경우, 매물이 시장에 나온 뒤에야 다급하게 검토하게 되므로, 인수기회를 놓치거나 너무 비싼 가격을 지불하는 잘못을 저지르기가 쉽다. 이를 해결하려면 먼저 M&A의 전략적 목적을 명확히 한 후, 잠재적 인수대상 리스트를 작성해 관리해야 한다. 또 회사 내에 M&A 전담팀을 구성하여 내부적으로 전문성을 쌓고, 외부에 신뢰할만한 투자은행(IB)과 컨설팅회사 같은 자문단을 확보해야 한다. 세계 1위 철강업체인 미탈스틸 회장의 회고록에는 "그의 성공은 전 세계 지도를 놓고 손실을 내는 철강회사를 찾아 인수하고 흑자로 돌려놓는 노력에 있었다. 그는 끊임없이 다음 거래를 찾고 있다."는 평가가 실려 있다.

❸ 외국의 법적·사회적 리스크를 고려하라.

해외 M&A를 추진할 때는 노동법, 퇴직금제도, 환경규제 등 그 나라만 독특하게 갖고 있는 위험요소를 고려해야 한다. 예컨대, 미국의 경우 S&P500대 기업의 85%는 퇴직연금을 지급하기 위한 내부 유보금이 부족한 상태이며, 부족금액은 총 1,500억 달러에 달한다. 이러한 사안들을 제대로 평가하지 않고 인수했다가는 큰 낭패를 겪게 된다.

기업들은 정치·여론 등 경영 외적인 변수를 과소평가하는 경향이 있다. 중국 국영 해양석유공사(CNOOC)는 미국의 에너지회사인 유노칼(Unocal) 인수를 시도했다가 반대여론 때문에 실패했다. 중국의 유노칼 인수를 반대했던 측은 "기간산업을 '적성국(敵性國)'에 매각하는 것은 국가안보를 위협하는 것"이라며 반대여론을 조성했다. 중국은 대대적인 홍보캠페인을 벌였지만, 효과를 보지 못했다.

❹ 자사의 브랜드와 기업이미지 구축에 투자하라.

글로벌 기업으로 성장하겠다는 야망을 가진 회사는 브랜드 가치와 기업이미지를 구축하는 투자를 게을리해서는 안 된다. 기업 이미지는 해외시장에서 빨리 성장하는데 큰 장애물이 될 수도 있다. 급성장하는 중국이 이미지 관리에 실패한 대표적 국가이다. 글로벌 브랜드 담당자들을 대상으로 "Made in China 표시가 중국기업의 이미지에 도움이 되는가, 해가 되는가"를 물어봤을 때 79%가 "해가 된다"라고 답했다. 또 중국제품을 봤을 때 떠오르는 다섯 가지 단어는 '싸다', '품질이 낮다', '가치가 낮다', '신뢰할 수 없다', '정교하지 않다'로 조사됐다.

❺ 글로벌 인재를 유치하고 충분한 책임과 권한을 부여하라.

글로벌 경영을 주장하는 한국기업들이 가장 취약한 분야다. 선도적인 한국전자회사들은 매출액의 80%가 해외에서 발생하지만, 외국 임원 비중은 평균 2~3%에 불과하다. 해외사업장의 주요 요직은 대부분 한국 본사에서 파견된 임직원들이 차지하고 있다. 이들은 다국적 문화에 대한 경험과 이해도가 낮을 뿐 아니라, 공식적인 보고체계를 무시하고 본사의 직속상사에게 비공식적으로 보고함으로써 현지 임직원들의 사기를 떨어뜨린다.

한국기업들이 진정한 글로벌 기업으로 발돋움하고 싶다면, 보다 적극적으로 외국인 경영진과 인재를 영입하고, 이들에게 적절한 책임과 권한을 부여해야 한다. 그러지 않으면 역량 있는 글로벌 인재의 유치는 더욱 어려워진다.

❻ 조직과 문화의 통합을 위해 최고경영진이 직접 나서라.

마지막으로, 장기적인 관점에서 조직과 문화를 통합하는 노력이 필요하다. 기업이 세계화할수록 조직은 더욱 복잡해지고, 임직원들은 자신의 생각을 정확히 전달하는데 어려움을 겪게 된다. 문화·언어 등의 차이로 여러 국적의 동료와 일할 때 쓸데없는 오해와 갈등이 발생하기도 한다. 따라서 최고경영진은 외국의 문화와 언어를 이해하고 국가 간 네트워크를 구축하는데 적극적으로 나서야 한다. 해외 M&A를 추진할 때도 문화적 진단과 함께 인수 후 통합계획을 세워야 한다.

진화론의 창시자인 찰스 다윈은 "살아남는 생물은 가장 강한 생물도, 가장 영리한 생물도 아니라 변화에 가장 잘 적응하는 생물"이라고 말했다. 역동적인 글로벌 경제의 변화 속에서 살아남기 위해서는 그 어느 때보다 민첩한 적응력이 필요하다.

롤랜드 빌링어(Roland Villinger) 맥킨지 서울사무소 대표
강혜진 맥킨지 서울사무소 부파트너
공동기획 McKinsey & Company

자료 | 조선일보

3 글로벌 창업과 국제경영

국제경영이란, 간단히 말해서 두 개 이상의 국가와 관련하여 이루어지는 모든 기업 활동, 혹은 이를 경영하는 활동을 의미한다. 여러 학자들의 견해 중 대표적인 몇 개의 예를 들어보면, Robock과 Simmonds 및 Zwick는 그들의 공저인 『International Business and Multinational Enterprises』에서 국제경영을 다음과 같이 정의하고 있다.

> 국제경영이란, 국경을 넘는 사업 활동을 경영교육 및 학문적 연구의 대상으로 하는 분야로서, 여기서 국경을 넘는 사업 활동의 대상에는 재화, 서비스, 자본, 인력, 기술이전, 그리고 인력관리 등이 모두 포함된다.
> International business as a field of management training and scholarly research deais primarily with business activities that cross national boundaries, whether they be movements of goods, services, capital, or personnel; transfer of technology; or even the supervision of employees.(Johanson & Vahlne, 1977)

한편, Robinson은 그의 저서 『International Business Management』에서 국제경영을 다음과 같이 정의하고 있다.

> 국제경영이란 한 나라, 한 영토 또는 한 식민지 이상의 사람 또는 기관에 영향을 미치는 공사(Public and Private)의 경영활동을 대상으로 하는 연구 및 실무의 한 분야이다.
> International business as a field of study and practice encempasses that public and private business activity affecting the persons or instiutions of more than on national state, territory or colony.(Davidson, 1980)

다시 말해서, 만약 기업의 모든 경영 활동이 순순하게 국내에서만 이루어지지 않는다면 이 기업은 국제경영에 참여하고 있다고 말할 수 있다. 오늘날의 거의 모든 기업들은 국제경영 활동과 관련되어 있다고 해도 과언이 아니다. 우리들이 가장 잘 알고 있는 국제경영 활동의 형태로는 수출·입과 현지생산 활동이 있다. 또한 라이센싱Licensing과 프렌차이징Franchising 등의 계약방식과 관광·운송·보험 등의 각종 국제서비스 활동도 국제경영의 주요 형태이다.

지금까지 우리가 일반적으로 이해하고 있는 창업과 관련된 부분을 요약해 보면, 개인이 생계형으로 외식업을 창업한 경우가 빈도수가 가장 많다고 할 수 있는데, 이러한 창업의 형태는 상대적으로 법인이 운영하는 대규모 창업에 비해서 성공확률이 높지 않은 편이다.

또한 우리나라의 현재 창업현황이 포화상태이기 때문에 글로벌 창업 아이템의 개발이 장기적으로 보다 성공확률이 높은 창업으로 이어질 수 있으며, 기존의 중국에 대한 의존도뿐만 아니라 새로운 시장의 개척도 필요한 부분이다.

4 다국적기업에 대한 이해

다국적기업Multinational Corporation에 대한 정의는 여러 학자들마다 다양하지만, 일반적으로 두 개 국가 이상에서 현지법인을 운영하고 있는 기업이라고 정의할 수 있다. 다국적기업은 말 그대로 여러 개의 국적을 가진 기업을 뜻하는 것으로서, 해외 직접투자Foreign Direct Investment를 통해 현지 판매법인이나 현지 생산법인을 소유하고 있는 기업을 의미한다.

표 12.1 다국적기업의 기준과 명칭

관점	기 준	명 칭	학 자
구조	• 경영활동이 일어나는 국가의 수 ≥ 2	Multinational Firm	D. E. Lilienthal J. Fayerweather
	• 기업의 소유권자의 국적의 수 ≥ 2 • 최고경영층의 국적의 수 ≥ 2 • 6개국 이상에 제조업 투자 • 초국적 주체에 의하여 관리되는 기업	Multinational Firm Transnational Enterprise Multinational Enterprise Cosmo Corporation	J. Behrman D. Kircher R. Vemen G. Ball
성과	• 해외부문의 매출액 · 투자 · 생산 · 고용 등〉25%	International Corporation	S. Rolfe
	• 해외부분의 매출액 · 이익 · 자산 · 종업원수〉 일정비율	Multinational Corporation	J. Bruck & F. Lee
형태	• 경영의 관점이 국제적 • 세계적인 관점에서 자원배분 • 본국중심적 사고, 현지중심적 사고, 세계중심적 사고 • 세계시장을 하나의 시스템으로 보아 각국의 경영전략을 유기적으로 조정	World Corporation Supernational Corporation Ethnocentric Firm Polycentric Firm Geocentric Firm Global Corporation	G. Clee & A. Discipio R. Robinson H. Perlmutter M. Porter

5 다국적기업의 조직구조

1) 다국적기업의 조직구조

Johanson과 Vahlne은 기업들의 해외진출 과정이 처음에 수출로 시작하여 판매법인으로 확장되고, 그 다음단계에서 생산법인을 설립하여 순차적으로 해외시장에 진출한다고 주장하였다. 즉 점점 그 해외시장의 중요성이 증가함에 따라 그만큼 투자를 증대시킨다는 이론이다.

이러한 기업들의 순차적인 해외시장의 진출은 Johanson과 Vahlne의 주장대로 그 해외시장의 중요성이 점점 높아진다는 관점에서도 볼 수 있지만, 한편으로는 기업들이 해외시장에 대해서 순차적으로 진출하는 이유를 위험관리의 측면에서도 볼 수 있다. 다시 말하면, 기업들이 해외시장의 진출 초반에는 해외시장 진출 경험부족과 현지시장에 대한 정보부족으로 수출로 해외시장에 진출한 후 어느 정도 해외시장 진출에 대한 정보가 축적되면 판매 법인을 설립하고, 그 이후에 생산 법인을 설립하게 된다.

한편, Davidson은 기업이 세계의 여러 국가에 진출할 때에 동시다발적으로 진출하기보다 문화 · 언어 · 경제적 환경이 비슷한 국가로부터 상이한 국가의 순서로 순차적으로 진출한다고 주장하였다. 또한 장세진은 기업이 여러 사업부를 가지고 있는 다각화기업일 경우, 현지기업에 비해 경쟁우위가 강한 사업부에 최초의 투자가 이루어지고, 경쟁우위가 약한 사업 분야로 순차적으로 진입한다고 주장하였다.(Chang, 1995; 장세진, 2004 : 250 재인용)

위에서 언급한대로 기업들이 해외시장에 순차적으로 진입하면서 다국적기업의 조직구조도 계속해서 변화되는데, 그 내용은 다음과 같다.

(1) 수출부서 조직구조

내수위주의 기업이 수출량이 늘어나면서 수출만을 전담할 조직을 영업부 산하에 두는 조직구조를 말한다. 처음에는 수출부서를 조직하여 활동하다가 수출제품이 증가하고 수출지역이 다변화되면서 수출부서가 제품별 혹은 지역별로 분화된다.

(2) 국제사업부 조직구조

국제사업부 조직구조는 기업들이 해외시장에 대한 비중이 증가하면서 기존의 제품별 국내 사업부와 마찬가지로 해외영업부나 국제사업부와 같은 새로운 사업부를 설치하여 국제업무를 담당하게 하는 조직구조를 말한다. 국제사업부 조직구조는 내수에 초점을 맞추는 조직구조이기 때문에 주요 의사결정 권한이 내수위주의 제품별 사업부에 집중되어 있다. 그렇기 때문에 국제사업부는 해외영업의 제한된 영역에서 의사결정 권한만 행사할 수 있기 때문에, 전반적인 기업 활동이 내수위주에 초점이 맞춰지는 조직구조이다.

(3) 글로벌사업부 조직구조

기업의 해외사업 비중이 증가하면서 국제사업부 조직은 글로벌사업부 조직으로 확대개편 되는데, 기업의 상황과 해외시장의 외부환경에 따라 제품별 글로벌사업부제와 지역별 글로벌사업부제 및 글로벌 매트릭스조직 중에서 선택해서 운용한다. 세 조직구조의 특성은 다음과 같다.

① 제품별 글로벌사업부제

국제사업부가 별도로 존재했던 국제사업부 조직은 내수부분은 제품사업부로, 해외부분은 국제사업부로 각각 분리되어 운영되었지만, 제품별 글로벌사업부제 조직구조에서는 개별제품별 사업부가 내수부분과 해외부분을 모두 관리하게 되었다.

현재 글로벌경쟁을 하고 있는 서구의 대규모 기업들의 구조를 살펴보면, 대부분의 경우 글로벌제품별 사업부제 조직을 갖춘 기업들이 많은데, 그 이유는 제품별 사업부가 내수사업만이 아니라 해외영업과 전 세계에 대한 모든 생산과 판매활동을 함으로써 규모의 경제를 살리고, 제품을 동시다발적으로 많은 시장에 판매하는 등 효율적인 생산체제를 갖출 수 있다는 점에서 글로벌사업부 조직의 장점이 있다.

그러나 제품별 글로벌사업부제 조직구조는 해외사업 관련 제품사업부 간 조정의 어려움이 있고, 해외지역에 대한 전문성이 축적되어 활용되기가 어렵다. 또한 제품사업부 간 지역에 대한 정보가 공유되지 못하고, 해외에 있는 다제품 생산공장의 경우 원가배분과 수익측정 등에서 갈등요소가 존재하는 단점이 있다.

② 지역별 글로벌사업부제

지역별 글로벌사업부제는 전 세계지역을 몇 개의 주요지역으로 나누고, 각각의 지역사업부가 생산 · 판매 · 연구개발 등을 책임지는 조직구조이다. 지역별 글로벌사업부제는 현지시장 특성에 맞추어 제품의 생산과 마케팅을 현지화시킬 수 있는 장점이 있지만, 의사결정 권한이 지역사업부에 있기 때문에 개별제품의 글로벌 표준화 가능성이 약해지고, 제품에 대한 전문지식 축적 및 활용이 어렵게 된다. 지역별 글로벌사업부제는 다음과 같은 경우에 적용할 수 있다.

- 현지국가의 특수한 여건에 대응하여 지역별 생산체제를 갖출 필요가 있는 기업의 경우
- 제품이 상당히 표준화되어 있어 기술적인 문제보다는 마케팅이 중요한 경우
- 제품이 제품수명주기 상 성숙단계에 위치하는 경우
- 현지시장의 여건에 대응하는 것이 가장 중요한 목표인 경우
- 총매출에서 해외시장의 매출비중이 확대되는 경우

③ 글로벌 매트릭스 조직구조

매트릭스 조직은 기업을 제품차원과 지역차원으로 나누어 조직에 소속된 모든 사람들을 제품과 지역 양쪽 조직에 속하게 만든 조직 형태이다. 매트릭스 조직은 해당사업부가 제품 측면과 지역 측면을 함께 같은 비중으로 관리하기 때문에, 제품과 지역차원에서 발생하는 경영 문제를 유연하게 관리할 수 있는 장점이 있다.

그러나 매트릭스 조직을 취했던 많은 기업들이 얼마 후 다시 지역별 혹은 제품별 사업부 조직으로 돌아가게 되었는데, 그 가장 큰 이유는 매트릭스 조직이 구조상 무척 복잡하고 혼란스럽기 때문이다. 특히 두 명의 상급관리자 지시를 받아야 하는 중간관리자들에게는 만약 제품별 상급관리자와 지역별 상급관리자의 의견이 다를 경우, 어느 의견을 따라야 하는지 문제가 발생하게 된다.

2) 해외 자회사의 유형

Barlett과 Ghoshal은 다국적기업 조직이 획일적인 통제시스템을 가진 조직이 아니라 각 시장의 특성과 개별 자회사의 능력에 따라 차별화된 네트워크 조직이라고 주장하였다. 또한 자회사의 현지 시장의 중요성과 자회사의 핵심역량에 따라 전략적 리더Strategic Leader, 기여자Contributor, 실행자Implementer, 블랙홀Black Hole 등 네 가지로 분류하였다.(Barlett & Ghoshat, 1989) 여기서 핵심역량Core Competencies 이란, 경쟁기업에 비해서 우월한 능력을 의미한다.

(1) 전략적 리더

전략적 리더Strategic Leader란, 자회사가 전략적으로 중요한 시장에 위치하고 있고, 높은 수준의 핵심역량을 보유하고 있는 경우를 말한다. 여기서 전략적으로 중요한 시장이란, 다음과 같은 면에서 평가될 수 있다.(장세진, 2004, pp.181-182)

- 시장규모가 크고 그 시장에서 이익을 얻을 수 있는 가능성이 높은 시장 : 주요시장에서 성공하면 그만큼 규모의 경제를 활용할 가능성이 높아지고, 신규시장의 진출을 위한 재원 마련에도 크게 도움이 된다.
- 글로벌고객의 모국 : 글로벌고객을 상대하는 기업은 전 세계적으로 사업 활동을 하는 고객에게 효과적인 서비스를 제공하기 위해 고객의 모국과 그 고객이 활동하는 주요국가에 진출하고 있어야 한다.
- 경쟁기업의 내수시장 : 경쟁기업을 가장 효과적으로 견제할 수 있는 방법은 그 경쟁기업의 가장 중요한 시장을 공략하는 방법이다.
- 기술혁신이 많이 일어나는 시장 : 기술혁신의 본거지에 위치하는 것은 뛰어난 기술력을 확보함과 동시에, 경쟁기업의 움직임을 포착하는 데에 크게 도움이 된다.

(2) 기여자

기여자Contributor란, 시장 규모가 작거나 전략적으로 중요하지 않은 시장에 위치하고 있지만, 높은 수준의 핵심 역량을 보유하고 있는 자회사의 유형을 말한다.

(3) 실행자

실행자Implementer란, 전략적으로 그다지 중요한 시장에 위치하고 있지 않으며, 단순한 현지 업무를 수행할 수 있는 정도의 핵심역량을 보유한 자회사의 형태를 의미한다.

(4) 블랙홀

블랙홀Black Hole은 본사에서 계속해서 경영자원을 투입해도 핵심역량을 개발하지 못하는 자회사의 형태를 의미한다.

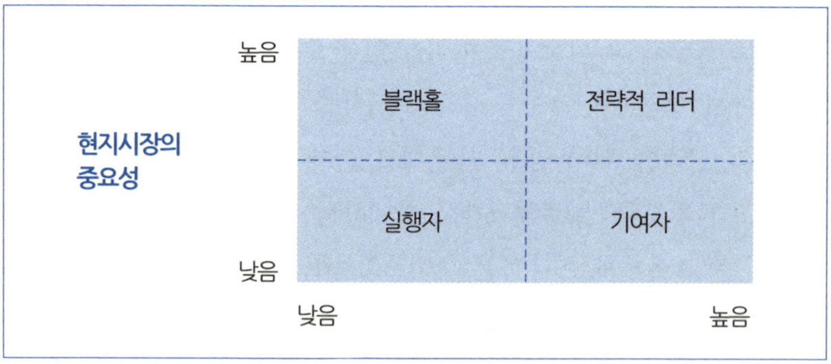

그림 12.1 자회사의 핵심역량

3) 해외지역 본사제도

(1) 해외지역 본사제도의 개념

해외지역 본사Regional Headquarters제도란, 지역별 전략국가에 현지를 관할하는 제2의 본사를 설립하는 것을 말한다. 해외지역 본사는 금융 · 정보 · 컨설팅 · 자원조직을 전략적으로 보강하여 제반 경영요소의 통합 · 분배 · 조정 기능을 갖게 되며, 이러한 해외지역 본사제도가 정착되면 지역 내 사업장 간의 시너지효과가 극대화 될 뿐만 아니라 현지에서 신속한 의사결정이 이루어지고, 현지문화에도 쉽게 적응할 수 있게 된다.

(2) 해외지역 본사의 역할

해외지역 본사의 역할은 기업적인 역할과 통합적인 역할로 분류할 수 있다. 기업적인 역할은 신규사업 추진과 해외지역 전략 실행력 강화 및 전략 지역에 대한 상징부여 등의 역할을 수행하는 것을 의미한다.

첫째, 신규사업 추진의 역할이란, 해당지역 내 신규사업을 개발하고 개발과 관련된 마케팅정보 · 전략정보를 수집하며, 사업기회를 발굴하고 제휴대상기업을 탐색하는 역할 등을 수행하는 것을 말한다.

둘째, 해외지역 전략 실행력 강화의 역할이란, 다음과 같은 내용을 의미한다. 환경의 변화가 빠른 지역이나 시장정보와 경쟁정보가 체계적으로 수집되지 않은 지역의 경우, 본사의 글로벌 전략의 차원에서 사업추진이 어려운 경우가 많이 있다. 또한 국가별로 나뉘어져 있는 지역의 경우도 특정국가의 관리자가 사업추진에 대한 아이디어를 본사 전략에 반영시키기 어려운데, 이러한 경우 해외지역 본사는 글로벌 전략에 지역 및 국가 전략을 반영할 때, 특정국가의 아이디어를 적극적으로 반영하는 역할을 수행할 수 있다.

셋째, 전략지역에 대한 상징성 부여의 역할이란, 특정지역이 전략적으로 중요하다고 판단될 때 대내 · 외적으로 중요성을 알리는 역할을 들 수 있다. 그러기 위해서는 먼저 대내적으로 본사의 사업담당 또는 자원담당의 임원들에게 지역의 미래 잠재력에 대한 확신을 심어주고 태도의 변화를 일으키게 하는 역할을 담당해야 하는데, 이러한 상황에서 지역본사 담당자는 고위 임원이어야 한다.

통합적 역할은 조정역할과 자원 공동 활용의 역할로 나눌 수 있다. 조정 역할이란 지역 전략과 사업 전략이 서로 일관성을 유지하고, 상호 상충되지 않게 하면 사업 간 혹은 국가 간 시너지효과가 충분히 발휘될 수 있게 하는 역할을 의미한다.

자원의 공동 활용은 지원센터 기능과 관리센터 기능으로 나눌 수 있다. 지원센터 기능이란, 역내 자회사 간 업무가 중복되어 낭비가 발생되는 경우, 이를 관장하여 공통서비스를 제공하는 역할을 수행하는 것을 의미한다. 예를 들면, 입찰준비 · 재고관리 · 인적자산관리 · 제품개발 등의 업무가 있다. 관리센터의 기능은 외환관리 · 조세관리 · 재무관리 등을 효율적으로 수행하기 위해 특정자원의 집중관리를 위한 전문가를 공동으로 활용하는 역할을 의미한다.

(3) 해외지역 본사제도의 성공요건

① 권한 있는 임원의 지역본사 배치

해당지역 내 법인들에게 실질적인 조언을 하고 권한을 행사할 수 있는 임원이 지역본사에 배치되게 되면 지역본사의 위상이 높아질 것이다.

② 본사와의 협력

해외지역 본사의 현지화 추구전략에도 불구하고 일반적인 경우에 대부분의 경영자원을 본사가 보유하고 있기 때문에, 현실적으로 본사와 해외지역 본사와의 협력이 필요하다. 그러기 위해서는 본사에서는 지역 본사에 힘을 실어 주는 노력이 필요하고, 해외지역 본사의 입장에서는 본사의 의사결정권자와의 정기적인 만남을 통해 권한을 부여받을 수 있다.

③ 현지 인력의 활용

지역 내 현지화Localization를 추진하기 위한 해외지역 본사의 인사정책은 본사에서 파견된 관리자의 활용이 아니고 효과적인 현지 인적자원의 활용이다. 따라서 우수한 현지 인적자원의 선발과 교육프로그램의 개발 및 선발 · 교육된 우수한 인적자원의 효과적인 관리가 중요하다.

④ 경영자원 보유를 위한 노력

핵심적인 자원의 본사 보유로 해외지역 본사의 책임 및 권한은 제한적일 수밖에 없다. 해외지역 본사의 궁극적 목적인 각 지역에 본국 모회사의 기능에 필적하는 능력을 구축하기 위해서는, 경영자원의 독립된 기업으로서의 경영능력을 겸비했을 때만 가능하다.

⑤ 본국 중심주의적 사고방식의 타파

본국 중심주의적 사고방식이란, 본국에서 파견된 해외파견 인력이 현지국에 가서도 본국의 가치관과 행동방식을 그대로 적용하려는 성향을 의미한다. 이러한 본국 중심주의적인 사고방식이 서로 이질적인 문화 환경 속에서 효과적인 해외사업을 운영하는 데에 있어서 커다란 장애요인이 될 수 있다.

4) 해외자회사 자율성의 개념

해외자회사의 자율성은 다국적기업의 해외자회사에 대한 통제에 관한 문제인데, 그 중에서도 의사결정의 집권화Centralization, 분권화Decentralization와 관련된 문제이다. 즉 해외자회사Subsidiary를 관리하는 데 있어서 의사결정 권한을 본사와 자회사가 어떻게 보유하고 배분하는가에 관한 문제이다. 다시 말하면, 다국적기업 해외자회사의 자율성Autonomy이란, 해외자회사가 본사의 통제와 상관없이 가질 수 있는 의사결정권한Decision-making Authority의 정도를 의미한다. 지금까지 다국적기업 해외자회사의 자율성 결정 요인에 관한 많은 연구들이 진행되었지만, 아직까지 일관된 연구결과들이 도출되지 못하고 있다.

5) 본사 전략과 자회사 자율성

다국적기업의 해외자회사들은 조직구조 상 기업의 일부이지만, 지리적으로 다른 국가에 위치하고 있다. 다국적기업들은 해외자회사를 관리하는데 있어서 이러한 특수한 상황을 고려해야 한다. 많은 산업에서 글로벌화가 촉진되면서 다국적기업 내부적으로 다른 여러 부서들이 하나로 통합되기 위해서는 하나의 중요한 전략이 요구되는데, 이러한 상황은 다국적기업의 통합적인 활동을 촉진한다.(Porter 1986; Prahalad and Doz, 1987) 동시에 다국적기업은 현지국 소비자들의 독특한 취향과 특수한 상황을 고려해야 하며, 많은 산업에서는 글로벌화와 현지화가 동시에 요구되기 때문에 다국적기업들은 이러한 두 가지 요구를 모두 만족시키기 위해 노력한다.(Bartlett and Ghoshal, 1987)

위에서 언급된 두 가지 전략적인 요구인 통합과 차별화는 다국적기업들의 전략과 밀접한 관련이 있다. 글로벌화가 가속화되면서 나타나는 다국적기업들의 국제화 유형은 크게 세 가지로 나누어 볼 수 있다. 그 세 가지는 국가별 전략, 글로벌 전략, 초국적 전략이다.

첫째, '국가별 전략Multi-domestic Strategy'을 구사하는 다국적기업은 기업 활동의 범세계적인 배치는 넓게 퍼져있으면서 기업 활동의 범세계적인 조정은 낮은 형태의 전략을 사용한다. 다시 말하면, 현지화 전략을 사용하는 다국적기업의 형태를 의미하는데, 이러한 다국적기업들은 각 국가별로 자회사를 설립하고 각 자회사의 관리는 각 국가별 자회사에 일임하는 형태의 전략을 구사하기 때문에, 본사와 자회사의 협조관계는 긴밀하지 못한 경향을 나타낸다. 산업별로는 건설, 제약 등의 업종에서 주로 이루어진다.

둘째, '글로벌 전략Global Strategy'을 사용하는 다국적기업들은 기업 활동의 범세계적인 배치는 지역적으로 집중화되어 있으면서, 기업 활동의 범세계적인 조정은 높은 강도인 국제 전략을 의미한다. 여기서 기업 활동의 범세계적인 조정이 높은 강도라는 것은 본사에서 자회사에 대한 통제의 정도가 강하다는 의미이다. 즉 다국적기업의 본사가 전 세계 주요지역에 소수의 자회사를 설치하고, 본사가 강하게 조정하고 통제하는 형태의 전략을 의미한다. 이러한 전략은 가전제품과 같이 표준화된 제품의 시장에 적합한 전략이며, 규모의 경제를 이용하여 비용을 절감할 수 있는 장점이 있다.

셋째, '초국적 전략Transnational Strategy'을 구사하는 다국적기업들은 기업 활동의 범세계적인 배치가 지역적으로 넓게 퍼져 있으면서 기업 활동의 범세계적인 조정의 강도가 높은 형태의 국제 전략을 의미한다. 초국적 전략을 구사하는 다국적기업들은 세계 여러 지역에 해외 직접투자를 통해서 해외 자회사를 설립하고, 이들 자회사에 대해서 강력한 통제를 하는 전략을 구사한다.

대부분의 국제경영 관련 연구에서는 기업의 유형을 낮은 통합Low Integration과 높은 현지화Responsiveness로 구성된 국가별Multi-domestic 기업, 높은 통합과 낮은 현지화로 구성된 글로벌기업, 높은 통합과 높은 현지화로 구성된 초국적Transnational 기업으로 구분한다.

지금까지 통합적인 시각에서 다국적기업의 유형을 분류한 연구는 매우 미미한 편인데, 그래도 Bartlett and Ghoshal(1989)의 연구가 가장 폭넓은 연구라 할 수 있다. Bartlett and Ghoshal의 연구 중 초국적기업에 대한 연구가 이 분야에서 가장 많은 영향을 미쳤다고 할 수 있다. 하지만 Bartlett and Ghoshal의 연구는 단지 9개의 다국적기업만을 대상으로 하였고, 다양한 종류의 특성을 체계적으로 분석하지는 못하였다.(Harzing, 2000)

같은 유형의 다국적기업을 표현하는데 있어서, 학자들끼리 약간의 표현 차이가 있다. 예를 들어, Bartlett and Ghoshal(1989)의 표현과 달리 Adler and Ghadar의 연구에서 글로벌 기업은 Bartlett and Ghoshal 연구의 초국적기업을 의미하고, Multinational과 International은 글로벌과 현지화 기업을 의미한다.

Bartlett and Ghoshal(1990)은 다국적기업의 주요한 글로벌 전략을 비용적인 측면과 현지화에 대한 압력의 정도에 따라 현지화 전략, 글로벌 전략, 초국적 전략 등으로 분류하였다.

국가별 전략을 추구하는 다국적기업들은 일반적으로 각국에 자회사를 설립하고 자회사의 운영은 자회사에게 일임하기 때문에, 본사와 자회사 간의 상호의존성이 낮은 전략 유형이다.

글로벌 전략은 경험효과와 Location Economies를 통해 비용절감을 추구하는 전략이라고 할 수 있는데, 기업이 생산, 마케팅, 연구개발 등을 수행함에 있어서 세계 주요한 몇몇 지역에 자회사를 설치해 두고 본사에서 자회사들을 통제하는 형태의 전략이다.

초국적 전략은 다국적기업이 경쟁이 치열한 글로벌 경영환경 하에서 생존하기 위해서 세계 여러 지역에 자회사를 설치해 두고, 비용절감 효과가 있는 글로벌 전략의 추구와 동시에 현지화에 대한 압력에 대해서도 대처하는 전략을 말한다.

Local Responsiveness란, 소비자의 선호도에 대한 지역적인 차이에 대한 자회사가 반응하는 범위를 말하는데, 그렇기 때문에 자회사의 전략과 역할에 있어서 매우 중요한 구성요소이다.(Harzing, 2000)

경쟁적인 측면을 살펴보면, 글로벌기업과 초국적기업은 글로벌 레벨에서 경쟁해야 하지만, 현지화 기업은 국내적으로 경쟁해야 한다. 조직구조를 살펴보면, 글로벌기업은 집권화 되어있고, 자회사는 주로 본사의 전략을 보완해 주는 역할을 수행한다. 이것이 제품과 전략에 있어 관수로Pipeline 역할을 수행한다는 의미이다.(Harzing, 2000) 현지화 기업은 특성상 분권화 되어있고 조직의 구조가 상대적으로 느슨하다. 초국적기업은 현지화와 글로벌의 특성을 모두 포함하고 있다. Bartlett and Ghoshal(1989)은 글로벌기업의 전략적인 기본은 규모의 경제를 이용해 비용을 절감하는 것이고, 현지화기업은 국가 간의 차이에 대해 최대한 반응하는 것이고, 초국적기업은 위에서 언급된 두 가지 요구에 대한 측면을 동시에 모두 수용하는 것이라고 하였다.

Perlmutter(1969)는 다국적기업이 추구하는 목표, 통제방식, 의사소통, 자원배분, 전략, 구조 및 문화 등에 따라 다국적기업의 경영방식을 본국지향, 현지지향, 지역지향, 세계지향 등 네 가지로 분류하였다.

'본국지향' 방식은 본사가 대부분의 의사결정 권한을 가지고 자회사들을 통제하는 방식이고, '현지지향' 방식은 현지 자회사의 경영을 현지 관리자에게 일임하는 방식이며, '지역지향' 방식은 경영환경이 유사한 국가들을 하나의 지역으로 통합해서 경영하는 방식이며, '세계지향' 방식은 글로벌화와 현지화를 동시에 추구하는 경영방식으로 본사와 자회사, 자회사와 자회사 간에 글로벌 네트워크를 구성하여 협조하는 방식을 말한다.

Perlmutter의 다국적기업 분류방식과 자회사의 자율성 관계를 살펴보면, 본국지향 방식은 본사가 대부분의 의사결정 권한을 가지고 있기 때문에 자회사의 자율성이 가장 적다고 할 수 있고, 현지지향 방식은 자회사의 경영을 현지 관리자에게 일임하는 방식이기 때문에 자회사의 자율성이 가장 많은 다국적기업의 유형이라고 할 수 있다.

【글로벌 창업 성공요인 체크리스트】

- 열정을 가지고 도전하라.
- 진출하는 국가의 문화에 대한 이해도를 높여라.
- 고객의 입장에서 생각하고 행동하라.
- 명확한 목표를 설정하라.
- 자금관리를 철저히 하라.
- 위험과 불확실성에 대비하라.
- 지속적으로 개선하라.

식당 창업, 손익 뚝

지난해에 치킨집 등 음식점 창업에 너도나도 나섰지만, 성과는 신통치 않았던 것으로 분석됐다. 지난해에는 숙박음식 업체 수가 전년 대비 대폭 증가한 반면, 손익은 뚝 떨어졌다. 18일 통계청이 발표한 '2014년 기준 영리법인 기업체 행정통계' 잠정 집계결과에 따르면, 숙박음식업 기업 수는 전년보다 19.0%나 확대되며 전 산업 가운데 가장 큰 폭으로 늘어났다. 보다 세분화한 중분류로 살펴봐도 음식점 및 주점업은 전년 대비 20.5%로 가장 많이 불어났다. 매출액 증가율도 숙박음식업에서 두드러졌다. 숙박음식업의 매출액은 전년 대비 16.9% 늘어나 전체 산업 중 가장 많이 증가했다. 그러나 숙박음식업의 지난해 연간 당기순손익은 전년 대비 64.6%나 축소됐다. 기업체 당 연간 손익은 0원으로 장사 후에 남은 것이 없었다.

지난해에는 벤처기업 창업도 활발했던 것으로 풀이된다. 전년에 비해 전문과학기술서비스업이 8.4%, 정보통신업이 7.6% 늘어났다. 전문과학기술서비스업의 매출액 증가율은 8.6%로, 전체 산업 가운데 두 번째로 높은 것으로 조사됐다.

반면에, 대기업들은 중소기업과 비교해 상대적으로 성장성이 부진한 모습을 보였다. 대기업 기업체수(4천300개)는 전년에 비해 2.1%, 매출액(2천663조 원)은 0.2% 늘어나는데 그쳤다. 이와 달리 중소기업 기업체수(53만6천200개)는 6.9%, 매출액(1천526조 원)은 3.6% 확대됐다. 그룹사로 묶여 있는 기업집단 기업체수도 1천620개로 전년에 비해 2.4% 줄었고, 이들의 매출액도 1천672조 원으로 전년 대비 2.0% 감소했다.

전체 산업의 41.2%로 가장 큰 비중을 차지하고 있는 제조업은 전 업종 가운데 유일하게 전년 대비 매출액이 마이너스 성장했다. 영업손익 부분에서도 전 산업의 42.9%로 최대 비중을 보인 제조업은 전년 대비 21.2% 감소하며 가장 저조한 실적을 기록했다. 당기손익도 제조업은 전년 대비 7.4% 줄어들었다.(전 산업 52.4% 비중)

한편, 통계청의 영리법인 기업체 행정통계는 지난 2013년(2012년 기준)부터 매년 12월 31일을 기준으로 작성된다. 법인세, 부가가치세, 사업자등록자료, 근로소득지급명세서, 건강보험, 국민연금, 고용보험, 산재보험 등 8종의 행정자료를 활용하여 법인세 납부 대상 법인 중 영리법인 기업체를 대상으로 집계한다. 의료법인과 학교법인 등 비영리 법인은 제외한 통계이다.

자료 | 아이뉴스24뉴스, 2015년 12월 18일

6 해외로 진출하는 국내 프랜차이즈 업체

국내의 프랜차이즈 업체가 잇달아 해외로 진출하고 있다. 지금까지는 대표적인 외국진출 성공사례로 꼽히는 제너시스 BBQ같은 치킨, 베이커리 등 외식업체들이 주로 해외로 진출했다면, 요즘은 한식이나 서비스업이 활발하게 진출하고 있다.

최근 프랜차이즈업체의 해외진출이 크게 증가한 이유는, 포화상태에 달한 국내시장에서 벗어나 외국시장을 새로운 수익 창출원으로 만들려고 하는 의도 때문이다. 현재, 해외로 진출하고 있는 우리나라의 프랜차이즈 업체들은 다음과 같다.

표 12.2 해외로 나가는 국내 프랜차이즈업체

업 체	업 종	해외매장
제너시스 BBQ	치킨	세계 55개국
본아이에프	죽, 비빔밥	미국, 일본, 중국
파리바게트	베이커리	미국, 중국
할리스커피	커피전문점	미국, 말레이시아
롯데리아	패스트푸드	베트남, 중국
리치푸드	요리주점	중국
놀부NBG	한식	중국, 싱가포르
박승철헤어스튜디오	미용실	미국, 중국, 영국
치어스	생맥주 전문점	중국

References

권원오, 창업경영, 신광문화사, 2013.
김광근 외, 관광학원론, 백산출판사, 2004.
김상수 외, 창업을 위한 사업계획서 작성가이드, 영화조세통람, 2014.
김성용, 관광마케팅, 기문사, 2012.
———, 여행사경영론, 기문사, 2012.
김영규, 관광사업론, 기문사, 2007.
———, 여행사실무론, 대왕사, 2010.
김인수, 거시조직이론, 무역경영사, 2005.
김재원, 항공사경영론, 기문사, 2004.
김종의 외, 마케팅, 형설출판사, 2003.
김진섭, 관광학원론, 대왕사, 1996.
문준연, 마케팅원론, 명경사, 2003.
박기홍 외, 디지털경제와 인터넷혁명, 을유문화사, 2000.
박상수, 국제관광원론, 형설출판사, 2004.
박호표, 신관광학의 이해, 학현사, 2004.
박흥수 · 하영원, 신제품마케팅, 학현사, 2004.
변우희 · 최학수 · 노정철, 실전 관광사업론, 형설출판사, 2002.
사단법인 한국마케팅연구원, 마케팅 실천 성공사례집2, 2002.
송경수 외, 창업경영론, 피앤씨미디어, 2014.
신강현 · 강인숙, 호텔경영학개론, 기문사, 2006.
신혜숙, 호텔관광마케팅, 대왕사, 2004.
안광호 · 김동훈 · 김영찬, 시장지향적 마케팅 전략, 학현사, 2005.
양영종 · 김상훈 · 정걸진, 디지털시대 광고론, 형설출판사, 2003.
양창삼, 조직이론, 박영사, 1990.
원융희 · 박충희 · 이창욱, 최신 관광인사관리, 백산출판사, 2004.

이명식, 서비스마케팅, 형설출판사, 2004.
이문규 · 안광호 · 김상용, 인터넷마케팅, 법문사, 2004.
이우용 · 정구현 · 이문규, 마케팅원론, 형설출판사, 2003.
이원우 · 서도원 · 이덕로, 경영학원론, 박영사, 2000
이유재, 서비스마케팅, 학현사, 2004.
이정실, 외식기업경영론, 기문사, 2002.
이정학, 관광마케팅, 기문사, 2003.
이철 · 장대련, 국제마케팅, 학현사, 1999.
임창희, 조직행동, 학현사, 2001.
장대련 · 한민희, 광고론, 학현사, 2002.
장세진, 경영전략, 박영사, 2003.
______, 글로벌경영, 박영사, 2004.
전용욱 외, 국제경영, 문영사, 2003.
정규엽, 호텔 · 외식 · 관광마케팅, 연경문화사, 2004.
채서일, 마케팅, 학현사, 2004.
최승이 · 이미혜, 국제관광론, 대왕사, 2001.
최태광, 관광마케팅, 백산출판사, 2002.
한상만 · 하영원 · 장대련, 마케팅 전략, 박영사, 2004.
황규대, 전략적 인적자원관리, 박영사, 2008.
황현철 · 김규헌 · 윤정헌, 21세기 여행업경영론, 기문사, 2003.

Aaker, David A.(2001). Strategic Market Management, 6th ed., John Wiley.

American Marketing Association(1985). "AMA Board Approves New Marketing Definition," Marketing News, March 1.

Barlett, C. and S. Ghoshal(1989). Managing Across Borders, Harvard Business School Press.

Bartlett, C. A., and Ghoshal, S.(1989). Managing Across Borders. The Transnational Solution, Boston, MA : Harvard Business School Press.

Berry, Leonard L., A. Parasuraman, and Valarie A. Zeithmal(1991). "Understnading

Customer Expectations of Services", Sloan Management Review.

Birkinshaw, J. M. and Morrison, A. J.(1995). Configurations of strategy and structure in subsidiaries of multinational corporations. Journal of International Business Studies, vol. 26, pp.729-754.

Brooke, M. Z.(1984). Centralization and autonomy. A study in organization behavior, London and New York : Holt, Rinehart and Winston.

Child, J.(1973). Strategies of control and organization behavior, Administrative Science Quarterly, vol. 18(March), pp.1-17.

De la Sierra, M. Cauley(1995). Managing Global Alliance : Key Steps for Successful Collaboration, Addison Wesley.

Garnier, G.(1982). Context and decision making autonomy in the foreign affiliates of U. S. multinational corporations, Academy of Management Journal (December), pp.893-908.

Garvin, David A.(1987). "Competing on the Eight Dimensions of Quality", Harvard Business Review, November / December.

Gates, S. R. and Egelhoff, W. G.(1986). Centralization in headquarters-subsidiary relationships, Journal of International Business Studies, vol. 17(Summer), pp.71-92.

Ghoshal, S. and Bartlett, C. A.(1988). Creation, adoption and diffusion of innovations by subsidiaries of multinational corporations, Journal of International Business Studies, vol.19, pp.365-388.

Gong, Yaping(2006). The impact of subsidiary top management team nationality diversity on subsidiary performance : Knowledge and legitimacy perspectives, Management International Review,vol.46, pp.771-789.

Gupta, A. K., Govindrajan, V.(1991). Knowledge flows and the structure of control within multinational corporations, Academy of Management Review, 16(4), 768-792.

Harzing, A. W. K.(1999). Managing the multinationals : an international study of control mechanism, Northampton, MA : Edward Elgar.

Hofstede, Geert(1983). "National Culture in Four Dimensions : A Research Theory of Cultural Differences Among Nations", International Studies of Management and Organization, 13, Spring-Summer.

Holm, U. and Pedersen, T.(2000). The emergence and impact of MNC centers of excellence. Mcmillan : Basingstoke, Hampshire.

Jakobsen and Rusten(2003). The autonomy of foreign subsidiaries. An Analysis of headquarter-subsidiary relations, Norwegian Journal of Geography, vol. 57, pp.20-30.

Jarillo, J. C. and Martinez, J. I.(1990). Different roles for subsidiaries : the case of multinational corporations in Spain, Strategic Management Journal, vol.11, pp.501-512.

Kotler, P. and G. Armstrong(2001). Principle of Marketing, 9th ed., Prentice-Hall, Inc..

Kought, B. and Sing H.(1988). The effect of culture on the choice of entry mode, Journal of International Business Studies, vol.19, pp.411-432.

Kurtz, David L. and Kenneth E. Clow, Service Marketing, John Wiley and Sons, 1998.

Lovelock and Christopher H.(1983). "Classifying Services to Gain Strategic Marketing Insight", Journal of Marketing, 47(Summer).

Martinez, J. I. and Jarillo, J. C.(1989). The evolution of research on coordination mechanism in multinational corporation, Journal of International Business Studies, vol. 20, No. 3, pp.489-514.

Miles, R. E. and C. C. Snow(1978). Organizational Strategy, Structure and Process, McGraw-hill.

O'Donnell, S. W.(2000). Managing foreign subsidiaries : agents of headquarters, or an interdependent network? Strategic Management Journal, 21, pp.525-548.

Parasuraman, A., Valarie A. Zeithmal, and Leonard L. Berry(1985). "A Conceptual Mode of Service Quality and Its Implication the Future Research", Journal of Marketing, Fall.

Porter, Michael(19860. "Competition in Global Industries, Harvard Business School Press.

Robertson, Thomas S.(1971). Innovative Behavior and Communication, Holt Rinehart and Winston, Inc..

Root, Franklin R.(1994). Entry Strategies for International Markets, Lexington Books.

Shostack, G. Lyun(1977). "Breaking free from Product Marketing", The Journal of Marketing, April.

Taggart, J. and Hood, N.(1999). Determinants of autonomy in multinational corporation subsidiary, European Management Journal, 17, pp.226-236.

Taggart, J.(1997). Autonomy and procedural justice : A framework for evaluating subsidiary strategy, Journal of International Business Studies, 28(1), pp.51-76.

Terpstra, V.(1988). International Marketing 3rd ed., Hinsdale, Dryden Press.

Woodcock, C. P., Beamish, P. and Makino, S.(1994). Ownership-based mode strategies and international performance, Journal of International Business Studies, vol.25, No.2, pp.253-273.

Young, S. and Tavares, A. T.(2004). Centralization and autonomy : back to the future, International Business Review, 13, pp.215-237.

Zeithmal, Valarie A. and Mary Jo Bitner(1996). Service Marketing, McGraw-Hill Co..